iPhone 4S

Die verständliche Anleitung

von
Hans-Peter Kusserow

Vierfarben

Liebe Leserin, lieber Leser,

das iPhone macht Spaß. Es ist ein schickes Gerät, das nicht nur äußerlich, sondern auch durch sein Inneres, die Technik, überzeugt. Sie wissen ja, mit dem iPhone kann man sehr viel mehr als nur telefonieren. In der aktuellen Version 4S mit dem Betriebssystem iOS 5 sind noch viele weitere tolle Möglichkeiten hinzugekommen. Über Siri können Sie nun mit Ihrem iPhone reden und ihm Aufträge erteilen, statt Tasten zu drücken. Oder Sie können Daten in der iCloud speichern, einer riesigen Online-Festplatte, die Apple Ihnen kostenlos zur Verfügung stellt. Das sind nur wenige der Neuerungen.

Es wird Sie ein wenig Zeit kosten, alle Möglichkeiten kennenzulernen und zu entscheiden, welche Sie für sich nutzen möchten. Dabei hilft Ihnen dieses Handbuch. Unser Autor Hans-Peter Kusserow erklärt Ihnen Ihr iPhone 4S von A bis Z. So, dass Sie direkt nachvollziehen können, wie etwas funktioniert. Mit diesem Buch werden Sie Ihr iPhone kennenlernen und erst so richtig nutzen. Was immer Sie tun möchten, es wird Ihnen Schritt für Schritt erklärt und in Bildern anschaulich gemacht.

Dieses Buch wurde mit größter Sorgfalt geschrieben und hergestellt. Sollten Sie dennoch einmal Fehler finden oder inhaltliche Anregungen haben, freue ich mich, wenn Sie mit mir in Kontakt treten. Für konstruktive Kritik bin ich dabei ebenso dankbar wie für Lob. Zunächst aber wünsche ich Ihnen viel Freude beim Lesen und viel Spaß mit Ihrem iPhone!

Ihr Jan Watermann
Lektorat Vierfarben

jan.watermann@vierfarben.de

Auf einen Blick

Sie haben Fragen, Wünsche oder Anregungen zum Buch?
Gerne sind wir für Sie da:

Anmerkungen zum Inhalt des Buches: jan.watermann@vierfarben.de
Bestellungen und Reklamationen: service@vierfarben.de
Rezensions- und Schulungsexemplare: julia.mueller@vierfarben.de

An diesem Buch haben viele mitgewirkt, insbesondere:

Lektorat Jan Watermann
Korrektorat Alexandra Müller, Olfen
Herstellung Iris Warkus
Einbandgestaltung Marc Thoben, Köln
Coverfoto Apple Incorporated
Layout Vera Brauner
Satz Markus Miller, München
Druck Himmer AG, Augsburg

Gesetzt wurde dieses Buch aus der ITC Charter (10,5 pt/15 pt) in Adobe InDesign CS4.
Und gedruckt wurde es auf mattgestrichenem Bilderdruckpapier (115 g/m^2).
Hergestellt in Deutschland.

Bibliografische Information der Deutschen Nationalbibliothek
Die Deutsche Nationalbibliothek verzeichnet diese Publikation in der Deutschen National-
bibliografie; detaillierte bibliografische Daten sind im Internet über *http://dnb.d-nb.de* abrufbar.

978-3-8421-0025-1

1. Auflage 2012, 2., korrigierter Nachdruck 2013
© Vierfarben, Bonn 2012
Vierfarben ist ein Verlag der Galileo Press GmbH
Rheinwerkallee 4, D-53227 Bonn
www.vierfarben.de

Der Verlagsname Vierfarben spielt an auf den Vierfarbdruck, eine Technik zur Erstellung farbiger Bücher. Der Name steht für die Kunst, die Dinge einfach zu machen, um aus dem Einfachen das Ganze lebendig zur Anschauung zu bringen.

Inhalt

Kapitel 3: Telefonieren 71

Kapitel 4: Nachrichten senden und empfangen ... 105

Kapitel 5: Ins Internet mit Safari 119

Kapitel 9: Synchronisieren mit iCloud

Kapitel 10: Kamera und Fotos

Kapitel 13: Das iPhone als iPod 315

Kapitel 14: Der iTunes-Store 341

Für Annette, Lisa und Alexander

Vorwort

Zunächst einmal möchte ich Sie zu Ihrem neuen iPhone 4S beglückwünschen. Damit haben Sie eine gute Wahl getroffen, was Bedienung und Komfort angeht. Natürlich handelt es sich auch noch um das zurzeit angesagteste Telefon überhaupt.

Damit Sie mit Ihrem neuen iPhone noch mehr Freude haben und es in jeder Hinsicht kennenlernen, habe ich für Sie dieses Buch geschrieben. Es führt Sie Schritt für Schritt in die für Sie vielleicht noch vollkommen neue Materie ein und zeigt Ihnen, wie Sie Ihr iPhone effektiv nutzen können. Schließlich möchten Sie die Möglichkeiten des Gerätes ja auch voll ausschöpfen.

Ich hoffe, Sie haben bei der Lektüre und Anwendung dieses Buches genauso viel Spaß wie ich beim Schreiben. Es würde mich freuen, Ihnen mit diesem Buch eine nützliche Hilfestellung geben zu können.

Und nun wünsche ich Ihnen viel Freude mit Ihrem iPhone und diesem Buch!

Ihr Hans-Peter Kusserow

Kapitel 1
Start mit dem iPhone

Das neue iPhone 4S ist endlich da! Jetzt kann es losgehen. In diesem Kapitel zeige ich Ihnen, wie Sie Ihr iPhone so einstellen, dass es für Sie ganz persönlich den größten Nutzen bietet und Ihnen nebenbei auch noch Spaß macht.

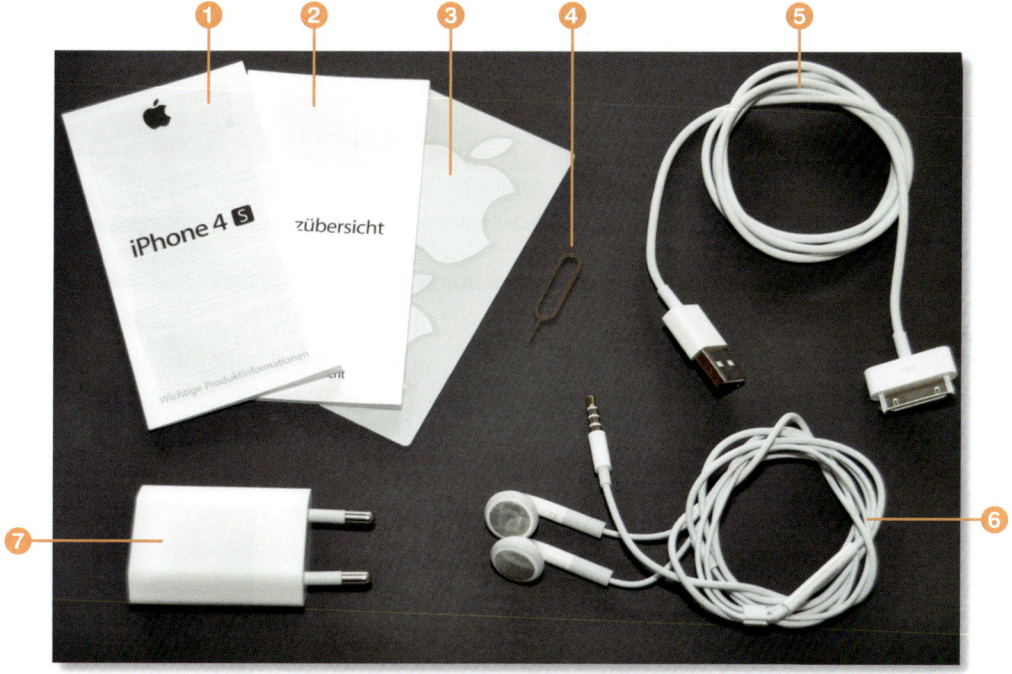

Zum Lieferumfang des neuen iPhones 4S gehören: technische Referenz ❶, Kurzübersicht ❷, Apple-Aufkleber ❸, Werkzeug zum Auswurf des SIM-Karten-Faches ❹, Verbindungskabel zwischen USB-Anschluss und Dock Connector ❺, Ohrhörer ❻ und Netzteil ❼.

Kopfhörer, Kabel, Netzteil – ist alles vorhanden?

Das neue iPhone 4S wird, wie auch schon seine Vorgänger, mit einer schicken Verpackung ausgeliefert.

Darin befindet sich neben der Garantie, den obligatorischen Apple-Aufklebern und den Kurzanleitungen ein Stecker mit einem USB-Anschluss, ein sogenanntes *USB-Netzteil*. Dieses ist mittlerweile relativ schmal und passt auch in flache Steckdosen.

Die SIM-Karte einlegen

Um Ihr neues iPhone überhaupt als Telefon nutzen zu können, müssen Sie zuerst die SIM-Karte einlegen. Der SIM-Karten-Schacht befindet sich ungefähr mittig auf der rechten Seite des Geräts. Sie erkennen diesen Schacht an einem kleinen Loch ❶, das zum Öffnen verwendet wird.

Damit Sie den SIM-Karten-Schacht öffnen können, hat Apple darüber hinaus auch ein kleines Werkzeug mitgeliefert, das Sie in der Hülle mit der Garantie und der Kurzanleitung finden. Hier ist auch eine kurze Bildanleitung aufgedruckt.

1. Lösen Sie das mitgelieferte Werkzeug, stecken Sie es in das kleine Loch, und drücken Sie so lange, bis der Schacht etwas herausfährt. Wenn Sie das mitgelieferte Werkzeug einmal nicht zur Hand haben sollten, können Sie das Ganze auch mit einer aufgebogenen Büroklammer erledigen.

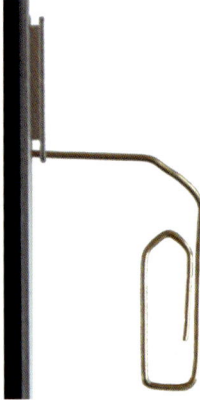

2. Sie können nun den Schlitten komplett herausziehen und die SIM-Karte so einlegen, dass sie passt. Sie erkennen das an der abgeschrägten Ecke oben links an der SIM-Karte.

3. Schieben Sie anschließend den SIM-Karten-Schlitten wieder in den Schacht. Ihr iPhone gibt dann die Meldung aus, dass die eingelegte SIM-Karte gesperrt ist.

Gesperrte SIM-Karte

Zum Aktivieren des iPhone gültige
SIM-Karte ohne PIN-Schutz
einlegen.

Entsperren

HINWEIS

Die richtige SIM-Karte?

Apple verwendet für die iPhones sogenannte *Micro-SIM-Karten*, die etwas kleiner sind als die normalen handelsüblichen SIM-Karten. Die Provider haben dieser Entwicklung aber schon Rechnung getragen und die SIM-Karten so produziert, dass man die Micro-SIM-Karte aus der normalen SIM-Karte herausbrechen kann . Wenn Sie dabei vorsichtig sind, können Sie den Rest der SIM-Karte noch als Schablone benutzen, falls Sie die SIM-Karte noch einmal in ein anderes Gerät einsetzen möchten. Falls das nicht mehr funktioniert, können Sie unter der Kurzwahl Nummer 2202 bei T-Mobile gratis einen Adapter ❷ bestellen, um Ihre Karte auch in anderen Geräten wieder als normale SIM-Karte verwenden zu können.

4. Klicken Sie auf den Button **Entsperren**, und Sie gelangen sofort auf einen Bildschirm, auf dem Sie Ihre vierstellige PIN eingeben müssen. Den PIN-Code finden Sie in Ihren Vertragsunterlagen!

5. Bestätigens Sie anschließend die Eingabe, und in aller Regel wird die SIM-Karte daraufhin schon aktiviert. Manche Anbieter verlangen an dieser Stelle noch einen kurzen Anruf, bevor die Karte entsperrt wird.

Ist iTunes installiert?

Ganz besonders wichtig, um Ihr iPhone mit Ihrem Mac oder PC nutzen zu können, ist iTunes. Dieses Programm verwaltet nicht nur alle Ihre digitalen Medien wie Musik, Filme, Podcasts etc., sondern dient auch dazu, Ihr iPhone mit Ihrem Computer zu synchronisieren.

> **HINWEIS**
>
> **Download-Hinweis für Windows-Anwender**
>
> Wenn Sie Ihre iTunes-Version herunterladen möchten, achten Sie bitte darauf, dass iTunes auch für Windows nur noch in der 64-Bit-Version zum Download bereitsteht. Bitte lesen Sie sich daher sorgfältig die Systemvoraussetzungen durch, um zu klären, ob Sie die neue Version 10.5 von iTunes auch wirklich verwenden können. Die Hinweise dazu finden Sie unterhalb der in der Abbildung gezeigten Daten.
>
>

Sie sollten also stets darauf achten, dass Sie jeweils die aktuelle Version von iTunes auf Ihrem Computer installiert haben. Um das zu überprüfen, klicken Sie in der Menüleiste auf **iTunes ▸ Auf Updates überprüfen**. Sollte ein Update verfügbar sein, können Sie es hier installieren.

1. Sollte das bei Ihnen noch nicht der Fall sein, laden Sie sich die aktuelle Version bei Apple unter *www.apple.com/de/itunes/download* herunter.

2. Die heruntergeladene iTunes-Version liegt dann standardmäßig in Ihrem Download-Ordner bzw. wird vom Mac direkt auf dem Desktop dargestellt.

3. Starten Sie nun den Installationsprozess mit einem Doppelklick auf das iTunes-Symbol, und folgen Sie den Anweisungen des Installationsprozesses.

4. Ist iTunes dann installiert, können Sie es direkt öffnen und mit der Arbeit beginnen. Sie müssen vorher lediglich noch die Lizenzbedingungen akzeptieren.

Das iPhone anmelden und aktivieren

Ist iTunes nun auf dem neuesten Stand, können Sie Ihr iPhone anmelden und aktivieren.

1. Wenn Sie Ihr iPhone einschalten, gelangen Sie direkt auf den in der Abbildung dargestellten Startbildschirm. Ein Finger-Tipp auf das kleine **i** oberhalb des Entsperren-Sliders ❶ zeigt Ihnen die IMEI- und die ICCID-Nummer Ihres iPhones an.

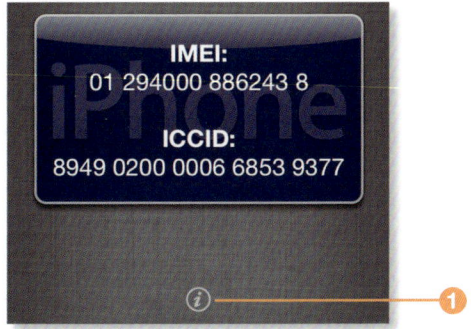

2. Entsperren Sie Ihr iPhone, indem Sie den Slider nach rechts bewegen.

3. Sie gelangen dadurch auf die Seite der Sprachwahl. Falls Sie hier noch keine Einstellungen vorgenommen haben, müssen Sie an dieser Stelle auf **Deutsch** tippen. Wahrscheinlich zeigt Ihnen Ihr iPhone nun erst einmal eine Nachricht, die besagt, dass Ihre SIM-Karte noch gesperrt ist. Tippen Sie auf den **Entsperren**-Button, und geben Sie anschließend Ihren vierstelligen SIM-Code ein. Bestätigen Sie diese Aktion mit **OK**.

4. Wählen Sie, nachdem Sie Sprache und PIN eingegeben haben, die Region bzw. das Land aus, und aktivieren Sie die Ortungsdienste ❶. Bestätigen Sie alle Eingaben mit einem Finger-Tipp auf **Weiter** ❷.

5. Im nächsten Schritt müssen Sie Ihr WLAN-Netzwerk auswählen. Suchen Sie Ihr Netzwerk, falls vorhanden, aus der Liste aus, tippen Sie darauf, und geben Sie Ihr Passwort ein. Haben Sie alles korrekt eingegeben, tippen Sie oben oder unten auf den **Verbinden**-Button ❸. Auf dem nächsten Bildschirm wird Ihr WLAN-Netzwerk blau dargestellt und vorne mit einem Häkchen versehen. Bestätigen Sie diesen Bildschirm ebenfalls mit dem **Weiter**-Button ❹.

6. Ihr iPhone wird nun aktiviert, was einige Minuten dauern kann. Im nächsten Bildschirm müssen Sie das Gerät konfigurieren. Wählen Sie aus den Optionen **Als neues iPhone konfigurieren** aus, wenn es sich hierbei um eine Erstkonfiguration handelt.

7. Geben Sie nun Ihre Apple-ID ein, oder erstellen Sie eine neue Apple-ID, falls Sie noch keine haben.

8. Ist bis hierher alles eingerichtet, müssen Sie noch die Servicebedingungen akzeptieren.

9. Anschließend können Sie noch entscheiden, ob Sie die iCloud verwenden möchten oder nicht und ob Sie gegebenenfalls eine Datensicherung in der iCloud erstellen möchten. Tippen Sie hier auf **iCloud verwenden** und dann auf **Datensicherung in iCloud**.

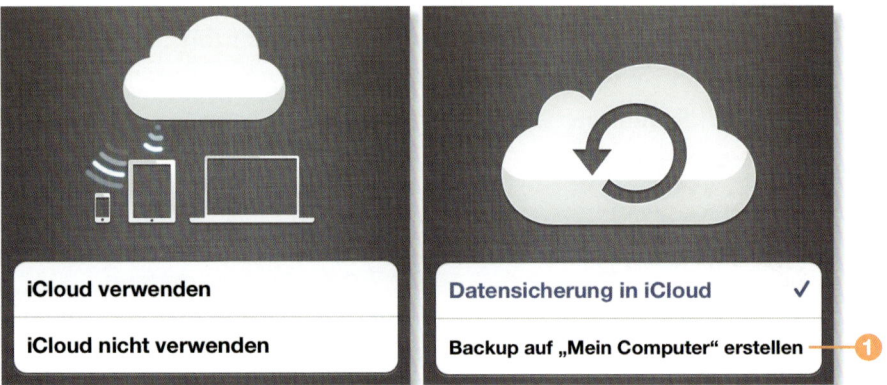

10. Entscheiden Sie als Nächstes, ob Sie die Funktion **Mein iPhone suchen** verwenden möchten. Falls ja, tippen Sie hier auf **Verwenden**.

11. Im nächsten Bildschirm legen Sie fest, ob Sie die neue Sprachsteuerung Siri verwenden möchten. Tippen Sie auf **Siri verwenden**. Näheres zu diesem Thema erfahren Sie im Abschnitt »Der neue intelligente Assistent Siri«, ab Seite 43.

12. Zu guter Letzt können Sie der Firma Apple bei der Verbesserung ihrer Produkte helfen, indem Sie im Bereich **Diagnose und Nutzung** den Button **Autom. senden** antippen. Zum Schluss müssen Sie sich nur noch bei Apple registrieren.

Gratulation! Sie haben es geschafft – Ihr iPhone ist eingerichtet und konfiguriert.

Um Ihr iPhone mit Daten zu versorgen, müssen Sie es nun an iTunes anschließen und dort mit allen Ihren Daten synchronisieren. Je nachdem, wie Sie sich in Schritt 9 entschieden haben, müssen Sie Ihr iPhone nur ein einziges Mal mit iTunes synchronisieren oder aber jedes Mal, wenn Sie nämlich die Option **Backup auf »Mein Computer« erstellen** ❶ gewählt haben.

HINWEIS

Vorsicht beim Zusammenstecken!

Achten Sie beim Verbinden des Dock Connectors mit dem iPhone darauf, dass die Markierung auf dem Dock Connector nach oben zeigt. Ein fehlerhaftes Einstecken könnte zum Defekt des Geräts führen.

Das iPhone bei iTunes anmelden

Im folgenden Workshop erfahren Sie nun, wie Sie das iPhone zum ersten Mal bei iTunes anmelden und die notwendigen Einstellungen für die erste Synchronisation Ihrer Daten vornehmen.

1. Schließen Sie Ihr iPhone mit dem mitgelieferten Dock-Connector-Kabel an Ihren Computer an.

2. Öffnen Sie nun iTunes. Nach wenigen Augenblicken wird iTunes Ihr Gerät erkennen und sich mit dem folgenden Startbildschirm melden.

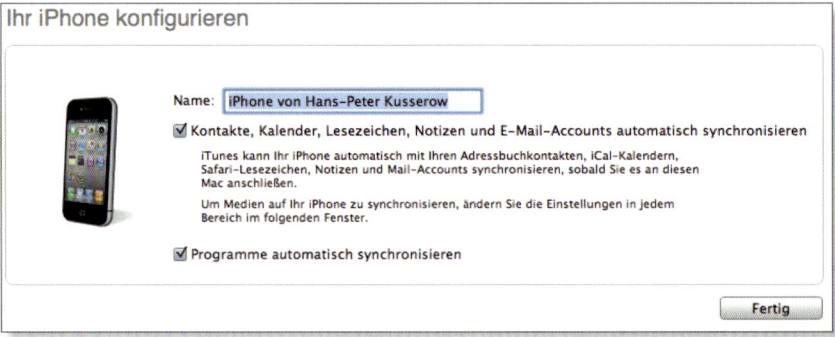

3. Sie können Ihrem iPhone an dieser Stelle einen beliebigen Namen geben. Dieser Name wird später immer sichtbar sein, wenn Sie Ihr iPhone mit iTunes verbinden. Er kann aber nachträglich auch noch geändert werden. Sie legen hier ebenfalls fest, ob Sie Kontakte, Kalender und Programme synchronisieren möchten. Haben Sie alles nach Ihren Wünschen eingerichtet, bestätigen Sie Ihre Einstellungen mit dem **Fertig**-Button.

4. Sie gelangen nun zum nächsten Schritt des Initialisierungsprozesses, in dem Sie dann alle weiteren Synchronisationseinstellungen vornehmen können.

Hier können Sie im oberen Bereich die entsprechenden Kategorien wählen, die Sie ebenfalls synchronisieren möchten.

Es stehen Ihnen neben der Übersicht und Infos folgende Kategorien zur Verfügung: **Klingeltöne**, **Apps**, **Musik**, **Filme**, **TV-Sendungen**, **Podcasts**, **Bücher** und **Fotos**.

Sinnvolle Einstellungen für die erste Synchronisation

Um Ihr iPhone das erste Mal richtig zu synchronisieren, sollten Sie folgende sinnvolle Einstellungen wählen. Hierbei gehen wir nach den einzelnen Kategorien vor.

Infos

Hier nehmen Sie die wichtigsten Grundeinstellungen vor, deshalb schauen wir uns diesen Bereich genauer an.

Der zweite Bereich **Adressbuchkontakte synchronisieren**, direkt unterhalb von **MobileMe**, behandelt die Synchronisation Ihrer Kontakte. Hier können Sie entscheiden, ob Sie alle Ihre Kontakte auf das iPhone kopieren möchten oder nur bestimmte Kontaktgruppen. Diese Kontaktgruppen müssen Sie vorher bereits im Adressbuch oder in Outlook angelegt haben. Wie das geht, erfahren Sie in Kapitel 7, »Kalender, Erinnerungen & Kontakte«, ab Seite 173.

Wenn Sie auf Ihrem iPhone einen Kontakt außerhalb der von Ihnen definierten Gruppen erstellen, können Sie hier selbst festlegen, welcher Gruppe dieser Kontakt zugeordnet werden soll.

Sollten Sie bereits über einen Yahoo- oder über einen Google-Account verfügen und Ihre Kontakte bisher hiermit abgeglichen haben, können Sie an dieser Stelle den jeweiligen Account entsprechend konfigurieren. Vorher müssen Sie in beiden Fällen jedoch diese Bedingungen akzeptieren.

Beim nächsten Punkt können Sie auch wieder ein Häkchen setzen, um Ihre iCal-Kalender zu synchronisieren. Hier können Sie wieder auswählen, ob Sie alle Ihre Kalender synchronisieren möchten oder nur bestimmte. Je nachdem, welche Kalender Sie in iCal angelegt haben, können Sie z. B. zwischen beruflichen oder privaten Kalendern unterscheiden.

Um Ihre Kalender nicht ausufern zu lassen, können Sie hier noch einstellen, dass Sie nur die Kalender synchronisieren, die nicht älter als X Tage sind. Sie können hier z. B. 30 Tage eingeben, sodass Sie immer noch einen Monat im Rückblick haben. Sollte Ihnen das zu wenig sein, können Sie entweder eine höhere Zahl eintragen, oder Sie lassen den Eintrag ohne Häkchen und synchronisieren alle Kalenderdaten, die auf Ihrem Computer gespeichert sind.

Hier haben Sie die Möglichkeit, die Account-Einstellungen Ihrer E-Mail-Postfächer zu synchronisieren. Wenn Sie mehrere Postfächer besitzen, können Sie für jedes einzelne Postfach bestimmen, ob es synchronisiert werden soll, indem Sie ein Häkchen setzen oder eben nicht. Mehr über die Verwaltung Ihrer E-Mails erfahren Sie dann in Kapitel 6, »E-Mails«, ab Seite 151.

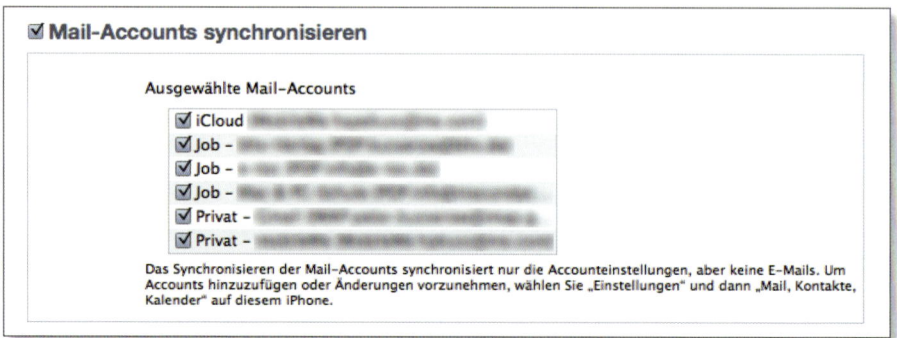

Unter **Andere** finden Sie die Synchronisationsmöglichkeiten für Ihre Safari-Lesezeichen und Ihre Notizen. Sie können hier leider keine weiteren Einstellungen vornehmen, sondern lediglich ein Häkchen setzen oder nicht.

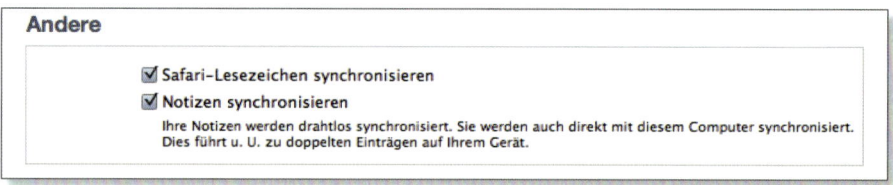

Im Bereich **Erweitert** können Sie in den Kategorien **Kontakte**, **Kalender**, **Mail-Accounts**, **Lesezeichen** und **Notizen** jeweils ein Häkchen setzen, wenn Sie diese einmalig von Ihrem Computer auf Ihr iPhone kopieren möchten. Dieser Prozess ist jeweils nur für einen Synchronisationsvorgang vorgesehen und muss bei Bedarf vor jeder Synchronisation neu eingestellt werden.

Erweitert

Informationen auf diesem iPhone ersetzen

- ☐ Kontakte
- ☐ Kalender
- ☐ Mail-Accounts
- ☐ Lesezeichen
- ☐ Notizen

Bei der nächsten Synchronisierung ersetzt iTunes einmalig die ausgewählten Informationen auf diesem iPhone durch die Daten von diesem Computer.

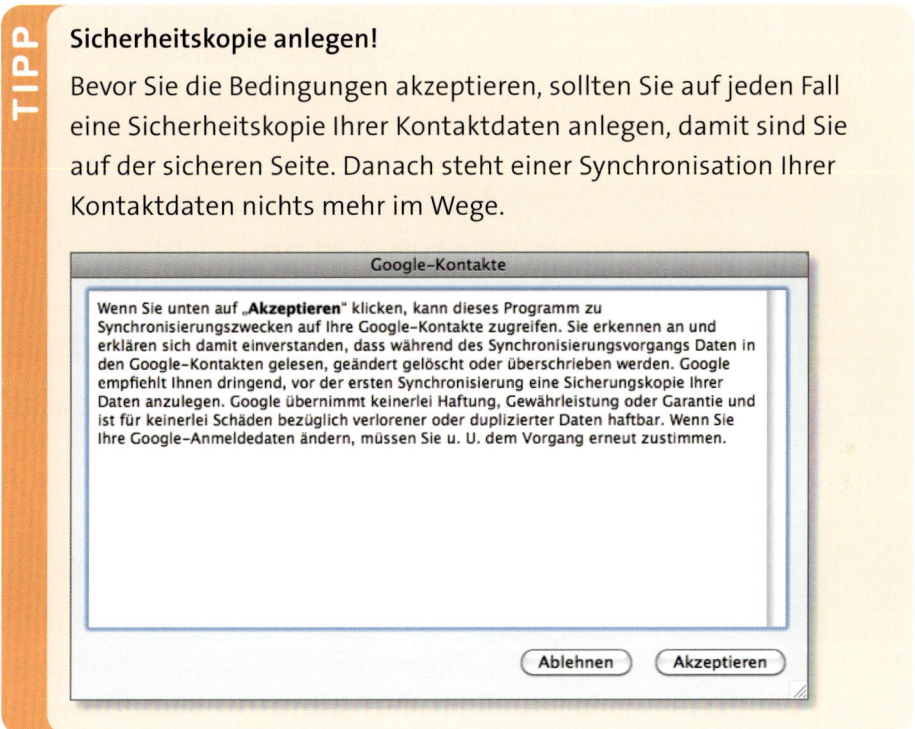

TIPP

Sicherheitskopie anlegen!

Bevor Sie die Bedingungen akzeptieren, sollten Sie auf jeden Fall eine Sicherheitskopie Ihrer Kontaktdaten anlegen, damit sind Sie auf der sicheren Seite. Danach steht einer Synchronisation Ihrer Kontaktdaten nichts mehr im Wege.

Google-Kontakte

Wenn Sie unten auf „**Akzeptieren**" klicken, kann dieses Programm zu Synchronisierungszwecken auf Ihre Google-Kontakte zugreifen. Sie erkennen an und erklären sich damit einverstanden, dass während des Synchronisierungsvorgangs Daten in den Google-Kontakten gelesen, geändert gelöscht oder überschrieben werden. Google empfiehlt Ihnen dringend, vor der ersten Synchronisierung eine Sicherungskopie Ihrer Daten anzulegen. Google übernimmt keinerlei Haftung, Gewährleistung oder Garantie und ist für keinerlei Schäden bezüglich verlorener oder duplizierter Daten haftbar. Wenn Sie Ihre Google-Anmeldedaten ändern, müssen Sie u. U. dem Vorgang erneut zustimmen.

Ablehnen Akzeptieren

Nach Aktualisierungen suchen

iTunes bietet Ihnen auf der Übersichtsseite Ihres iPhones den Button **Nach Update suchen** an, der das Programm nach neuer Software für Ihr iPhone suchen lässt.

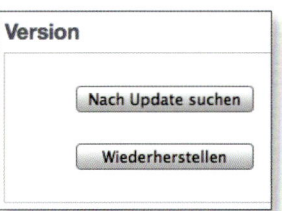

Oberhalb davon befindet sich ein Bereich, in dem unter anderem die aktuelle Softwareversion verzeichnet ist, sodass Sie auf einen Blick erkennen können, ob Sie auf dem neuesten Stand sind.

Gehen Sie wie folgt vor, um Ihr iPhone zu aktualisieren:

1. Tippen Sie auf den Button **Nach Update suchen**. Es erscheint nach einer Weile das folgende Dialogfeld, in dem Sie einfach nur den Button **Laden und aktualisieren** mit der Maus oder mit der ⏎-Taste bestätigen müssen. Schon startet der Aktualisierungsvorgang.

2. Als Erstes wird Ihnen angezeigt, um welche Art von Aktualisierung es sich handelt und für welche iPhone-Modelle das Update gedacht ist. Dieses Dialogfeld müssen Sie dann mit einem Klick auf den **Weiter**-Button bestätigen, und Sie gelangen zum nächsten Schritt.

3. Das nun folgende Dialogfeld enthält den iPhone-Software-Lizenzvertrag, den Sie sich durchlesen sollten. Sie können diesen Vertrag aber auch auf Ihrem Computer sichern und ihn später lesen, wenn Ihnen das lieber ist. In jedem Fall müssen Sie ihn akzeptieren, bevor die neue Software auf Ihrem iPhone installiert werden kann.

4. Haben Sie den iPhone-Software-Vertrag akzeptiert, beginnt der sofortige Download der Software.

5. Sie erkennen in der iTunes-Anzeige den Fortschritt des Downloads und können nun in aller Ruhe den automatisierten Installationsprozess durchlaufen. In diesen Prozess sollten Sie nicht eingreifen, da dies zu schweren Fehlern führen kann.

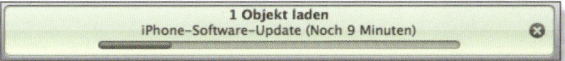

6. Nach einigen Minuten ist der Installationsprozess beendet, und Sie müssen die SIM-Karte wieder entsperren. Verbinden Sie danach Ihr iPhone wieder mit iTunes, und der Installationsprozess ist abgeschlossen.

Alle Knöpfe und Schalter auf einen Blick

Ihr iPhone verfügt über einige Knöpfe und Schalter, die Sie zur schnelleren Bedienung nutzen können. Diese lernen Sie im Folgenden in einem kurzen Überblick kennen.

❶ Auf der Oberseite des iPhones finden Sie den An-/Aus- und den Stand-by-Schalter. Die genaue Funktion wird im Abschnitt »Einschalten, ausschalten und Stand-by«, ab Seite 32 näher erläutert.

❷ Links oben befindet sich der Schalter für die Stummschaltung. Nutzen Sie ihn, können Sie zwar weiterhin Anrufe und Nachrichten empfangen und Ihr iPhone normal bedienen, Sie hören allerdings keine Signal- und Anruftöne mehr. In einem Meeting oder bei einem Konzert bleiben Sie also noch erreichbar, stören Ihre Umgebung jedoch nicht. Wenn Sie diesen Schalter verwenden, erhalten Sie über das Display Ihres iPhones eine optische Rückmeldung, dass der Ton entweder aus- oder eingeschaltet wurde.

An diesen Icons erkennen Sie, ob der Ton aus- (links) oder angeschaltet ist (rechts).

③ Direkt darunter befinden sich die mit + und – beschrifteten Tasten für die Steuerung der Lautstärke. Mit diesen Tasten können Sie die Gesamtlautstärke, die Lautstärke von Signal- und Warntönen und die Lautstärke beim Telefonieren regeln. Auch hier bekommen Sie eine visuelle Rückmeldung, wenn Sie die Lautstärke verändern.

④ Diese Taste ist die sogenannte *Home-Taste* – oft auch als *Home-Button* bezeichnet –, die zentrale Steuerungstaste des iPhones. Mit dieser Taste steuern Sie ganz verschiedene Dinge. Sie können das iPhone, wie bereits erwähnt, aus dem Stand-by-Modus »aufwecken«, Sie steuern damit aber ebenso die Multitasking-Funktion und die Sprachsteuerung Siri. Dazu aber später mehr.

Einschalten, ausschalten und Stand-by

Beginnen wir mit der Oberseite des iPhones. Hier befinden sich der Ein-/Aus-Schalter, der gleichzeitig die Stand-by-Taste ist.

Die Oberseite des iPhones

Wenn Sie diese Taste einmal kurz drücken, »wecken« Sie das iPhone aus dem Stand-by-Modus auf, sodass Sie das Touch-Display entriegeln und Ihr iPhone bedienen können. Nochmaliges kurzes Drücken dieser Taste versetzt Ihr iPhone wieder in den Stand-by-Modus, und das Display wird wieder schwarz.

In diesem Stand-by-Modus ist Ihr iPhone aber immer noch empfangsbereit, und Sie können weiterhin angerufen werden und Nachrichten empfangen. Sie können ebenfalls die iPod-Funktion nutzen und Musik hören. Nur der Bildschirm ist dabei ausgeschaltet und reagiert in diesem Zustand nicht mehr auf Berührungen. Der Stand-by-Modus spart so eine Menge Strom, und Ihr Akku hält entsprechend länger.

Standardmäßig ist das iPhone so eingestellt, dass der Stand-by-Modus aktiviert wird, wenn der Bildschirm eine Minute nicht berührt wird. Diesen Zeitraum können Sie allerdings selbst noch an Ihre eigenen Bedürfnisse anpassen, indem Sie unter **Einstellungen ▸ Allgemein ▸ Automatische Sperre** einen entsprechend längeren Zeitraum auswählen.

Längeres Drücken der An-/Aus-Taste – mehr als drei Sekunden – führt dazu, dass Sie das iPhone komplett ausschalten können. Hierfür müssen Sie lediglich den roten Schieberegler nach rechts ziehen. Ihr iPhone wird daraufhin komplett abgeschaltet.

Wenn Sie diesen Schieberegler nach rechts ziehen, wird das iPhone ausgeschaltet.

Zwischen den Bildschirmen wechseln

Die einzelnen Bildschirmdarstellungen des iPhones werden als *Screens* bezeichnet. Wenn Sie Ihr iPhone das erste Mal einschalten, verfügen Sie über zwei Bildschirme. Wenn Sie aber – so wie ich – ein Jäger und Sammler interessanter Apps sind und diese eines Tages nicht mehr auf einen Bildschirm passen, müssen Sie notgedrungen weitere Bildschirme anlegen, bzw. Ihr iPhone erledigt das für Sie. Insgesamt können Sie elf Bildschirme anlegen und zwischen ihnen hin- und herblättern.

Die Anzahl der einzelnen Bildschirme erkennen Sie anhand der einzelnen Punkte ❶, die sich zwischen den Apps und dem Dock befinden.

Um zwischen den einzelnen Bildschirmen zu blättern, wischen Sie einfach mit dem Finger von rechts nach links, Sie schieben damit sozusagen den aktuellen Bildschirm nach links aus dem Bild, und der nächste Bildschirm erscheint.

Der weiß hervorgehobene Punkt ❷ zeigt Ihnen dabei an, auf welchem Bildschirm Sie sich gerade befinden.

Das Wischen, um die Bildschirme zu verschieben, funktioniert übrigens in beide Richtungen.

Apps starten

Das Starten von Apps ist wahrscheinlich die am meisten ausgeführte Aktion auf dem iPhone. Das ist auch ganz einfach – Sie müssen lediglich eine App mit dem Finger antippen, und schon startet sie.

Sofort nach dem Berühren des jeweiligen App-Symbols öffnet sich die App.

Mehrere Apps gleichzeitig laufen lassen (Multitasking)

Seit der Softwareversion iOS 4.0 beherrscht das iPhone das sogenannte *Multitasking*. Das bedeutet, Sie können gleichzeitig mit mehreren Apps arbeiten, ohne diese immer wieder beenden zu müssen. Apple hat dafür natürlich eine eigene Lösung parat, die ich Ihnen hier vorstellen möchte.

1. Öffnen Sie einfach einmal mehrere Apps hintereinander, und schließen Sie diese Anwendungen wieder, indem Sie auf die Home-Taste drücken.

2. Drücken Sie nun die Home-Taste zweimal kurz hintereinander. Es öffnet sich nun die sogenannte *Multitasking-Übersicht*. Das bedeutet, Sie können hier alle Apps sehen, die Sie in der letzten Zeit geöffnet haben. Der obere Teil des Displays wird dabei abgeblendet, sodass Sie die geöffneten Apps besser erkennen können.

3. Haben Sie einmal mehr als vier Apps geöffnet, sind die anderen Apps nicht sofort sichtbar, da auf dem Display immer nur vier Apps gleichzeitig angezeigt werden können. Um die anderen anzuzeigen, wischen Sie einfach mit dem Finger nach links. Mit rechts geht es wieder zurück.

4. Tippen Sie anschließend auf die App Ihrer Wahl, und sie öffnet sich an der gleichen Stelle, an der Sie sie verlassen haben. Erneutes Drücken des Home-Buttons schließt die App wieder.

Das Schließen der Apps ist nun aber nicht mehr endgültig wie früher, sondern die Apps sind weiterhin geöffnet, und mit einem Doppelklick auf den Home-Button können Sie erneut in Ihre App hineinschauen.

Es kommt daher vor, dass Sie immer relativ viele Apps im Hintergrund geöffnet haben. Das muss Sie allerdings nicht bekümmern, denn wenn die Apps nicht aktiv sind, verbrauchen sie auch keinen Strom oder andere Geräteressourcen.

Apps vollständig ausschalten

Mit der Zeit kann es allerdings passieren, dass Sie eine ganze Reihe von Apps geöffnet haben und entsprechend hin- und herwischen müssen. In dieser Situation ist es sinnvoll, einzelne Apps vollends auszuschalten. Das erledigen Sie wie folgt:

1. Klicken Sie doppelt auf den Home-Button, und Sie gelangen in die Multitasking-Ansicht.

2. Halten Sie nun den Finger so lange auf einer App, bis die Apps beginnen zu wackeln. Am oberen linken Rand befindet sich jeweils ein kleines weißes Minus-Zeichen in einem roten Kreis. Drücken Sie auf dieses Symbol, und die Apps schließen sich sofort.

3. Diese Aktion können Sie so lange für alle Apps in der Multitasking-Leiste durchführen, bis alle Apps geschlossen sind. Ein einfacher Klick auf den Home-Button beendet die Aktion.

Apps einrichten und sortieren

Das Organisieren Ihrer Apps funktioniert nach demselben Prinzip wie das Schließen der Apps in der Multitasking-Leiste. Angenommen, Sie haben mittlerweile eine stattliche Anzahl an Apps erworben und möchten diese nun in eine für Sie logische Reihenfolge bringen, um sich besser auf Ihrem iPhone zurechtzufinden. Gehen Sie dazu wie folgt vor:

1. Drücken Sie längere Zeit, etwa 2–3 Sekunden, auf das Symbol einer App, bis alle Apps zu wackeln beginnen.

2. Nun können Sie die einzelnen Apps anfassen und an eine andere Stelle ziehen.

3. Wenn Sie eine App jeweils über den linken oder rechten Rand hinwegziehen, wird sie auf die nächste Seite bewegt. Ist dort noch keine App abgelegt, erscheint eine komplett neue Seite, die Sie nun mit Apps füllen können.

4. Auf dieser neuen Seite wird die verschobene App dann oben links eingefügt. Ein kurzer Druck auf den Home-Button fixiert Ihre Apps wieder, und sie hören auf zu wackeln.

Apps vom iPhone löschen

Ist die eine oder andere App nicht mehr so nach Ihrem Geschmack, können Sie sie schnell wieder loswerden.

1. Löschen Sie einfach die App, indem Sie die Apps wieder in den Wackelzustand bringen und dann auf das kleine Kreuzchen oben links ❶ drücken.

2. Übrigens sehen Sie auch Apps, die kein Kreuzchen aufweisen ❷. Diese Apps gehören zur Standardausstattung Ihres iPhones und können nicht gelöscht werden.

> **HINWEIS**
>
> **Gelöschte Apps**
>
> Sie müssen nun aber nicht befürchten, dass die eventuell auch schon mal aus Versehen gelöschten Apps nun auf Nimmerwiedersehen verschwunden sind. Alle Apps, die Sie jemals geladen haben, sind nach wie vor in iTunes gesichert. Von hier können Sie alle Apps immer wieder durch einen Synchronisationsvorgang auf Ihr iPhone zurückholen.

Ordner erstellen

Wenn Ihnen die vielen Apps auf Ihrem iPhone zu unübersichtlich geworden sind, fassen Sie sie doch einfach in Ordnern zusammen. In diese Ordner passen jeweils bis zu 16 Apps. So richten Sie die Ordner ein:

1. Halten Sie eine beliebige App so lange gedrückt, bis alle Apps zu wackeln beginnen, und ziehen Sie dann eine App auf eine andere.

2. Es öffnet sich ein grau hinterlegtes Feld, das bereits mit einem Namen versehen ist und das nun die beiden Apps enthält.

3. Sind Sie mit dem Namen des Ordners einverstanden, drücken Sie einfach den Home-Button, und der Ordner wird sofort angelegt.

4. Möchten Sie einen anderen Ordnernamen vergeben, berühren Sie rechts das Kreuz ❶ und geben nun mithilfe der Bildschirmtastatur einen neuen Namen ein oder diktieren ihn, indem Sie auf den **Mikrofon**-Button links neben der Leertaste tippen.

5. Bestätigen Sie Ihre Eingabe mit dem **Fertig**-Button der Tastatur unten rechts. Daraufhin verschwindet die Tastatur wieder.

6. Auch hier müssen Sie wieder mit dem Home-Button Ihre Aktion bestätigen, und schon haben Sie einen Ordner erstellt und mit einem eigenen Namen versehen.

Ordner in iTunes erstellen

Wenn Ihnen das Erstellen von Ordnern auf dem iPhone zu kompliziert erscheint oder Sie einen besseren Überblick über Ihre Apps benötigen, können Sie das Ganze auch in iTunes erledigen.

1. Gehen Sie in iTunes in die App-Ansicht Ihres iPhones ❶, und ziehen Sie hier einfach eine App auf eine andere.

2. In dieser Ansicht entsteht nun, wie auf Ihrem iPhone auch, eine graue Fläche ❷, auf der sich nun die beiden Apps befinden und die bereits mit einem Namen versehen ist.

3. Sie können nun auch noch den Namen ändern, wenn er Ihnen nicht gefällt. Ist alles so weit in Ordnung, klicken Sie mit der Maus einfach an eine beliebige Stelle außerhalb des Ordners und fixieren den Ordner auf diese Weise.

Der neue intelligente Assistent Siri

Die bisherige Sprachsteuerung, die mehr oder weniger zuverlässig funktionierte, hat Apple im neuen iPhone 4S durch *Siri* ersetzt. Siri ist ein intelligenter sprachgesteuerter Assistent, der auch indirekte und semantisch unpräzise Aussagen versteht und seine Befehle daraus selbstständig erkennt. Diese neue Art der Sprachsteuerung hat etwas Revolutionäres und macht vor allem viel Spaß in der täglichen Anwendung.

Sie können Siri entweder ganz normal über Ihr iPhone Ihre Befehle geben oder das mitgelieferte Headset des iPhones dafür nutzen.

Zuerst einmal möchte ich Ihnen einige Einstellungen empfehlen, die für eine reibungslose Nutzung von Siri sinnvoll sind.

1. Um Siri nach Ihren Wünschen einzustellen, tippen Sie auf **Einstellungen** ▸ **Allgemein** ▸ **Siri**. Hier können Sie Siri aktivieren und deaktivieren.

2. Als Sprache ist die gleiche Sprache eingestellt, auf die auch das iPhone eingestellt ist, in unserem Fall also Deutsch. Sie können allerdings noch zwischen drei Ausprägungen des Englischen und Französisch wählen.

Da es sich hierbei um eine Betaversion handelt, werden vermutlich im Laufe der Zeit weitere Sprachen hinzukommen.

3. Sie können ebenfalls entscheiden, ob Sie ein ständiges sprachliches Feedback erhalten möchten oder nur dann, wenn Ihr iPhone an eine Freisprechanlage angeschlossen ist.

4. Fügen Sie unter **Meine Info** noch Ihre Kontaktdaten hinzu, und schließen Sie dann Ihre Eingaben ab.

So funktioniert Siri

Halten Sie den Home-Button einige Sekunden gedrückt, dann erscheint im unteren Drittel des Bildschirms Siri mit der Frage: »Wie kann ich behilflich sein?«

Ist in diesem Mikrofon-Symbol ein violetter Schein zu erkennen, ist das Mikrofon aktiv. Ein inaktives Mikrofon ist einfach schwarz. Während des Sprechens erhöht sich dann der Mikrofonpegel, und im Rahmen des Mikrofons verläuft eine violette Leuchtspur, wenn die Anfrage an Apple geschickt wird.

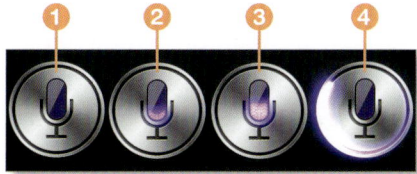

Von links nach rechts: inaktives Mikrofon ❶, eingeschaltetes Mikrofon ❷, Siri ist bereit, die Frage wird aufgenommen ❸, die Frage oder Aufgabe wird bearbeitet ❹

Siri hat auch ein integriertes Handbuch, das Sie abrufen können, wenn Sie folgenden Befehl sprechen: »Was kannst du tun?« oder: »Was kannst du?«

Wenn Sie Siri diese Sachen fragen, öffnet sich das Handbuch, und Sie können sehen, mit welchen Programmen Siri zusammenarbeitet.

Wenn Sie auf den kleinen Pfeil am rechten Rand der jeweiligen App tippen, wird Ihnen eine Reihe von Fragen angezeigt, die Sie stellen können, um von Siri eine Antwort zu bekommen oder eine Aktion auszulösen.

45

Probieren Sie es aus. Sie werden feststellen, dass sich die Art, wie Sie mit Ihrem iPhone umgehen, im Laufe der Zeit grundlegend verändern wird.

So nutzen Sie Siri mit dem Headset

Falls Sie Ihr Headset mit Siri verwenden möchten, funktioniert das genauso, wie vom iPhone 4S gewohnt.

1. Um Siri zu starten, drücken Sie einige Sekunden auf die Vertiefung an der Steuerungseinheit des Headsets – auch dann, wenn das iPhone sich lediglich im Bereitschaftsmodus befindet. Es erscheint das unten dargestellte Display, und es ertönen zwei Signaltöne. Anschließend können Sie Siri einen Befehl geben oder eine Frage stellen.

2. Um den Sprachbefehl so klar wie möglich zu formulieren, lassen Sie das Kabel des Headsets frei hängen und halten es am besten nicht fest. Das auf der Rückseite des Steuerelementes eingebaute Mikrofon (siehe Abbildung) ist entsprechend empfindlich. Sprechen Sie dann Ihren Befehl.

3. Die Lautstärke können Sie an der Steuerungseinheit des Headsets über die Tasten + und – regulieren.

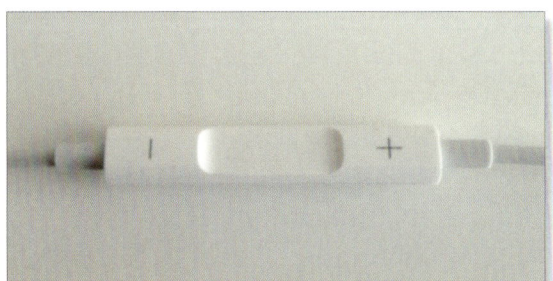

Auf dem iPhone suchen mit Spotlight

Spotlight ist der Name der Suchfunktion, die Sie vielleicht bereits von Ihrem Mac kennen. Auf Ihrem Display befindet sich unten – neben den Punkten für die einzelnen Screens – ein kleines Lupen-Symbo ❶. Dahinter verbirgt sich die Spotlight-Suche.

Sie gelangen dorthin, wenn Sie den Home-Screen nach rechts aus dem Bild wischen.

Zunächst lernen Sie aber die grundlegenden Einstellungen von Spotlight kennen. Sie können nämlich selbst bestimmen, was genau Sie eigentlich durchsuchen lassen möchten.

1. Um die nötigen Einstellungen vorzunehmen, tippen Sie zuerst auf das Symbol **Einstellungen** und wechseln dann zum Menüpunkt **Allgemein**.

2. Auf dem nächsten Screen wählen Sie die Option **Spotlight-Suche** aus.

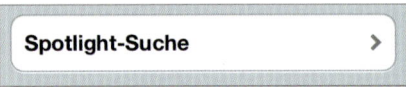

3. Sie gelangen dann in die Einstellungen von Spotlight. Hier können Sie bestimmen, welche Rubriken Sie durchsuchen lassen möchten. Tippen Sie jeweils auf den Menüpunkt, den Sie auswählen möchten, sodass er mit einem Häkchen versehen wird. Möchten Sie ein Häkchen entfernen, gehen Sie genauso vor.

4. Möchten Sie die Reihenfolge Ihrer zu durchsuchenden Rubriken ändern, tippen Sie einfach auf die drei Striche am Ende, und ziehen Sie die Rubrik an die gewünschte Stelle.

5. Wenn Sie Ihre Einstellungen abgeschlossen haben, drücken Sie noch einmal auf die Home-Taste, und Sie gelangen zurück zum Home-Screen.

Die Suche starten

Nun können Sie mit der Suche beginnen. Gehen Sie dabei wie folgt vor:

1. Nachdem Sie den Home-Screen, wie oben gezeigt, nach rechts gewischt haben, befinden Sie sich auf Ihrem Suchbildschirm. Die Bildschirmtastatur wird eingeblendet, und Sie können den gewünschten Suchbefehl eingeben oder mit einem Finger-Tipp auf den **Mikrofon**-Button ❶ diktieren.

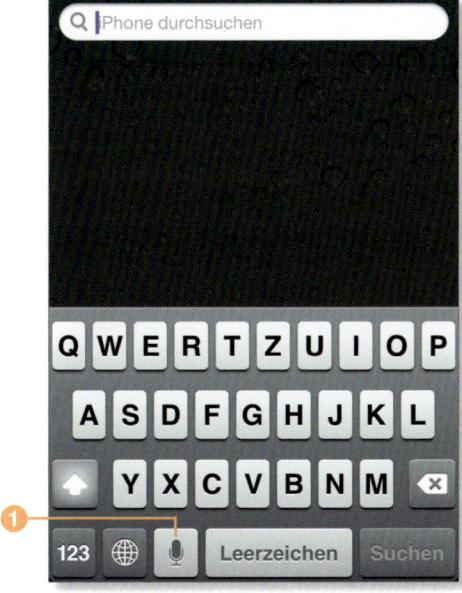

2. Noch während der Eingabe erscheinen schon die ersten Resultate. Das Ganze geht blitzschnell. In unserem Beispiel habe ich nach dem Begriff *Foto* gesucht und bin zu den Ergebnissen gelangt, die Sie rechts im Bild sehen.

3. Die Rubriken werden in den Ergebnissen in der gleichen Reihenfolge angezeigt, die Sie bereits unter **Einstellungen** festgelegt haben.

Das Hintergrundbild ändern

Sie können mit wenigen Schritten ganz einfach auch das Hintergrundbild Ihres iPhones an Ihren Geschmack anpassen. Hierzu können Sie entweder Bilder nutzen, die sich im Bilderordner Ihres iPhones befinden, oder Sie nehmen ein Foto mit Ihrer Kamera auf und verwenden dies dann als Hintergrundbild. Gehen Sie dabei wie folgt vor:

1. Tippen Sie auf das Symbol **Einstellungen** und hier dann auf **Hintergrundbild**.

2. Haben Sie die Schaltfläche angeklickt, erscheint eine weitere Seite, die Sie lediglich antippen müssen, um zum eigentlichen Auswahlbildschirm zu gelangen.

3. In diesem Auswahlbildschirm können Sie wählen, aus welcher Quelle Sie Ihr Bild nehmen möchten, um es für den Hintergrund zu verwenden. Sie können wählen zwischen dem Ordner **Hintergrundbild**, den **Aufnahmen**, dem **Fotoarchiv**, von Ihnen erstellten und synchronisierten Ordnern oder dem **Fotostream**.

4. Die etwas separierte Rubrik **Hintergrundbild** enthält alle Bilder, die Apple für Ihr iPhone bereits mitliefert.

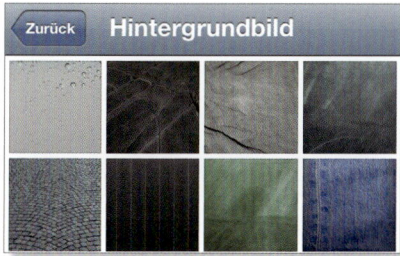

5. Möchten Sie ein Bild aus Ihren mit dem iPhone erstellten Aufnahmen auswählen, tippen Sie einfach auf **Aufnahmen** ❶, und wählen Sie ein Bild aus, indem Sie die kleine Vorschau antippen. Es öffnet sich daraufhin das komplette Bild auf Ihrem Display.

6. Sie können nun das Bild nach Belieben skalieren und so an die richtige Stelle verschieben, bis Ihnen der Bildausschnitt auf dem Display gefällt. Tippen Sie dann auf **Festlegen**.

7. Sie können nun entscheiden, ob Sie das Bild für den **Sperrbildschirm**, den **Home-Bildschirm** oder für **Beide** verwenden möchten.

8. Haben Sie sich entschieden, wird Ihre Auswahl gespeichert, wenn Sie auf **Festlegen** tippen.

Das war schon alles. Gefällt Ihnen Ihre Auswahl?

Kapitel 2
Die Tastatur

Das iPhone ist bekanntlich ein Smartphone, das ohne die üblichen Tasten auskommt. Auch hier müssen allerdings häufig Eingaben gemacht werden. Die Lösung ist eine Bildschirmtastatur, die sich bei Bedarf einblendet. Wie diese Tastatur genau funktioniert und wie Sie sie am besten bedienen, erfahren Sie in diesem Kapitel.

Das Tastaturlayout in der App »Notizen« – im Querformat ❷ und im Hochformat ❶

Die Tastatur im Hoch- und Querformat

Wie Sie in der ersten Abbildung dieses Kapitels bereits gesehen haben, können Sie die Bildschirmtastatur in unterschiedlichen Formaten, nämlich im Hoch- oder im Querformat, verwenden.

In jeder App, bei der Eingaben möglich sind, können Sie die Bildschirmtastatur nutzen. Sollte sich die Tastatur nicht automatisch einblenden, müssen Sie eventuell einmal auf das Display tippen, und schon wird die Bildschirmtastatur sichtbar. Normalerweise wird sie im Hochformat dargestellt, wie in den Screenshots zu erkennen ist.

Die Tastatur im Hochformat in drei verschiedenen Apps: Mail ❶, Nachrichten ❷, Notizen ❸

Wenn Sie das iPhone im Winkel von 90° um die eigene Achse drehen, ändert sich die Darstellung der Tastatur entsprechend, und sie wird im Querformat dargestellt. Es ist übrigens egal, in welche Richtung Sie Ihr iPhone drehen. Das im iPhone integrierte Gyroskop passt die Tatstatur immer entsprechend an.

Ein paar Finger- und Tippübungen

Um auf der iPhone-Bildschirmtastatur flüssig schreiben zu können, bedarf es einiger Übung, da Sie keine haptische Rückmeldung von den Tasten bekommen. Als Erstes bietet es sich daher an, die Tastentöne zu aktivieren. Auf diese Weise erhalten Sie zumindest eine Audiorückmeldung, wenn Sie eine Taste gedrückt haben.

Diese Einstellung nehmen Sie unter **Einstellungen** ▸ **Töne** vor. Aktivieren Sie die **Tastaturanschläge** in diesem Menü.

Die Lautstärke der Tastentöne können Sie dann über die Lautstärkeregler an der linken Seite Ihres iPhones steuern.

Wenn Sie ein absoluter Neuling an der Bildschirmtastatur sind, sollten Sie die Tastatur zunächst im Querformat nutzen, da die einzelnen Buchstaben hier viel größer angezeigt werden als im Hochformat.

Die Tastatur gibt Ihnen darüber hinaus auch noch eine visuelle Kontrolle. Wenn Sie auf einen Buchstaben tippen, vergrößert sich dieser entsprechend, sodass Sie sofort erkennen können, ob es sich um den Buchstaben handelt, den Sie auch antippen wollten.

Probieren Sie es einfach mal aus. Sie werden feststellen, dass der Umgang mit der Tastatur eigentlich ganz einfach ist.

Sonderzeichen, Umlaute und Akzente eingeben

Die Tastatur des iPhones mag Ihnen etwas vereinfacht vorkommen, insbesondere die deutschen Umlaute scheinen auf den ersten Blick nicht vorhanden zu sein. Sie sind aber da!

1. Um z. B. ein ⒜ zu schreiben, müssen Sie lediglich die Ⓐ-Taste etwas länger gedrückt halten. Es erscheinen dann alle möglichen Darstellungsformen dieses Buchstabens.

2. Dann wischen Sie einfach mit dem Finger so lange nach rechts, bis Sie beim ⒜ angekommen sind. Das erkennen Sie daran, dass es blau hinterlegt ist.

3. Lassen Sie nun den Bildschirm los, und das ⒜ wird dargestellt.

Mit den anderen Buchstaben funktioniert das entsprechend analog. In der folgenden Tabelle finden Sie die Abfolge der verschiedenen Zeichen:

Buchstabe	Sonderzeichen
e	e é è ê ë ė
i	ì ī í ï î i
o	ō ø œ õ ó ò ô ö o
u	ū ú ù û ü u
c	c ç ć č
n	ń ñ n
s	s ß ś š
y	ÿ y

Die verschiedenen Sonderzeichen der einzelnen Buchstaben

Möchten Sie einen Großbuchstaben eingeben, müssen Sie die ⬆-Taste einmal antippen.

Falls Sie eine andere Sprache einstellen, ändert sich auch die Reihenfolge der zu diesem Buchstaben gehörenden Sonderzeichen. Als Beispiel sehen Sie hier den Buchstaben e , der einmal auf Deutsch und einmal auf Italienisch dargestellt wird.

Deutsche Sonderzeichen hinter dem Buchstaben »e«

Italienische Sonderzeichen hinter dem Buchstaben »e«

Wie Sie sehen, werden die Buchstaben je nach der eingestellten Sprache angepasst. Probieren Sie es einfach selbst aus, indem Sie eine andere Sprache einstellen.

Zusätzliche Sprachen einstellen

Um auch in anderen Sprachen Texte verfassen und dabei auch die äußerst praktische Rechtschreibkorrektur nutzen zu können, können Sie weitere Sprachen wählen.

1. Wählen Sie **Einstellungen ▶ Allgemein ▶ Tastatur ▶ Internationale Tastaturen** aus.

2. Nachdem Sie alle Sprachen ausgewählt haben, die Sie benötigen, können Sie noch die Reihenfolge der Sprachen verändern. Tippen Sie dazu auf den **Bearbeiten**-Button, und verschieben Sie die einzelnen Sprachen in ihrer Reihenfolge ganz nach Ihrem Geschmack.

3. Im **Tastaturen**-Menü tauchen nun drei internationale Tastaturen auf.

Als besonderes Schmankerl können Sie als neue Tastatursprache auch sogenannte *Emoji-Symbole* einblenden, Icons, mit denen Sie Emotionen in Ihren Texten zeigen können.

Hier sehen Sie die beiden zusätzlichen Tastatursprachen einmal in der Gegenüberstellung:

❶ *zeigt die englische Tastatur mit einer* [space] *- und einer* [return] *-Taste und* ❷ *die italienische Tastatur mit der* [spazio] *- und der* [invio] *-Taste. Da Siri noch nicht auf Italienisch funktioniert, fehlt hier die entsprechende Taste* ❸.

Selbstverständlich können Sie während des Schreibens auch zwischen den einzelnen Tastaturen wechseln. Nutzen Sie hierzu die Weltkugel-Taste ❹.

Tippen Sie einmal darauf, und Sie wechseln zur nächsten Sprache. Wenn Sie den Finger etwas länger auf dieser Taste halten, sehen Sie folgendes Sprachwahlmenü, über das Sie nun auch die Sprache wählen können:

Nummern und Satzzeichen eingeben

Um Zahlen auf Ihrer Bildschirmtastatur eingeben zu können, müssen Sie lediglich auf die entsprechende Taste [123] tippen, und schon wandelt sich die Tastatur von einer normalen Tastatur in eine Zahlentastatur mit weiteren Sonderzeichen um.

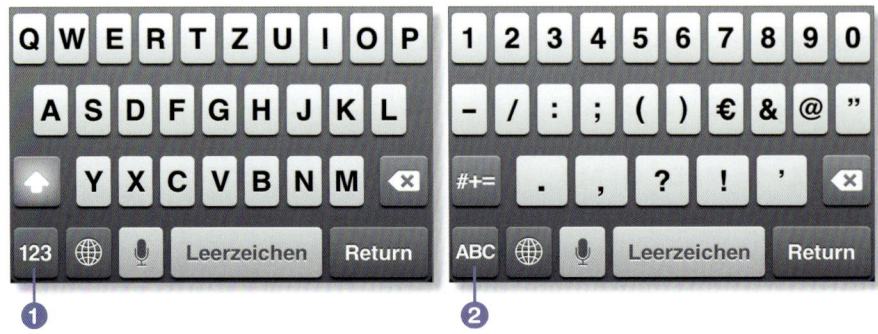

Die Taste 123 ❶ schaltet die Tastatur um auf die Zahlendarstellung. Sie ändert sich in die Taste ABC ❷, mit der Sie dann wieder zur Normaldarstellung wechseln können.

In der Zahlenansicht können Sie dann wie gewohnt Zahlen und Sonderzeichen eingeben. Ein weiteres Tippen auf #+= fördert eine erweiterte Sonderzeichenansicht zutage.

Nach dem Antippen der #+= -Taste erscheint die erweiterte Sonderzeichenansicht, die sich im Wesentlichen in den oberen beiden Zeilen unterscheidet.

Buchstaben und Zahlen eingeben

Zum Eingeben von Buchstaben und Zahlen gehen Sie wie folgt vor:

1. Tippen Sie die auf den Buchstaben der Bildschirmtastatur, der sich daraufhin vergrößert.

2. Wird ein Buchstabe derart dargestellt, wird er, nachdem Sie die Tastatur losgelassen haben, auch geschrieben. Sollten Sie einmal versehentlich einen falschen Buchstaben angetippt haben, halten Sie den Finger auf der Tastatur und bewegen ihn auf dem Display an die Stelle des gewünschten Buchstabens.

3. Lassen Sie dann die Tastatur los.

Folgende Sonderzeichen sind auf dem iPhone nutzbar:

Sonderzeichen	Erweiterung
0	° 0
-	– – – •
Đ	₩ ¥ £ $ €
&	& §
)	» « " " „ "
.	• …

Sonderzeichen	Erweiterung
?	? ¿
!	! ¡
,	` , ' › ‹ ' ,
%	% ‰

Alle auswählbaren Sonderzeichen in einer Übersicht

Die Rechtschreibkorrektur nutzen

Die Tastatur auf Smartphones ist bauartbedingt immer recht klein geraten – auch auf dem iPhone. Da kann es natürlich schon mal passieren, dass
man sich verschreibt, weil man versehentlich auf den falschen Buchstaben
tippt.

Das iPhone hat für derartige Fälle aber wie jedes ordentliche Office-Pro-
gramm eine Rechtschreibkorrektur eingebaut, und es macht sogar beim
Schreiben schon eigene Vorschläge. Hier erfahren Sie, wie Sie die Rechtschreibkorrektur nutzen können.

1. Öffnen Sie eine App, in der Sie schreiben können, z. B. Mail, und beginnen Sie mit der Texteingabe.

2. Haben Sie aus Versehen einen falschen Buchstaben erwischt, das Wort
   aber ansonsten korrekt geschrieben, macht Ihnen das iPhone unterhalb
   Ihres Begriffs einen Vorschlag – in unserem Fall *Hallo*.

3. Sie können das vorgeschlagene Wort übernehmen, indem Sie einfach die Leertaste einmal drücken.

4. Ist das vorgeschlagene Wort nicht korrekt, können Sie mit dem Finger auf das kleine Kreuzchen ❶ tippen und so den Vorschlag ignorieren oder einfach weiterschreiben, bis Sie das richtige Wort getippt haben.

Hat die Rechtschreibprüfung einmal ein Wort nicht erkannt und auch keinen passenden Vorschlag parat, wird das entsprechende Wort mit einer rot gepunkteten Linie unterstrichen.

Tippen Sie nun auf das unterstrichene Wort, klappt ein Dialog auf, der Ihnen verschiedene Vorschläge anbietet.

Suchen Sie sich das passende Wort aus den angebotenen Vorschlägen heraus, und schreiben Sie dann einfach weiter.

Tipps für eine schnellere Eingabe

Wenn Sie nun schon eine Menge geschrieben haben, werden Sie feststellen, dass das Schreiben zwar schon relativ flott geht. Trotzdem können Sie Ihre Eingabegeschwindigkeit noch weiter erhöhen. Hier ein paar Tipps dazu.

Zuerst sollten Sie sicherstellen, dass Sie an Ihrem iPhone alle notwendigen Einstellungen für schnelleres Schreiben vorgenommen haben. Dazu müssen Sie unter **Einstellungen ▸ Allgemein ▸ Tastatur** dafür sorgen, dass Sie alle Optionen entsprechend ausgewählt haben.

Satzzeichen und Zahlen eingeben

Wenn Sie einen Satz beenden und einen Punkt setzen möchten, müssen Sie nicht jedes Mal zur Bildschirmtastatur für die Zahlen wechseln, auf der sich der Punkt befindet. Es gibt eine viel schnellere Möglichkeit. Tippen Sie einfach zweimal schnell hintereinander auf die Leertaste, und direkt am Wortende wird ein Punkt, gefolgt von einem Leerzeichen, eingefügt.

Um spezielle Zeichen wie Klammern, einen Doppelpunkt, ein Frage- oder Ausrufezeichen oder Zahlen einzugeben, gibt es auch eine superschnelle Möglichkeit. Tippen Sie auf die 123-Taste, und ziehen Sie den Finger, *ohne ihn abzusetzen*, an die Stelle des Zeichens, das Sie einfügen möchten. Lösen Sie erst dann den Finger vom Display, wenn das Zeichen hervorgehoben wird. Das Zeichen wird nun eingefügt, und das Display springt automatisch wieder in den normalen Schreibmodus zurück. Auf diese Weise sparen Sie viel Zeit.

Eine weitere Möglichkeit, Zeit zu sparen, ergibt sich, wenn Sie mehrere Zeichen hintereinander in Großbuchstaben schreiben müssen. Sie müssten eigentlich vor jedem Buchstaben einmal die ⇧-Taste antippen, um einen weiteren Großbuchstaben zu erzeugen. Das ist jedoch gar nicht nötig. Stattdessen tippen Sie zweimal schnell hintereinander auf die ⇧-Taste.

Die ⇧-Taste ändert ihr Aussehen, wenn Sie in den Großschreibmodus schalten.

Die Taste ändert daraufhin ihr Aussehen. Schreiben Sie dann das Wort, und tippen Sie zum Beenden des Großschreibmodus noch einmal auf die ⇧-Taste.

Haben Sie sich einmal so richtig verschrieben, hilft die »Schüttelfunktion« Ihres iPhones. Schütteln Sie es, und widerrufen Sie damit Ihre letzte Eingabe, anschließend können Sie dann das Wort korrekt eingeben.

Kurzbefehle einfügen

Sie können noch schneller schreiben, indem Sie die Kurzbefehle nutzen, um etwa immer wiederkehrende Floskeln mit den Kurzbefehlen ausführen zu lassen. Tippen Sie z. B. »mfg«, und Ihr iPhone macht automatisch *Mit freundlichen Grüßen* daraus.

1. Gehen Sie hierzu in die **Einstellungen** unter **Allgemein ▸ Tastatur** und dann auf **Kurzbefehl hinzufügen ...** Geben Sie nun unter **Text** den Text ein, den Sie ausführen lassen möchten, und unter **Kurzbefehl** das von Ihnen ausgewählte Kürzel.

Wenn Sie nun in Zukunft einen Text schreiben, in dem dieser Kurzbefehl vorkommt, wird Ihr iPhone dieses Kürzel immer durch die Langversion ersetzen.

Den Cursor positionieren und Text auswählen

Wenn Sie einen längeren Text auf Ihrem iPhone verfassen möchten, z. B. eine E-Mail, kann es mitunter vorkommen, dass Sie mal an eine bestimmte Stelle im Text springen müssen, um dort etwas einzufügen. Sie können natürlich einfach auf die Stelle tippen und hoffen, dass Sie den richtigen Punkt für Ihre Eingabe gefunden haben. Dieses Verfahren ist jedoch recht unpräzise, und Sie werden feststellen, dass Sie in der Regel nicht oder nur zufällig zum gewünschten Ergebnis gelangen.

Es gibt für dieses Problem jedoch eine Lösung, die ich Ihnen hier vorstellen möchte.

1. Tippen Sie auf den Text, und lassen Sie den Finger auf dem Display. Nach etwa zwei Sekunden erscheint auf dem Display ein Lupen-Symbol, in dem der Cursor und die Textstellen vergrößert dargestellt werden.

2. Gehen Sie nun an die Stelle, an der Sie weiteren Text eingeben möchten, und lassen Sie dann das Display los. Der Cursor ist nun an der Stelle platziert, an der Sie den neuen Text einfügen möchten.

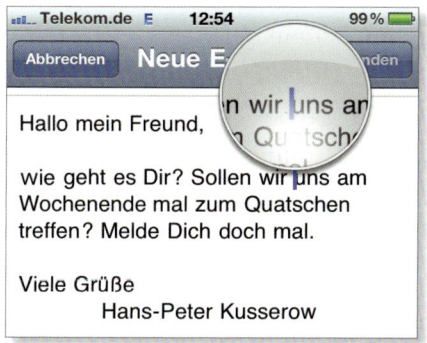

3. Haben Sie das Display losgelassen, können Sie entweder eigenen Text eingeben oder einen bereits vorher ausgewählten Text mithilfe des **Einsetzen**-Buttons aus dem Zwischenspeicher des iPhones einfügen.

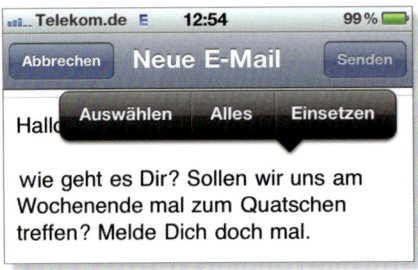

Wie Sie Text kopieren, erfahren Sie im nächsten Abschnitt.

Kopieren und einfügen

Wenn Sie z. B. einen bestimmten Text in eine E-Mail hineinkopieren möchten, um ihn zu versenden, können Sie das mit der integrierten Kopieren-und-einfügen-Funktion (Copy & Paste) erledigen.

1. Markieren Sie zuerst den Text, den Sie kopieren möchten, indem Sie einmal auf den Text tippen und in dem erscheinenden Overlay-Menü auf den **Auswählen**-Button drücken.

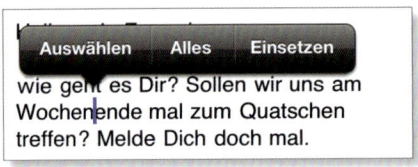

2. Das Wort wird daraufhin blau markiert und mit zwei blauen Anfasserpunkten versehen. Es erscheint erneut ein Overlay-Menü, in dem Sie auswählen können, ob Sie den markierten Text ausschneiden, kopieren, einsetzen oder ersetzen möchten.

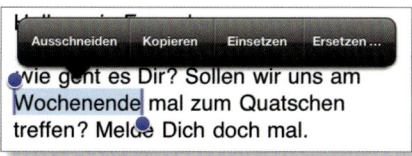

3. Wählen Sie nun den Befehl **Kopieren** aus.

4. Gehen Sie nun mit dem Cursor an die Stelle, an der Sie den kopierten Text einfügen möchten, und wählen Sie **Einsetzen** aus dem Menü aus.

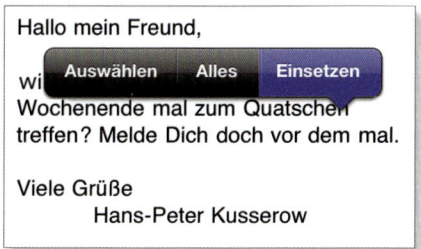

5. Der Text wird daraufhin an genau dieser Stelle eingefügt.

> wie geht es Dir? Sollen wir uns am
> Wochenende mal zum Quatschen
> treffen? Melde Dich doch vor dem
> Wochenende |mal.

INFO

Schnelleres Auswählen von Text

Das Auswählen von Text geht aber noch etwas schneller, und wenn Sie bereits etwas Übung im Umgang mit der Tastatur haben, ist das sicherlich interessant für Sie. Um ein Wort zu markieren, tippen Sie einfach zweimal schnell hintereinander auf das zu kopierende Wort. Es wird daraufhin direkt ausgewählt, und Sie können es dann sofort kopieren.

Kapitel 3
Telefonieren

Telefonieren können Sie mit dem iPhone neben allen anderen Funktionen tatsächlich auch – und das sogar sehr gut. Wie Sie alle Telefonfunktionen sinnvoll nutzen können, erfahren Sie in diesem Kapitel.

Das iPhone funktioniert im Prinzip wie alle anderen Telefone auch: Erst wird gewählt ❶, dann gesprochen ❷.

Telefonieren mit dem Ziffernblock

Die einfachste Möglichkeit, mit Ihrem iPhone zu telefonieren, ist das Wählen einer Nummer über den Ziffernblock.

1. Um zu telefonieren, tippen Sie einmal kurz auf das grüne Telefon-Symbol im Dock.

2. Das Telefon öffnet sich. Wählen Sie nun den vierten Punkt in der Tableiste aus, den **Ziffernblock** ❶. Die gewählte Option wird dann entsprechend farbig hervorgehoben.

3. Geben Sie in dem nun erschienenen Ziffernblock eine Telefonnummer ein, und tippen Sie dann auf **Wählen** ❷.

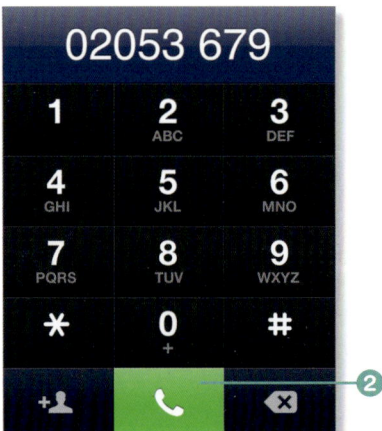

4. Daraufhin wählt Ihr iPhone die Nummer, und Sie werden mit dem Anschluss verbunden.

Einen Kontakt anrufen

Wenn Sie Ihr iPhone schon einmal mit Ihrem PC oder Mac synchronisiert haben, haben Sie auch bereits Ihre Kontakte, die Sie entweder mit Outlook oder auf dem Mac im Adressbuch gepflegt haben, auf dem iPhone gespeichert. Diese Kontakte können Sie natürlich nutzen, um mit dem iPhone anzurufen. Das geht wie folgt:

1. Nach einem Finger-Tipp auf das Telefon-Symbol müssen Sie in der Tableiste auf das **Kontakte**-Symbol ❸ tippen.

2. Daraufhin öffnet sich Ihre Kontaktliste. Sie können sie nun entweder nach einem bestimmten Namen durchsuchen ❹, oder Sie wischen von unten nach oben durch Ihre Kontakte ❺.

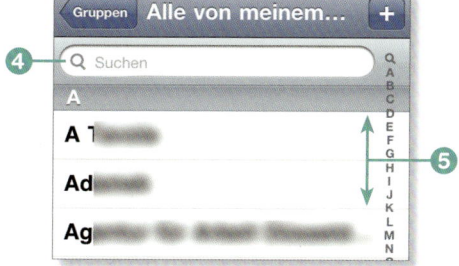

3. Wenn Sie den Kontakt Ihrer Wahl gefunden haben, tippen Sie ihn einmal an, und der Kontakt öffnet sich. Sie können nun auf die Telefonnummer tippen, und das iPhone startet umgehend den Wahlvorgang.

Einen Anruf annehmen

Einen Anruf anzunehmen ist ebenfalls ganz einfach. Wie das genau geht, erfahren Sie jetzt.

1. Wenn Sie angerufen werden und Ihr iPhone sich im Stand-by-Modus befindet, leuchtet das Display, und der Schieberegler zum Entriegeln wird grün. Die Beschriftung lautet nun **Annehmen**.

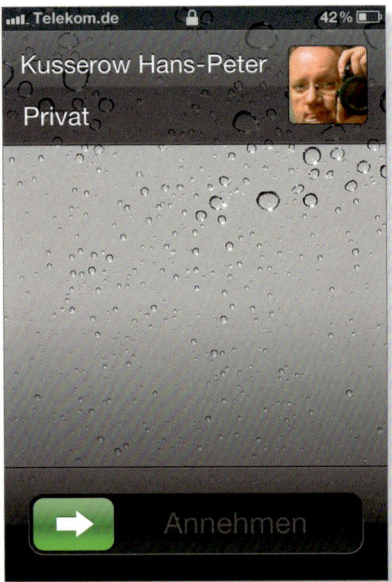

2. Entriegeln Sie wie gehabt, indem Sie mit dem Finger von links nach rechts wischen. Sie können dann sofort telefonieren.

3. Ist Ihr iPhone bereits entriegelt, weil Sie etwas damit gemacht haben, sieht die Annahme wie folgt aus:

4. Wenn Sie den Anruf entgegennehmen möchten, tippen Sie auf **Annehmen**, wenn Sie das nicht möchten, tippen Sie auf **Ablehnen**.

Favoriten einrichten

Sie können natürlich auch noch schneller wählen als über die eigene Kontaktliste. Dazu richten Sie sich eigene Favoriten ein. Die Favoriten gelten jeweils nur für eine bestimmte Telefonnummer Ihrer Kontakte.

Um einen Favoriten anzulegen, gehen Sie wie folgt vor:

1. Tippen Sie auf das Telefon-Symbol und anschließend auf **Favoriten** ❶, das ist der erste Tab in der Tableiste.

2. Das leere Favoritenfenster öffnet sich, und Sie müssen auf das Plus-Symbol oben in der rechten Ecke ❷ tippen, um einen Favoriten hinzuzufügen.

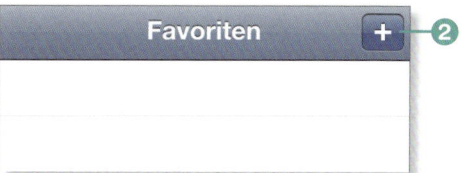

3. Es öffnet sich daraufhin wieder die Kontaktliste, aus der Sie dann einen Kontakt für die Favoriten auswählen können.

4. Sie können nun die Rufnummer Ihrer Wahl antippen und entscheiden dann, ob Sie einen normalen Sprachanruf mit dieser Nummer tätigen oder die Nummer für einen FaceTime-Anruf nutzen möchten.

5. Wir entscheiden uns hier für einen Sprachanruf. Schon ist ein neuer Favorit angelegt – in diesem Fall die mobile Nummer, was Sie rechts ❶ erkennen können.

6. Die Favoriten erkennen Sie in Ihren Kontakten daran, dass die Nummer, die in den Favoriten genutzt wird, mit einem kleinen blauen Sternchen ❷ versehen ist.

HINWEIS

Welche Nummer in die Favoriten?

Da ein Favorit immer nur eine Nummer sein kann, müssen Sie, wenn ein Kontakt mehrere Telefonnummern hat, auch mehrere Favoriten anlegen, um z. B. die Festnetznummer und die Mobilfunknummer separat in die Favoriten aufzunehmen. Das mag etwas umständlich sein, lässt sich allerdings leider nicht vermeiden.

Der richtige Umgang mit der Anrufliste

Die Anrufliste kann sehr nützlich sein, denn sie verzeichnet alle Anrufe und Anrufversuche, die Sie mit Ihrem iPhone unternommen haben. Selbstverständlich werden auch hier die verpassten Anrufe mitprotokolliert. So können Sie leicht jemanden zurückrufen, dessen Anruf Sie nicht entgegennehmen konnten.

1. Um in die Ansicht der Anrufliste zu gelangen, tippen Sie wieder das Telefon-Symbol an und wählen anschließend den zweiten Tab **Anrufliste** ❸ in der Tableiste.

2. Es öffnet sich die Anrufliste. Die getätigten Anrufe werden, wenn die Nummern Ihrem iPhone bekannt sind, mit Namen angezeigt, alle anderen Anrufe mit der entsprechenden Telefonnummer.

   Ihr iPhone zeigt auch an, ob es sich um eine private, mobile oder geschäftliche Nummer handelt. Voraussetzung hierfür ist natürlich die gute Pflege Ihrer Kontaktdaten.

3. Die Standardansicht ist die Ansicht **Alle**, mit der alle Anrufe gemeint sind, die mit dem iPhone getätigt wurden. Sie können oberhalb der Anrufliste auch zu den verpassten Anrufen wechseln.

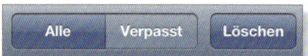

4. Verpasste Anrufe werden auf dem iPhone in Rot dargestellt, sodass sie Ihnen dann sofort auffallen. Diese Anrufe sehen Sie selbstverständlich nicht nur unter **Verpasst**, sondern auch unter **Alle**.

5. Wie Sie im oberen Screenshot erkennen können, handelt es sich um den gleichen Anruf. Welche Ansicht Sie also nutzen möchten, bleibt ganz Ihnen überlassen.

Ein Tipp: Wenn Sie unter Alle bereits eine lange Anrufliste haben, kann es etwas mühsam werden, über alle verpassten Anrufe den Überblick zu behalten. In diesen Fällen wechseln Sie einfach auf Verpasst.

Sie können auch ganz schnell bei Ihrem Kontakt nachschauen, um wen es sich handelt und welche Nummern Ihnen noch zur Anwahl zur Verfügung stehen.

1. Tippen Sie dazu auf den kleinen blauen Pfeil rechtes neben der Anrufanzeige.

2. Sie sehen nun den Kontakt, wann genau der Anrufversuch stattgefunden hat ❶ und unter welcher Nummer er erfolgt ist ❷.

Sie haben einen Anruf verpasst?

Wenn Sie einmal, aus welchen Gründen auch immer, einen Anruf verpasst haben, ist das kein Problem. Ihr iPhone zeigt es Ihnen auf mehrere Arten an.

Als Erstes wird eine Meldung im Hauptdisplay angezeigt.

Haben Sie dann Ihr iPhone entriegelt, erkennen Sie das entgangene Gespräch an einer kleinen Zahl rechts oben am Telefon-Symbol.

Schließlich erkennen Sie es, wenn Sie auf das Telefon-Symbol getippt haben, ebenfalls wieder an der kleinen Zahl rechts oben am Tab **Anrufliste**.

Sollten Sie bei Ihrem Provider die Einstellung gewählt haben, dass Sie eine SMS erhalten, wenn Sie einen Anruf verpasst haben, wird Ihnen auch noch folgende Nachricht auf Ihr Display flattern:

Ihnen wird also in Zukunft nichts mehr entgehen.

TIPP

Störende Anzeige für verpassten Anruf loswerden

Wenn Sie Ihren verpassten Anruf nun aber nicht unmittelbar zurückrufen möchten, die kleine Zahl aber wieder loswerden wollen, tippen Sie einmal kurz auf den verpassten Anruf und beenden das Gespräch, das natürlich dann sofort startet, direkt wieder. Der verpasste Anruf wird trotzdem noch in Rot angezeigt, aber die Zahl ist nun verschwunden.

Die Anrufliste löschen

Wenn Sie Ihre Anrufliste nach einiger Zeit zu unübersichtlich und voll finden, können Sie diese selbstverständlich auch löschen.

1. Tippen Sie hierzu in Ihrer Anrufliste oben auf den Menüpunkt **Löschen**.

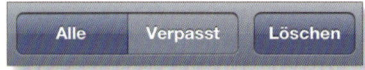

2. Nun können Sie die Liste mit einem Finger-Tipp auf **Alle löschen** bereinigen.

Einzelne Anrufe aus der Liste löschen

Mit dem neuen iOS 5 ist es auch möglich, einzelne Anrufe aus der Anrufliste zu löschen, was in früheren Versionen noch nicht ging. Hierzu müssen Sie lediglich den Finger nach rechts ziehen, um den **Löschen**-Button angezeigt zu bekommen. Tippen Sie darauf, und der Anrufeintrag ist verschwunden.

Wo steht meine eigene Nummer?

Wie das immer so geht mit den Telefonnummern – man kann sich viele Nummern merken, nur die eigene vergisst man ständig. Ist ja auch kein Wunder, man ruft sich selbst ja in der Regel nicht an … Ihr iPhone hält Ihre Nummer aber immer für Sie bereit.

1. Um die eigene Nummer angezeigt zu bekommen, tippen Sie auf das Telefon-Symbol im Dock und dann auf **Kontakte**. Als Nächstes scrollen Sie bis zum Anfang, bis Sie das Suchfeld eingeblendet bekommen.

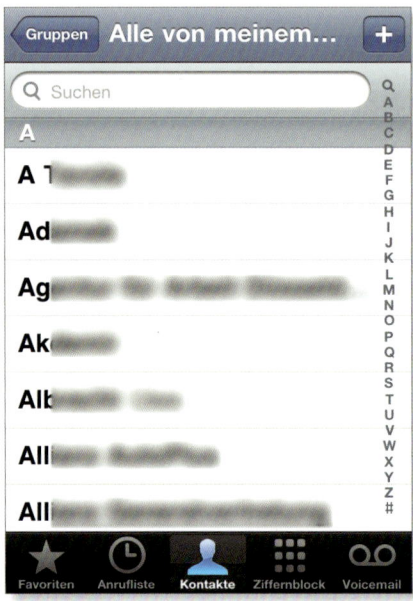

2. Wischen Sie nun mit dem Finger die ganze Ansicht nach unten, und schon erscheint oberhalb des Suchfeldes Ihre Mobilfunknummer.

Anrufe makeln und halten

Mit Ihrem iPhone können Sie auch mit mehreren Personen gleichzeitig telefonieren, entweder indem Sie die einzelnen Anrufe makeln, d. h. abwechselnd mit einem Teilnehmer sprechen, während ein anderer Teilnehmer auf **Halten** gesetzt wird, oder indem Sie eine Konferenzschaltung anberaumen. Wie das genau funktioniert, erfahren Sie im folgenden Abschnitt.

HINWEIS

Hinweis zum Telefonieren mit mehreren Personen

Wenn Sie bereits im Vorfeld wissen, dass Sie mit mehreren Personen gleichzeitig sprechen möchten, bietet es sich an, die Freisprechfunktion zu nutzen, was bei lauten Umgebungsgeräuschen aber zu schlechter Sprach- bzw. Empfangsqualität führen kann.

Eine weitere Möglichkeit ist die Nutzung eines Headsets. Entweder verwenden Sie ein Bluetooth-Headset oder die mitgelieferten Ohrhörer mit eingebautem Mikrofon. Das Ganze hat den Vorteil, dass Sie die Hände für die Bedienung des Telefons frei haben und Ihre Gespräche in Ruhe über das Display makeln können. Wie das genau funktioniert, erfahren Sie im Abschnitt »Ein Bluetooth-Headset nutzen«, ab Seite 89.

Angenommen, Sie telefonieren mit einem Gesprächspartner, und während des Anrufs erreicht Sie ein weiteres wichtiges Gespräch, das Sie nicht aufschieben wollen, dann können Sie das Gespräch ebenfalls annehmen und das wichtige Gespräch führen, während Sie das andere Gespräch in der Leitung halten.

1. Tippen Sie zum Annehmen des zweiten Gesprächs auf den Button **Halten + Annehmen** ❶, wenn Sie beide Anrufe aktiv halten möchten. Der neue Anruf ist nun der aktive, und der vorherige Anruf wird gehalten.

Der Button **Keine Aktion**  vermittelt dem zweiten Anrufer, dass die Leitung besetzt ist und er entweder erneut anrufen oder auf Ihre Voicemail sprechen muss. Mit dem Antippen des Buttons **Beenden + Annehmen** ❸ beenden Sie das erste Gespräch und nehmen das zweite an.

2. Die beiden Anrufe werden daraufhin im Display dargestellt, wobei der erste auf **Halten** gesetzt ist.

3. Möchten Sie zwischen beiden Gesprächen wechseln, können Sie das tun, indem Sie auf den **Tauschen**-Button ❶ tippen. Der gehaltene Anruf ist dann der aktive ❷.

4. Wenn Sie dann auf **Beenden** tippen, beenden Sie lediglich das zurzeit aktive Gespräch, und der gehaltene Anruf wird zum aktiven.

Selbst einen Anruf hinzufügen

Sie können einem bestehenden Anruf auch selbst ein weiteres Gespräch hinzufügen. Tippen Sie dazu auf den Button **Anruf hinzufügen** ❸ und wählen Sie im Anschluss einen Kontakt aus Ihrer Kontaktliste aus.

Eine Konferenz einleiten

Angenommen, Sie möchten – aus welchen Gründen auch immer – mit beiden Teilnehmern gleichzeitig sprechen, sodass jeder Teilnehmer hört, was der andere sagt. Das ist mit dem iPhone kein Problem. Dazu leiten Sie einfach eine Konferenz ein.

1. Tippen Sie hierzu während des Gesprächs auf den Button **Konferenz** ❹, und schon ist die Telefonkonferenz eingeleitet.

2. Sofort danach funktioniert die Konferenzschaltung, und jeder kann mit jedem reden.

Konferenzteilnehmer einzeln löschen

Wenn Sie eine Konferenzschaltung eingerichtet haben, können Sie je nach Bedarf einzelne Teilnehmer auch wieder aus der Konferenz entfernen. Das ist ganz einfach:

1. Tippen Sie dazu auf den Namen des zu entfernenden Teilnehmers. Sie bekommen daraufhin folgende Ansicht zu sehen:

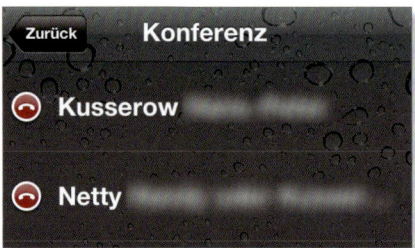

2. Wenn Sie nun auf das Telefon-Symbol vor dem Namen tippen, ändert sich das Symbol in ein **Beenden**-Symbol.

3. Tippen Sie auf **Beenden**, und der Teilnehmer wird aus der Konferenz entfernt.

Sollte die Konferenz nur aus zwei Teilnehmern bestehen, ist damit auch die Konferenz beendet. Sind es mehr als zwei Konferenzteilnehmer, wird die Konferenz mit den restlichen Teilnehmern weitergeführt.

Voicemail einrichten

Ein modernes Telefon verfügt natürlich auch über eine ausgereifte Voice-mail-Funktion, zu Deutsch einen eingebauten Anrufbeantworter.

Ihr iPhone hat als erstes Smartphone überhaupt sogar eine Visual Voice-mail. Das bedeutet, dass Sie die Anrufe, die Sie bekommen haben, nicht erst mühsam der Reihe nach abhören müssen, sondern direkt die Voicemail auswählen können, die Ihnen am wichtigsten erscheint.

Wie Sie die Voicemail einrichten und die Visual Voicemail nutzen können, erfahren Sie in diesem Abschnitt.

1. Um in die Visual Voicemail zu gelangen, tippen Sie in der Tableiste auf den letzten Punkt **Voicemail**.

2. Sie gelangen dann in das Menü, in dem Sie entscheiden können, ob Sie die voreingestellte Standardbegrüßung nutzen oder eine eigene Ansage verwenden möchten.

3. Wenn Sie eine eigene Begrüßung aufnehmen möchten, tippen Sie auf den Button **Eigene**.

4. Um Ihre persönliche Begrüßung aufzunehmen, tippen Sie auf **Aufneh-men** ❶, und zum Anhören Ihrer Aufnahme wählen Sie den **Abspielen**-Button ❷.

5. Haben Sie die Begrüßung aufgenommen, tippen Sie auf **Stopp** ❸ und anschließend auf **Sichern** ❹.

Abhören Ihrer Voicemail

Hat mit Ihrer Aufnahme alles geklappt und die ersten Voicemails sind eingegangen, können Sie sich die wichtigsten Voicemails zuerst anhören und die unwichtigen später.

1. Tippen Sie hierzu auf irgendeine Voicemail, und schon können Sie sich die Nachricht anhören. Sie können dafür entweder Ihr Telefon ans Ohr halten, oder Sie tippen auf **Lautsprecher** und hören sich dann die Nachricht über die integrierten Lautsprecher an.

2. Auf der rechten Seite sehen Sie darüber hinaus noch, wann die Nachricht eingegangen ist.

Ein Bluetooth-Headset nutzen

An dieser Stelle soll noch einmal kurz erläutert werden, wie Sie mit den verschiedenen Typen von Headsets – kabelgebunden oder via Bluetooth-Technologie – telefonieren können. Nähere Anweisungen zu Ihrem Bluetooth-Headset entnehmen Sie bitte der Bedienungsanleitung Ihres Headsets.

Um ein Bluetooth-Headset mit Ihrem iPhone nutzen zu können, müssen Sie die beiden Geräte natürlich zunächst miteinander verbinden. Hierzu gehen Sie wie folgt vor:

1. Um ein Bluetooth-Headset mit Ihrem iPhone zu verbinden, aktivieren Sie unter **Einstellungen ▸ Allgemein ▸ Bluetooth ❶** den Bluetooth-Schalter ❷. Daraufhin sucht Ihr iPhone nach dem Headset, und wenn es erkannt wird, wird es als **Nicht verbunden ❸** gekennzeichnet. Tippen Sie einmal darauf, und das Headset wird mit dem iPhone gekoppelt, was Sie an der Meldung **Verbunden ❹** erkennen können.

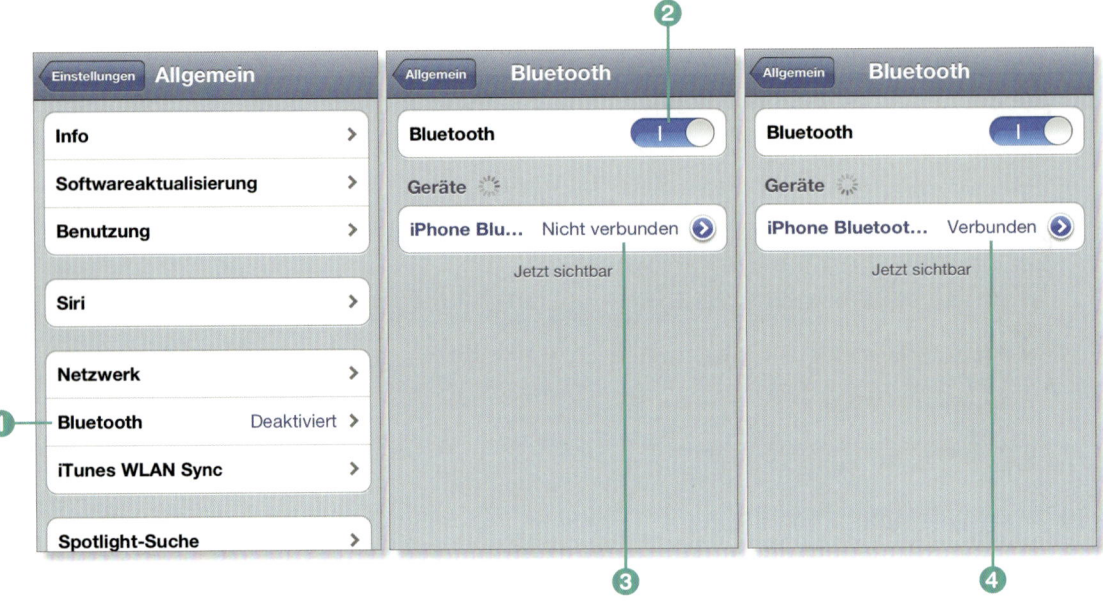

2. In der Menüleiste erkennen Sie dies daran, dass das Bluetooth-Symbol blau wird. Falls Sie das Apple-Headset nutzen, wird dessen Batteriestatus **5** ebenfalls hier angezeigt.

3. Drücken Sie die **Wählen**-Taste Ihres Headsets, und Siri öffnet sich, um Ihre Befehle entgegenzunehmen. Sprechen Sie dann z. B. »Lisa anrufen« oder Ähnliches. Versteht Siri Ihren Befehl, wird der Anruf umgehend eingeleitet.

4. Ist die Verbindung zustande gekommen, sehen Sie folgenden Bildschirm. Das Lautsprecher-Symbol befindet sich dabei dann beim Bluetooth-Headset.

5. Sie können während des Gesprächs natürlich auf die beiden anderen Gesprächsmöglichkeiten **iPhone** und **Lautsprecher** umschalten, wenn Sie darauftippen.

INFO

iPhone 4S mit einem kabelgebundenen Headset verbinden

Verwenden Sie z. B. das mitgelieferte Headset, und tippen Sie mehrere Sekunden auf den mittleren Button, um den Anruf zu starten. Daraufhin startet wieder Siri und erwartet Ihren Anrufbefehl. Sprechen Sie z. B. wieder »Lisa anrufen« – schon wählt Siri für Sie.

Wenn der Anruf zustande kommt, erscheint folgender Bildschirm, und Sie können mit Ihrem Kontakt telefonieren.

Klingeltöne auswählen und eigene Klingeltöne einrichten

Sie können beim iPhone natürlich auch verschiedene Klingeltöne verwenden. Dazu können Sie zwischen den vorinstallierten Klingeltönen wählen oder eigene erstellen. Hier erfahren Sie, wie genau das funktioniert.

1. Um einen Klingelton auszuwählen, tippen Sie auf **Allgemein** ▶ **Töne** ▶ **Klingelton**.

2. Wählen Sie dann einen Klingelton Ihrer Wahl aus, indem Sie einmal darauftippen. Schon klingelt Ihr Telefon mit dem neuen Ton.

Eigene Klingeltöne nutzen

Selbstverständlich können Sie auch eigene Klingeltöne für das iPhone erstellen und nutzen.

> **HINWEIS**
>
> ### Klingeltöne aus dem Store
>
> Als Erstes muss ich Ihnen allerdings mitteilen, dass Sie in Deutschland weder über Ihr iPhone noch über den iTunes Store Ihres Computers Klingeltöne kaufen können. Technisch wäre das natürlich durchaus möglich, allerdings gibt es da laut Apple-Support ein rechtliches Problem. Die Gesellschaft für musikalische Aufführungs- und mechanische Vervielfältigungsrechte, kurz GEMA, die alle deutschen Musikrechte verwaltet, verbietet Apple in Deutschland die Verwertungsrechte für Klingeltöne.

Natürlich gibt es trotzdem eine Möglichkeit, eigene Klingeltöne für Ihr iPhone zu erzeugen. Hierzu können Sie die Software GarageBand von Apple nutzen, die auf jedem neueren Apple-Computer installiert ist. Wie das funktioniert, erfahren Sie im folgenden Workshop:

1. Öffnen Sie GarageBand, und wählen Sie auf der linken Seite die Option **iPhone-Klingelton** ❶ aus. Rechts wählen Sie am besten **Voice** ❷ aus und bestätigen mit **Auswählen**.

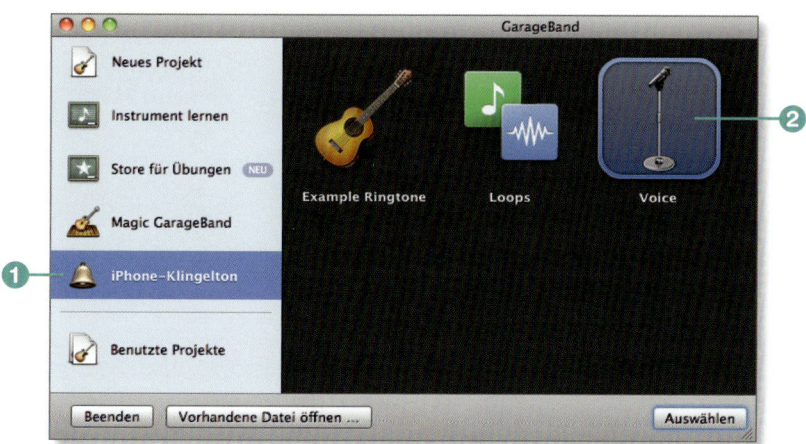

2. Geben Sie der Datei anschließend einen Namen. Sie müssen sich nicht wundern, der Song wird erst einmal im GarageBand-eigenen Format *.band* angelegt.

3. Löschen Sie nun die beiden Stimmen-Tonspuren ❶ jeweils mit der Tastenkombination `cmd` + `←`-Taste. Sie können über den Button i ❷ die rechte Infoleiste ausblenden, da sie nicht benötigt wird. Das Wiederholungssymbol ❸ blendet die obere gelbe Leiste ❹ ein, die die Länge und Position Ihres Loops markiert. Sie muss eingeblendet bleiben.

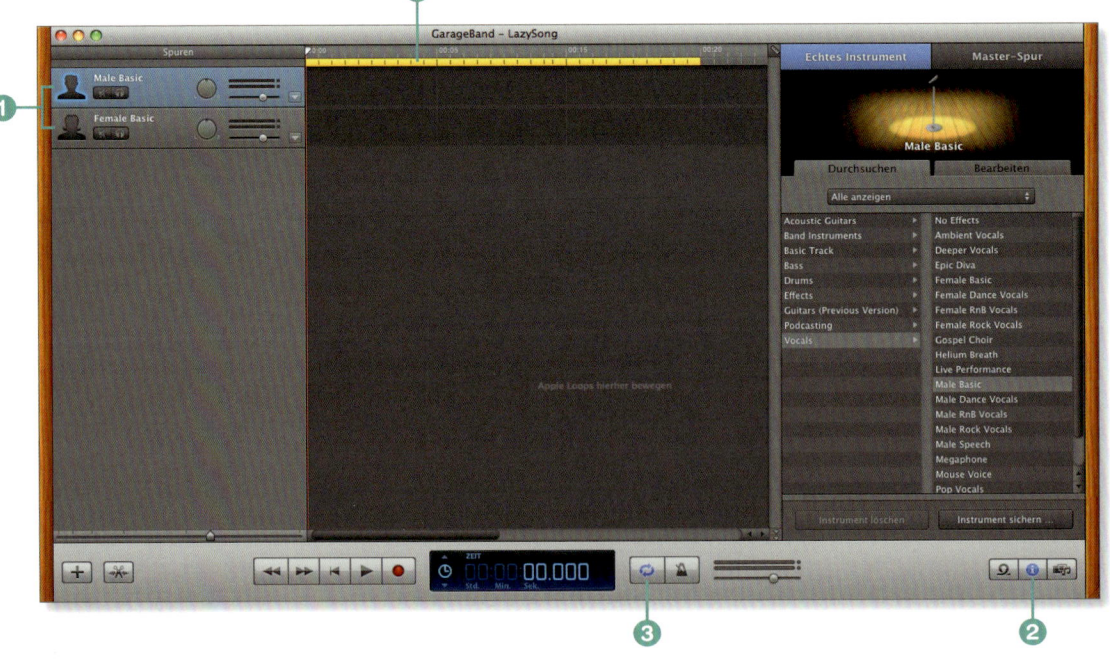

4. Anschließend ziehen Sie per Drag & Drop die Musikdatei von iTunes auf das Hauptfenster von GarageBand.

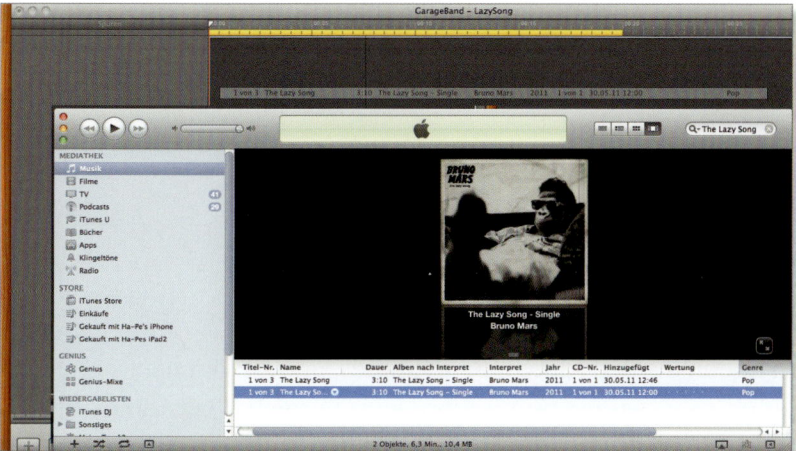

5. Ziehen Sie als Nächstes den Song per Drag & Drop an den Anfang der Musikspur.

6. Passen Sie nun die gelbe Leiste ❺ so an, dass Sie genau das Stück auswählen, das Sie als Klingelton verwenden möchten. Ziehen Sie dafür mit gedrückter linker Maustaste den Beginn und das Ende an die gewünschte Stelle. Zusätzlich können Sie noch die Lautstärke der Tonspur einblenden ❻ und diese am Ende etwas reduzieren, indem Sie an zwei Stellen ❼ + ❽ auf die Laustärkelinie klicken. Damit erzeugen Sie einen Punkt, den Sie frei bewegen können, um die Lautstärke anzupassen.

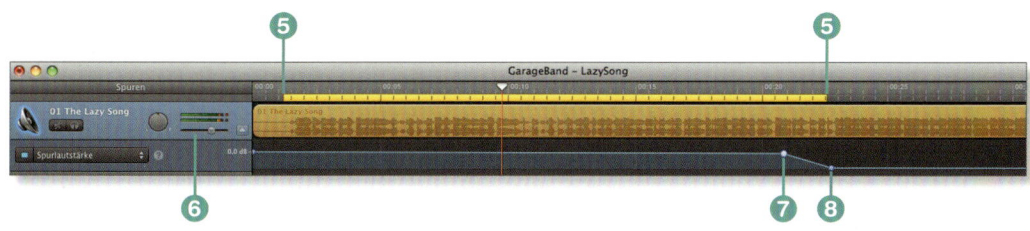

Damit ist Ihr selbst erstellter Klingelton fertig. Er muss nur noch an iTunes übergeben werden. Um das zu tun, gehen Sie bitte folgendermaßen vor:

7. Gehen Sie auf den Menüpunkt **Bereitstellen** und wählen den Punkt **Klingelton an iTunes senden** aus.

8. Nun finden Sie den Klingelton in iTunes, und bei der nächsten Synchronisation sollte er auf Ihrem iPhone im Bereich **Klingeltöne** auswählbar sein.

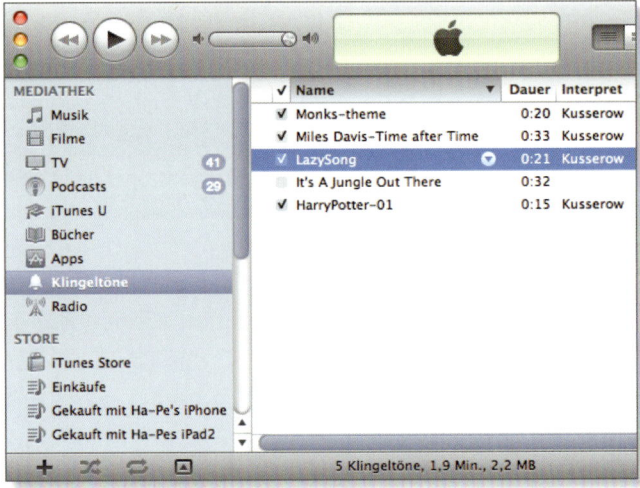

Falls Sie zu diesem Thema noch weitere Informationen benötigen, empfehle ich Ihnen das Buch »iLife '11. Der umfassende Ratgeber«, das ebenfalls bei Vierfarben erschienen ist (*http://www.vierfarben.de/2523,* ISBN: 978-3-8421-0014-5).

Der Vibrationsalarm

In vielen Situationen sind laut klingelnde Handys sehr störend – z. B. in einem wichtigen Meeting oder bei einem Konzert. Nutzen Sie in solchen Fällen den Vibrationsalarm in Ihrem iPhone. Die Einstellungsmöglichkeiten finden Sie unter dem Menüpunkt **Einstellungen ▶ Töne**. Sie sehen hier zweimal den Eintrag **Vibrieren** (❶ und ❷).

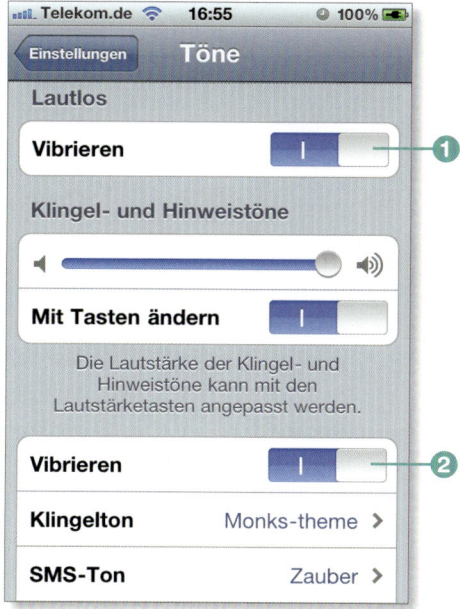

Der erste Menüpunkt **Vibrieren** ❶ steuert das Verhalten im Lautlosbetrieb. Da bedeutet, dass nicht nur das Display beginnt, aus dem Stand-by-Modus aufzuwachen, sondern dass das iPhone zusätzlich auch vibriert.

Den Lautlosbetrieb aktivieren Sie übrigens über den kleinen Schalter oberhalb der Lautstärketasten ❸.

In eingeschaltetem Zustand ist eine leuchtend orangefarbene Markierung zu erkennen. Hier ist der Lautlosbetrieb deaktiviert.

Der zweite Eintrag ❷ bedeutet, dass auch bei normalen Anrufen mit eingeschaltetem Ton das iPhone zusätzlich noch vibrieren kann. Das ist insbesondere für laute Umgebungen nützlich, wo man unter Umständen den Klingelton überhören kann.

Anrufergruppen synchronisieren und nutzen

Sie können Ihre Kontakte für eine bessere Übersicht in Ihrer Kontaktverwaltung auch in einzelne Gruppen unterteilen. Diese Gruppen werden von iTunes erkannt, und Sie können bestimmen, welche Gruppen Sie synchronisieren möchten. Das iPhone kann dann die entsprechenden Gruppen auch anzeigen. Auf dem iPhone selbst können Sie diese Gruppen jedoch nicht ändern oder verwalten. Dazu müssen Sie Ihre Kontaktverwaltungssoftware Adressbuch oder Outlook verwenden. Erfahren Sie hier, wie Sie die Kontaktgruppen mit Ihrem iPhone synchronisieren und nutzen können.

1. Als Erstes müssen Sie in Ihr Adressbuch schauen, um Ihre Kontakte verschiedenen Gruppen zuzuordnen. Leider funktioniert die Synchronisation nicht mit den intelligenten Gruppen.

2. Im nächsten Schritt müssen Sie Ihr iPhone mit iTunes verbinden und in den **Einstellungen** des iPhones auf **Infos** klicken. Der erste Punkt beinhaltet bereits die Synchronisationsmöglichkeiten für die Kontakte.

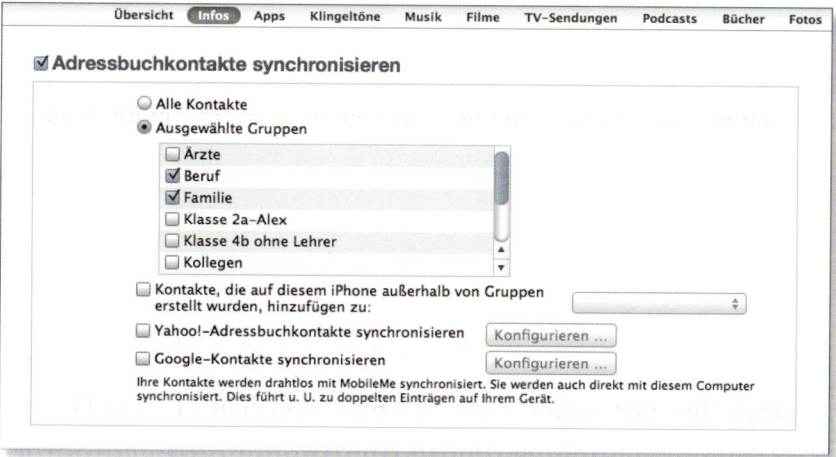

3. Wenn Sie nicht alle Kontakte synchronisieren möchten, können Sie, wie oben dargestellt, auch nur **Ausgewählte Gruppen** synchronisieren. Hierzu setzen Sie vor die jeweilige Kontaktgruppe einfach ein Häkchen. Bei der nächsten Synchronisation Ihres iPhones werden dann die Kontakte entsprechend Ihren Vorgaben aufgespielt.

4. Falls Sie noch über einen MobileMe-Account verfügen, können Sie natürlich auch alle Kontakte mit Ihrem MobileMe-Account synchronisieren. Hierzu müssen Sie auf Ihrem iPhone lediglich unter **Einstellungen ▸ Mail, Kontakte, Kalender ▸ Accounts** den Punkt **MobileMe** auswählen. Sie können dann die einzelnen Rubriken für die Synchronisation freischalten. Dasselbe ist natürlich auch mit dem neuen iCloud-Dienst von Apple möglich. Beide Varianten sehen Sie hier. Mehr über die iCloud erfahren Sie in Kapitel 10, »Synchronisieren mit iCloud«, ab Seite 233.

5. Sollten Sie noch die Synchronisation mit MobileMe ausgewählt haben, wird diese Auswahl unterhalb der Mac-Kontakte hinzugefügt.

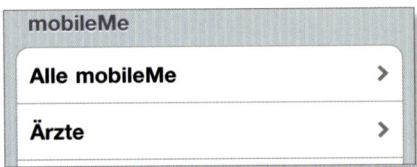

HINWEIS

Nicht alle Kontakte wurden synchronisiert

Wenn Sie nun auf **Alle von meinem Mac** tippen, werden Sie nicht, wie der Menüpunkt verspricht, alle Kontakte vorfinden, die sich auf Ihrem Mac befinden, sondern nur jene, die zu den ausgewählten Gruppen gehören, die Sie synchronisiert haben – insofern ist diese Bezeichnung etwas irreführend. Lassen Sie sich aber nicht verunsichern.

Neue Kontakte zu einer Gruppe hinzufügen

Wenn Sie neue Kontakte auf Ihrem iPhone hinzufügen möchten, können Sie im Vorfeld schon entscheiden, zu welcher Kontaktgruppe die neuen Kontakte gehören sollen. iTunes hat hierfür unterhalb der Gruppenauswahl eine Möglichkeit geschaffen. Sie können allerdings nur zwischen den Gruppen wählen, die Sie auch für die Synchronisation vorgesehen haben. Wie Sie dazu vorgehen müssen, zeige ich Ihnen hier:

1. Um die neu hinzugefügten Kontakte auf dem iPhone einer Gruppe zuordnen zu können, setzen Sie das entsprechende Häkchen.

2. Wählen Sie nun aus den entsprechenden Gruppen die aus, der fortan die neuen Kontakte, die Sie auf dem iPhone erstellen, zugeordnet werden.

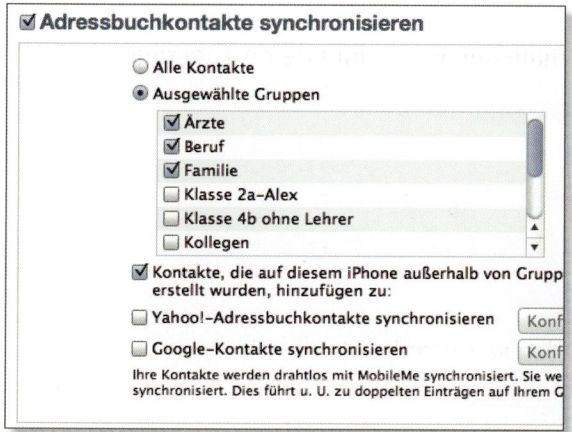

Telefonieren mit FaceTime

Eine weitere sehr interessante Funktion wird in Zukunft wahrscheinlich zu einer Änderung des Telefonverhaltens führen. Gemeint ist *FaceTime*, die Videotelefoniefunktion von Apple, die es mittlerweile nicht mehr nur auf dem iPhone gibt, sondern auch auf dem Mac, dem iPad und dem iPod touch. Auf diese Weise wird die Verbreitung von FaceTime stetig erhöht.

Es ist eigentlich ganz einfach, einen FaceTime-Anruf zu tätigen. Angenommen, Sie kennen jemanden, der ebenfalls über ein iPhone verfügt, dann können Sie ihn einfach anrufen und zu FaceTime einladen.

1. Um einen FaceTime-Anruf zu tätigen, tippen Sie einen Kontakt an und scrollen etwas herunter, bis Sie ganz unten angekommen sind. Tippen Sie dann auf **FaceTime**, und schon beginnt der FaceTime-Anruf.

2. Der Angerufene erhält daraufhin eine FaceTime-Einladung, die er einfach nur wie einen normalen Anruf annehmen muss.

3. Das FaceTime-Gespräch wird nun unmittelbar gestartet. Sie sehen Ihren Gesprächspartner im kompletten Display ❶, und Sie selbst sind in der oberen rechten Ecke als kleines Bild erkennbar ❷. Am unteren Display-Rand befindet sich noch eine Befehlsleiste ❸.

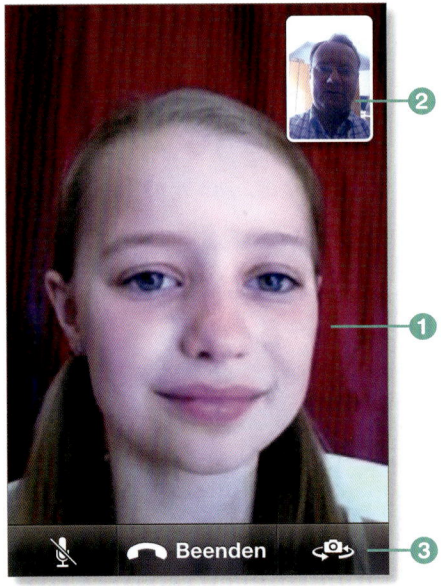

4. Mit einem Finger-Tipp auf das linke Symbol können Sie sich selbst stumm schalten, was Sie dann auch direkt daran erkennen, dass über Ihrem kleinen Bild der Begriff **Stumm** eingeblendet wird. Ein erneutes Tippen auf das Symbol, und Sie sind tontechnisch wieder auf Sendung.

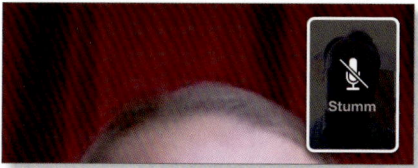

5. Wenn Sie Ihrem Telefonpartner zeigen möchten, was Sie sehen, tippen Sie einmal unten auf das rechte Symbol ❶, und schon verwenden Sie die Kamera auf der Rückseite.

6. Um das Gespräch zu beenden, tippen Sie unten auf den mittleren Button ❷.

Eines sollten Sie aber beachten, ein FaceTime-Gespräch können Sie lediglich dann führen, wenn Sie mit einem WLAN verbunden sind, da die Datenrate für eine normale Telefonleitung zu hoch ist. Ein Wermutstropfen, der aber in Zukunft sicherlich behoben werden wird.

Kapitel 4
Nachrichten senden und empfangen

Die am häufigsten genutzte Anwendung bei Mobiltelefonen überhaupt ist die SMS-Funktion. Laut Bitkom werden in Deutschland pro Minute über 80.000 SMS versendet; im Jahr 2010 machte das eine Zahl von 41,3 Milliarden. Ein Grund mehr, sich mit diesem Thema zu beschäftigen. In diesem Kapitel erfahren Sie alles darüber.

Die verschiedenen Ansichten des SMS-Fensters: ❶ Einblick in eine SMS-Unterhaltung, ❷ mehrere SMS-Unterhaltungen im Überblick, ❸ hier wird geschrieben, und hier ❹ wird gelöscht.

Textnachrichten versenden

 Die Textnachrichten erreichen Sie über das Symbol mit der kleinen Sprechblase. Einmal angetippt, öffnet sich sofort das Standardfenster, in dem Sie Ihre Textnachricht verfassen können. Um z. B. einem Freund eine Textnachricht zu schicken, gehen Sie wie folgt vor:

1. Im Standardfenster müssen Sie in der oberen Leiste den Kontakt anwählen, dem Sie eine SMS schreiben möchten. Hierzu tippen Sie einmal auf das kleine blaue Plus-Symbol in der rechten oberen Ecke ❶.

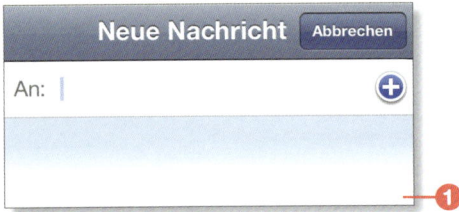

2. Im nächsten Schritt können Sie aus Ihrer Kontaktliste den Kontakt auswählen, den Sie für Ihre SMS vorgesehen haben.

3. Anschließend wird der Kontakt in einer farbigen Blase hinter dem Begriff **An:** ❷ dargestellt, die Tastatur erscheint, und Sie können beginnen, Ihren Text einzugeben. Dazu steht Ihnen das Feld **Nachricht** ❸ zur Verfügung.

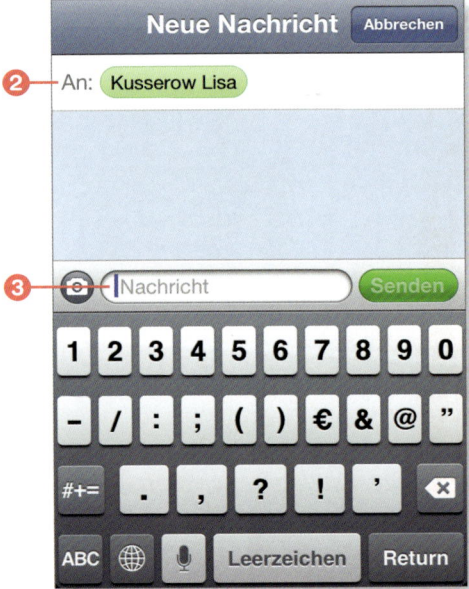

4. Verfassen Sie nun Ihre Nachricht. Während Sie die Nachricht tippen, wird Ihnen angezeigt, wie viele Zeichen Sie von den Ihnen zur Verfügung stehenden Zeichen bereits eingetippt haben ❹. Sollten Sie

keine Zeichenanzahl sehen, müssen Sie **Zeichenanzahl** unter **Einstellungen ▸ Nachrichten** aktivieren. Darüber hinaus wird der **Senden**-Button hervorgehoben.

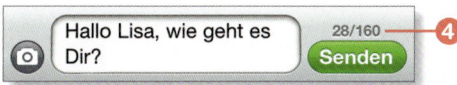

5. Die gesendete SMS erscheint daraufhin als farbige Sprechblase in dem blau hinterlegten Fenster. Bekommen Sie eine Antwort, wird diese ebenfalls dort in einer anderen Farbe dargestellt.

Jede SMS erhält ebenfalls noch einen exakten Zeitstempel, der genau Auskunft darüber gibt, wann welche SMS gesendet bzw. empfangen worden ist.

TIPP

SMS an mehrere Adressaten senden

Selbstverständlich können Sie auch eine SMS gleichzeitig an mehrere Adressaten versenden. Hierzu müssen Sie lediglich wieder auf das Plus-Symbol tippen und weitere Adressaten auswählen. Jeder neue Adressat erscheint in einer eigenen »Namensblase«.

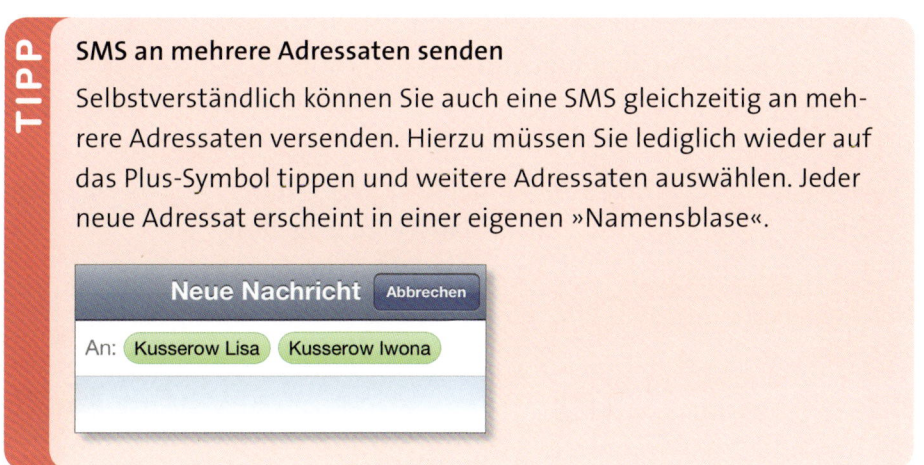

Wenn Sie selbst eine SMS erhalten, werden Sie von iOS 5 bereits auf Ihrem Verriegelungsscreen davon in Kenntnis gesetzt, doch dazu später.

iMessage – die Umsonst-SMS zwischen iOS 5-Anwendern

Die Telekom ist darüber ganz schön sauer. Meint sie doch, sie verlöre einiges an SMS-Umsatz, wenn iOS 5-Kunden zukünftig untereinander Gratis-SMS hin- und herschicken könnten. Sicherlich ist das zu einem guten Teil auch so, allerdings gibt es ja auch noch die anderen Kunden, die nicht über ein derartiges Feature verfügen. Darüber hinaus ist eine SMS kostenpflichtig, wenn sie von einem iOS 5-Gerät an ein iOS 4-Gerät versendet wird. Also immer schön den Ball flach halten ;-).

Wie genau funktioniert nun eigentlich iMessage?

Ihr Handy erkennt automatisch, ob Sie eine SMS an ein anderes iOS 5-Gerät senden möchten oder eine Nachricht von einem solchen Gerät erhalten. Es schaltet dann automatisch in den iMessage-Modus um. Sie erkennen das anhand der andersfarbigen SMS-Sprechblasen, die unter iMessage blau eingefärbt sind. Auch der Absender ist dabei blau eingefärbt.

Wie aus der Abbildung hervorgeht, können auch Bilder via iMessage versendet werden.

Beim Chatten können Sie über iMessage sofort sehen, wenn Ihr Message-Partner Ihnen etwas schreibt, denn während des Schreibvorgangs Ihres Gegenübers wird eine leere Sprechblase mit drei Punkten eingeblendet.

Bildnachrichten versenden

Aus Ihrer Nachrichten-App heraus können Sie selbstverständlich auch Bildnachrichten, sogenannte MMS, versenden. Auch das ist ganz einfach.

Gehen Sie dazu wie folgt vor:

1. Als Erstes wählen Sie wieder einen oder mehrere Empfänger für Ihre Bildnachricht aus und schreiben Ihren Text, der übrigens aus der App heraus direkt korrigiert werden kann.

2. Anschließend können Sie, um ein Foto hinzuzufügen, links neben dem Text auf das kleine Kamera-Symbol tippen. Daraufhin öffnet sich in der unteren Hälfte des Displays eine Auswahl, die Sie vor die Alternative stellt, ein Foto oder Video direkt aufzunehmen oder ein Bild aus dem Album auszuwählen. Wir wollen Letzteres, tippen Sie also auf **Aus Album auswählen**.

3. Suchen Sie nun das gewünschte Bild aus Ihren Aufnahmen heraus, indem Sie es einmal kurz antippen. Das Bild wird daraufhin in einer Vorschau dargestellt. Tippen Sie zur endgültigen Verwendung des Bildes unten rechts auf den Button **Auswählen**.

4. Das ausgewählte Bild wird daraufhin als kleine Vorschau im Textfenster angezeigt. Sie können nun über den Button **Senden** Ihre MMS abschicken.

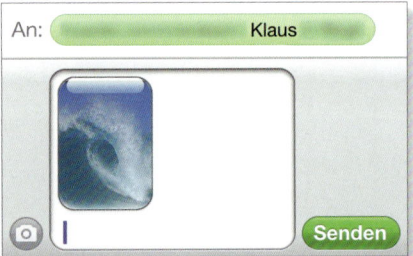

5. Die MMS wird daraufhin in Ihrem Nachrichtenfenster dargestellt:

Nachrichten empfangen und lesen

Der Empfang einer Nachricht ist kein großes Geheimnis, denn er funktioniert automatisch – dazu müssen Sie keinerlei Einstellungen vornehmen.

1. Wenn Sie eine SMS oder MMS-Nachricht erhalten, wird Ihnen das von Ihrem iPhone direkt auf dem Sperrbildschirm angezeigt.

2. Indem Sie auf das Nachrichten-Symbol tippen und es mit dem Finger, analog einer Entriegelung, nach rechts bis zum Ende ziehen, gelangen Sie sofort in die Nachricht und können diese direkt lesen. Eine weitere Entriegelung ist dann nicht mehr notwendig.

3. Praktischerweise sehen Sie hier dann auch immer die ganze Unterhaltung, sodass Sie einen guten Überblick bekommen.

Einstellungen vornehmen

Um schnell auf die eingehenden Nachrichten zugreifen zu können, müssen Sie vorher folgende Einstellungen vornehmen:

1. Gehen Sie zunächst in die **Einstellungen**, und wählen Sie **Benachrichtigungen** und anschließend **Nachrichten** aus.

2. In den Einstellungen für die Nachrichten können Sie nun den Schieberegler für den Menüpunkt **Im Sperrbildschirm** aktivieren. Wenn Sie auch noch den Schieberegler für den Punkt **Im Benachr.zentrum** aktivieren, werden eingehende SMS auch dort angezeigt. Zum Schluss legen Sie noch fest, wie Sie die Nachrichten angezeigt bekommen möchten. Wählen Sie hier z. B. **Banner** aus.

Töne für Nachrichten einrichten

Selbstverständlich können Sie auch die Töne für den Nachrichteneingang ganz Ihren Wünschen anpassen. Wählen Sie einfach aus einer ganzen Reihe von Tönen einen passenden aus.

1. Hierzu gehen Sie wieder in die **Einstellungen** und wählen den Menüpunkt **Töne** aus. Scrollen Sie etwas nach unten, wo Sie den Menüpunkt **SMS-Ton** finden, den Sie dann ebenfalls auswählen.

2. Im nächsten Schritt wählen Sie den Ton, der Ihnen als Nachrichten-Signalton am besten gefällt. Sie können hier auch **Keine** auswählen.

Tippen Sie ihn an, und das war's auch schon!

Nachrichten weiterleiten

Wenn Sie eine SMS-Nachricht erhalten, z. B. eine Einladung, dann können Sie diese Nachricht natürlich auch weiterleiten, um auch andere an diesem Ereignis teilnehmen zu lassen. Und so geht's:

1. Öffnen Sie zuerst die Nachricht, und tippen Sie dann oben in der rechten Ecke auf den Button **Bearbeiten** ❶ und anschließend direkt auf die Nachricht, die dann durch ein kleines Häkchen in einem roten Kreis hervorgehoben wird ❷. Tippen Sie nun unten rechts auf **Weiterleiten** ❸.

2. Es öffnet sich ein neues Fenster, in dem die Nachricht erneut im Sendefenster steht. Sie müssen über das Plus-Symbol einen neuen Adressaten für die weiterzuleitende Nachricht eingeben und zum Abschluss auf **Senden** tippen.

3. Falls Sie die weitergeleitete Nachricht an eine Person versenden, der Sie schon einmal eine Nachricht gesendet haben, finden Sie die weitergeleitete Nachricht hinterher in dieser Unterhaltung.

Einzelne Nachricht löschen

Hin und wieder soll es vorkommen, dass man mal etwas löschen muss. Sie können entweder ganze Unterhaltungen oder einzelne Nachrichten löschen. Um in einer Unterhaltung eine einzelne Nachricht zu löschen, gehen Sie wie folgt vor:

1. Gehen Sie in eine SMS-Unterhaltung, und tippen Sie auf die Nachricht, die Sie löschen möchten.

2. Daraufhin wird die Nachricht hervorgehoben, was durch ein kleines Häkchen in einem roten Kreis verdeutlicht wird. Nun können Sie unten links auf den **Löschen**-Button tippen, und schon ist die Nachricht verschwunden.

3. Sie können auch ein Bild, das Sie an eine Nachricht angehängt haben, wieder löschen. Analog zum ersten Löschvorgang markieren Sie das Bild, das dann ebenso hervorgehoben wird, und können es mit einem Finger-Tipp auf den **Löschen**-Button löschen.

Eine ganze Unterhaltung löschen

Um eine ganze Unterhaltung zu löschen, haben Sie zwei Möglichkeiten.

Die erste Möglichkeit:

1. Öffnen Sie die Nachrichten in der Übersicht, und tippen Sie auf **Bearbeiten**. Die einzelnen Unterhaltungen werden dann durch ein Minus-Symbol in einem roten Kreis hervorgehoben.

2. Wählen Sie eine Unterhaltung aus, indem Sie auf ein kleines Minus-Symbol tippen, das sich daraufhin senkrecht stellt und auf der rechten Seite einen **Löschen**-Button erscheinen lässt. Einmal kurz darauf getippt, und die Unterhaltung ist gelöscht.

Die zweite Möglichkeit ist etwas für die ganz Schnellen.

1. Gehen Sie hierzu einfach in die Nachrichtenübersicht, und streichen Sie zügig mit dem Finger von links nach rechts über die zu löschende Unterhaltung. Am rechten Rand erscheint daraufhin ein **Löschen**-Button.

2. Tippen Sie darauf, und schon ist die Unterhaltung gelöscht.

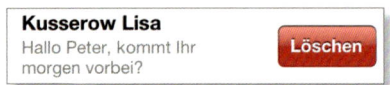

Darauf sollten Sie im Ausland achten

Wenn Sie mit Ihrem iPhone im Ausland unterwegs sind, kann es schnell teuer werden, da neben den Kosten, die Sie in Ihrem Heimatland für Telefonate und für SMS und MMS zahlen, noch die Gebühren für das Daten-Roaming hinzukommen. Das heißt, Sie zahlen auch noch den Service des ausländischen Providers für die Leitung in Ihr Heimatnetz.

Das kann unter Umständen recht teuer werden. Man liest im Internet immer mal wieder Berichte von 25 EUR pro versendetem Bild. So schlimm wird es zwar in der Regel nicht werden; Sie müssen sich aber auf erhöhte Kosten einstellen, wenn Sie Ihr iPhone im Ausland nutzen. Wenn Sie Daten-Roaming im Ausland nutzen möchten, wird die Telekom Sie allerdings mit einer SMS darauf hinweisen, wie teuer das werden könnte und dass Sie nach einem bestimmten Betrag noch einmal daran erinnert werden (siehe Abbildung).

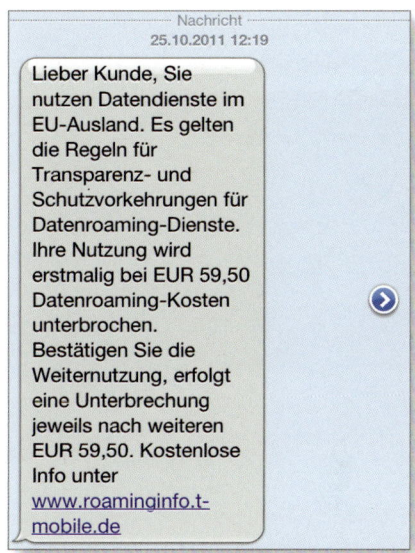

Ich empfehle Ihnen, aus diesen Gründen die Daten-Roaming-Funktion abzuschalten. Und das geht so:

1. Gehen Sie in Ihre **Einstellungen** und dort auf **Allgemein**. Anschließend wählen Sie den Menüpunkt **Netzwerk** aus.

2. Unter **Netzwerk** wählen Sie den Punkt **Daten-Roaming** aus und deaktivieren ihn über den dafür vorgesehenen Schalter.

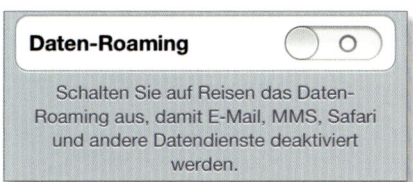

Nun sind Sie auf der sicheren Seite.

Kapitel 5
Ins Internet mit Safari

Warum kauft man sich ein iPhone? – Na, man will natürlich immer online sein! Und Safari ist das Werkzeug dafür. Damit steht Ihnen ein schlanker und sehr leistungsfähiger Browser, der in der neuen Version mit einigen sehr interessanten Neuerungen aufwarten kann, zur Verfügung – aber sehen Sie selbst.

Safari auf dem iPhone im Hochformat ❶ und im Querformat ❷. Entscheiden Sie sich, was Ihnen besser gefällt. Die Wetter-App ❸, YouTube ❹ und die Aktien-App ❺ sind auch mit im Boot.

Safari kennenlernen

Zunächst möchte ich Ihnen den Browser Safari im Überblick vorstellen. Sie werden erfahren, was es damit auf sich hat und wie Sie den Browser bedienen.

Safari ist im Wesentlichen in drei unterschiedliche Bereiche aufgeteilt. Der erste Bereich ist für die Suche und Eingabe zuständig.

Der zweite Bereich ist der, der die eigentliche Internetseite darstellt. Er ist entsprechend der größte Bereich.

Der dritte Bereich schließlich befindet sich am unteren Rand des Displays und ist für die Navigation zuständig. Hier können Sie vor- und zurückblättern, die Inhalte versenden, speichern, drucken, Lesezeichen einsehen und erstellen bzw. sich alle gleichzeitig geöffneten Seiten anschauen.

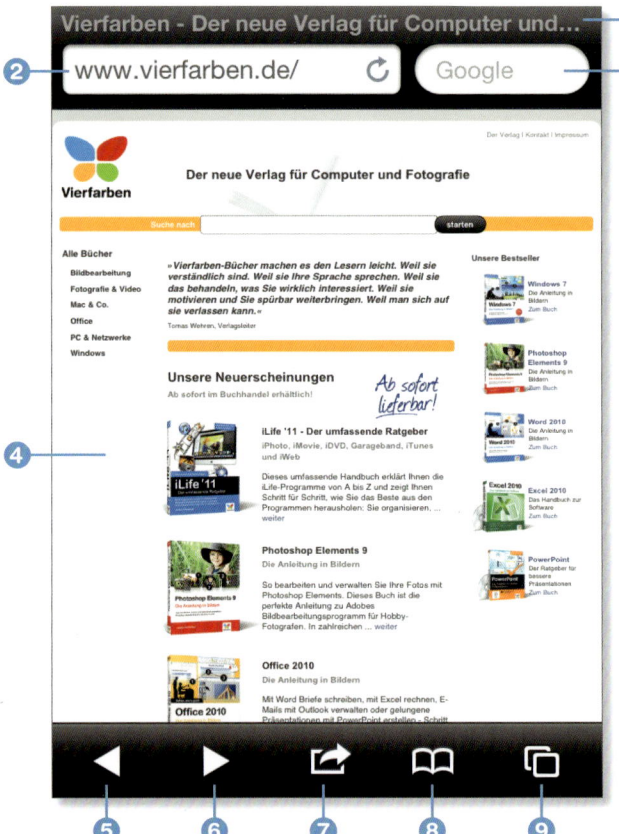

Sie können mit dem iPhone und Safari auf sehr komfortable Weise im Internet surfen.

Hier ein Überblick über alle Funktionalitäten von Safari:

1 Hier wird der Name der Internetseite eingeblendet.

2 Die URL finden Sie hier.

3 Das ist das Feld für die Suche.

4 In diesem Bereich wird die Internetseite dargestellt.

5 Blättern Sie eine Seite zurück.

6 Blättern Sie eine Seite vor.

7 Leiten Sie die aktive Internetseite weiter.

8 Hier befinden sich Ihre Lesezeichen.

9 An dieser Stelle sind Ihre geöffneten Seiten zu sehen.

Eine Webseite mit Safari öffnen

Es gibt verschiedene Möglichkeiten, Webseiten mit Safari zu öffnen. Sie können das mit einer gezielten Suche durch Google und Co. erledigen, durch einen Link, der Ihnen per E-Mail oder SMS zugesendet wird, über ein Lesezeichen in Ihrer Lesezeichenleiste oder indem Sie einfach die Internetadresse eingeben. Die letzte Möglichkeit lernen Sie jetzt kennen.

1. Öffnen Sie Safari, und geben Sie im linken oberen Bereich eine Internetadresse ein.

2. Normalerweise steht zu Beginn einer Internetadresse immer folgende Zeichenfolge: *http://www.* Diese Zeichen können Sie bei der Eingabe der gewünschten Webseite allerdings weglassen. Safari setzt diese Zeichenfolge automatisch vor Ihre Eingabe, sodass Sie nur den Namen der gewünschten Adresse eingeben müssen.

3. Suchen Sie dann aus den Vorschlägen von Safari denjenigen aus, den Sie öffnen möchten, indem Sie darauftippen. Sollte noch nicht der richtige Vorschlag dabei sein, schreiben Sie einfach weiter – falls notwendig, so lange, bis Sie den kompletten Namen der Webseite ausgeschrieben haben. Beenden Sie Ihre Eingabe mit der Return-Taste.

4. Daraufhin wird die entsprechende Webseite geöffnet.

Lesezeichen nutzen und neue Lesezeichen erstellen

Das Verwenden von Lesezeichen erleichtert Ihnen das Surfen im Web ungemein, da Sie nicht immer die komplette Adresse einer Internetseite neu eingeben müssen. Legen Sie sich für Ihre favorisierten Webseiten einfach Lesezeichen an, die Sie dann nur noch antippen müssen, um die Internetseite Ihrer Wahl zu öffnen. Hier erfahren Sie, wie Sie ein Lesezeichen anlegen.

1. Wenn Sie eine interessante Webseite gefunden haben, tippen Sie in der unteren Leiste auf dieses Symbol.

2. Daraufhin öffnet sich ein Dialogfeld mit verschiedenen Auswahlmöglichkeiten. Hier wählen Sie den ersten Punkt **Lesezeichen** aus und tippen ihn an.

3. Passen Sie nun den Namen Ihres Lesezeichens an, indem Sie mit der Entfernen-Taste so viel weglöschen, bis der Begriff stimmig ist. Sie können mit einem Tipp auf das kleine Kreuzchen natürlich auch alles löschen und einen eigenen Namen für Ihr Lesezeichen eingeben.

4. Ich habe den Namen in unserem Beispiel in *Vierfarben Verlag* geändert. Im Feld darunter können Sie noch festlegen, wo das Lesezeichen gespeichert werden soll, entweder direkt in der Lesezeichenleiste oder in einem Ordner, den Sie vorher angelegt haben.

5. In welchem Ordner Sie das Lesezeichen ablegen, erkennen Sie an einem kleinen Häkchen hinter dem Ordnernamen.

6. Navigieren Sie in Ihren Lesezeichen zu diesem Ordner, werden Sie das neu erstellte Lesezeichen hier finden.

Suchen mit Google

Selbstverständlich können Sie mit Safari auf Ihrem iPhone auch mit Google suchen. Google ist als Suchmaschine auf dem iPhone sogar voreingestellt.

1. Um eine Suche zu starten, tippen Sie einfach rechts oben in das Feld, in dem bereits in Hellgrau **Google** steht.

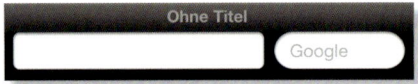

2. Geben Sie nun Ihren Suchbegriff ein. Noch während Sie tippen, liefert Ihnen Google einige Vorschläge, bei denen eventuell sogar schon der gesuchte Begriff dabei sein kann. Ist das der Fall, tippen Sie auf diesen Begriff, und die Google-Ergebnisseite öffnet sich.

3. Wenn Sie den Suchbegriff gut gewählt haben, ist der erste Eintrag auch gleich der richtige. Tippen Sie ihn an, und die gewünschte Seite erscheint.

Mehrere Seiten gleichzeitig öffnen

Manchmal ist es durchaus sinnvoll, mehrere Internetseiten gleichzeitig zu öffnen, z. B. wenn Sie etwas miteinander vergleichen oder, ausgehend von einer interessanten Seite, weitere Links auf der Seite anklicken möchten, ohne die vorherige Seite zu schließen. Das kann ganz besonders bei mobilen Geräten wichtig sein, da hier die Ladevorgänge immer etwas länger dauern als beim Surfen am heimischen Computer.

1. Wenn Sie also eine weitere Seite öffnen möchten, dann tippen Sie auf einen Link und lassen nicht sofort los, sondern verharren etwa zwei Sekunden auf dem Link. Es öffnet sich dann wieder ein Dialogfeld mit einigen Vorschlägen für auszuführende Aktionen.

2. Wählen Sie daraus den Menüpunkt **Auf neuer Seite öffnen**.

3. Daraufhin sehen Sie, dass in Safari eine neue Seite angelegt wird, was Sie auch daran erkennen können, dass rechts unten auf dem Tab der Seitenansicht eine Zahl steht. Diese Zahl zeigt an, wie viele Seiten Sie geöffnet haben.

4. Tippen Sie auf dieses Symbol, wird Ihnen eine ganzseitige Übersicht der aktuellen Webseite angezeigt.

5. Durch Wischen nach rechts gelangen Sie wieder zu der ursprünglichen Seite, von der aus Sie diese neue Seite geöffnet haben.

Eine neue leere Seite einfügen

Es kann natürlich vorkommen, dass Sie eine leere Seite einfügen möchten. Auch das ist problemlos möglich.

1. Tippen Sie hierzu rechts unten auf das kleine Symbol für die Seitenanzeige, und es öffnet sich wieder die Ganzseitenansicht.

2. Tippen Sie nun auf **Neue Seite**.

3. Es erscheint daraufhin eine neue leere Seite.

Einzelne Tabs wieder löschen

Diese neuen Seiten, *Tabs* genannt, können natürlich auch einzeln wieder gelöscht werden.

1. Um eine Seite zu löschen, tippen Sie zuerst wieder auf das Symbol für die Seitenansichten.

2. Im nun erscheinenden Fenster sehen Sie die Vorschau einer Seite, die in der oberen linken Ecke mit einem kleinen Kreuz-Symbol versehen ist.

3. Tippen Sie auf dieses Symbol, und die aktuelle Seite wird sofort anschließend gelöscht.

Eine Web App aus Safari heraus erstellen

Eine *Web App* ist eine App, die Sie aus einer Internetseite heraus erstellen und die dann wie eine App auf Ihrem Home-Screen liegt. Einmal angetippt, öffnet sich dann die gespeicherte Internetseite, die mit dieser App verknüpft ist. Das Ganze funktioniert eigentlich nicht anders als ein Lesezeichen, bei dem Sie Ihre Lieblingsseiten direkt über den Home-Screen ansteuern können, ohne erst umständlich Safari und dort die Lesezeichenleiste öffnen zu müssen.

Und so geht's:

1. Geben Sie den Namen einer Ihrer Lieblingsseiten im Browser ein, z. B. *www.macnews.de*. Die Seite wird daraufhin in Safari dargestellt.

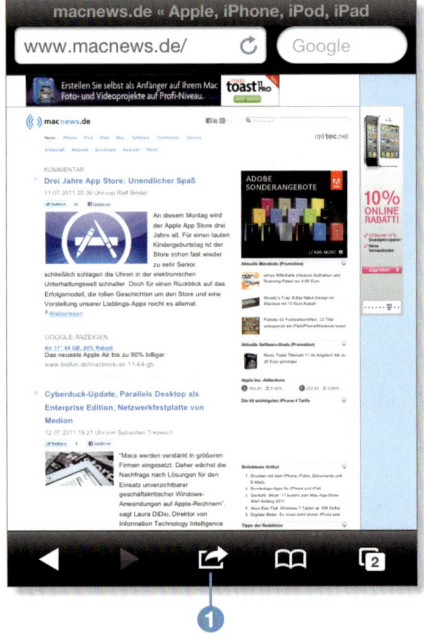

2. Nun tippen Sie auf den mittleren unteren Button ❶, und es öffnet sich ein Dialogfenster, in dem Sie den Menüpunkt **Zum Home-Bildschirm** antippen.

3. Im Folgenden können Sie sich einen Namen ausdenken oder den vorgeschlagenen Namen verwenden. Tippen Sie auf **Hinzufügen**, und Ihre Web App wird erstellt.

4. Von nun an können Sie diese Webseite mit einem Klick auf das Symbol starten, als wäre es eine normale App.

Eine Website via AirPrint ausdrucken

Selbstverständlich können Sie heutzutage mit jedem modernen iPhone ab der Softwareversion iOS 4.2 auch Ausdrucke machen. Sie können also jede beliebige Webseite auch auf Ihrem Drucker ausdrucken. Das geht aber nicht nur mit Webseiten, sondern ebenso mit E-Mails, Fotos, Karten, Notizen, Pages-, Numbers- und Keynote-Dokumenten und mit PDFs, die Sie in iBooks geöffnet haben, oder weiteren Apps anderer Entwickler, die die Druckfunktion unterstützen.

Ihr Drucker muss dazu allerdings bestimmte Voraussetzungen erfüllen; er muss WLAN-fähig sein und Apples AirPrint-Technologie unterstützen, was inzwischen schon einige Drucker tun. Eine Liste der derzeit unterstützten Drucker finden Sie bei Apple unter *www.apple.com.de/support*. Der Drucker wird dabei in Ihrem WLAN automatisch von Ihrem iPhone erkannt, sodass Sie keine weiteren Installationsschritte durchlaufen müssen, um drucken zu können.

1. Möchten Sie eine Webseite drucken, tippen Sie auf den mittleren Button in der Tableiste ❶ und wählen dann aus dem Overlay-Menü **Drucken** aus.

2. Wählen Sie die Anzahl der Kopien aus, und tippen Sie wieder auf **Drucken**.

3. Haben Sie mehrere Druckaufträge erteilt, können Sie alle einsehen, indem Sie den Home-Button doppelt antippen, um sich die Druckzentrale anzeigen zu lassen. Diese ist nur während eines Drucks aktiv.

4. Tippen Sie diese an, können Sie die Druckdetails einsehen.

Link zu einer Website per E-Mail versenden

Sie haben eine interessante Webseite gesehen und wollen sie Ihren Freunden und Bekannten zeigen? Das ist mit dem iPhone schnell erledigt. Sie können nämlich den Link der Webseite in einer E-Mail versenden. Das geht so:

1. Öffnen Sie die Seite, die Sie versenden möchten, in Safari, und tippen Sie auf das mittlere Symbol in der Tableiste.

2. Tippen Sie nun in dem sich öffnenden Dialog auf den Button **URL der Seite senden**.

3. Es öffnet sich nun das Mailfenster, in das Sie alle Adressen eingeben können, die mit dieser E-Mail beschickt werden sollen. Fügen Sie bei Bedarf oberhalb des Links noch einen eigenen Text ein. Wenn alles fertig ist, tippen Sie auf den Button **Senden**.

Sie müssen nur noch auf »Senden« tippen und schon ist die E-Mail mit dem Link unterwegs.

Der Umgang mit Reader und Leseliste

Seit der neuen iOS 5-Version hat Apple zwei interessante neue Funktionen in Safari integriert, den Reader und die Leseliste. Diesen beiden cleveren und leistungsfähigen Funktionen, die übrigens Hand in Hand arbeiten, sollen im Folgenden vorgestellt werden. Beginnen möchte ich mit dem Reader.

Der Reader

Den Reader kennen Sie vielleicht schon von der normalen Safari-Version. Angenommen, Sie haben auf einer Internetseite einen interessanten Artikel gefunden, den Sie in Ruhe lesen möchten, es stören Sie aber die zahlreichen Unterbrechungen durch Werbung & Co. Sie haben auch keine Lust, bei einem mehrseitigen Artikel die anderen Seiten nachzuladen. Dann ist der Reader genau das Richtige für Sie.

Er extrahiert für Sie nämlich genau den Artikel, den Sie lesen möchten, und blendet alles andere komplett aus. Weil es so praktisch ist, kann der Reader auch den ganzen mehrseitigen Artikel anzeigen, ohne dass Sie die kompletten Seiten laden müssen. Und so nutzen Sie den Reader:

1. Öffnen Sie eine Webseite mit einem Artikel, der Sie interessiert. In unserem Fall ist es die Seite der Tagesschau – und zwar der Hauptartikel der Seite, der Rest ist für uns uninteressant. Safari bemerkt, dass es sich hierbei um einen potenziell längeren Artikel handeln könnte, und blendet automatisch den **Reader**-Button in der Leiste ein, in der auch die URL der Webseite steht.

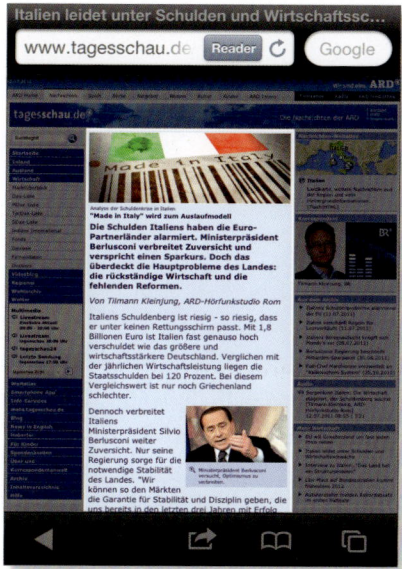

2. Tippen Sie auf den **Reader**-Button, und Safari blendet automatisch alle Informationen der Webseite aus, außer dem Artikel, der auf der Seite im Fokus steht. Dieser wird nun ganz puristisch im Browser angezeigt.

3. Oben befinden sich aber noch einige Buttons. Neben dem **Fertig**-Button, der den Reader wieder beendet, gibt es noch den bekannten Button, der zu weiteren Dialogen führt. Sie können im erscheinenden Menü z. B. entscheiden, ob Sie den Artikel drucken oder ihn per E-Mail versenden möchten. Die weiteren Funktionen sehen Sie im folgenden Screenshot.

4. Mithilfe des Buttons ganz links können Sie die Schriftgröße des Artikels stufenweise vergrößern oder auch verringern. Jedes Mal, wenn Sie auf eine Schaltfläche tippen, ändert sich die Schriftgröße um einen bestimmten Prozentsatz.

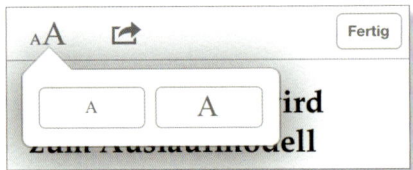

Die Leseliste

Mit der Leseliste haben Sie die Möglichkeit, Texte aus Webseiten zu speichern und später zu lesen. Angenommen, Sie möchten einen bestimmten Artikel nicht sofort lesen, können Sie ihn Ihrer Leseliste hinzufügen.

1. Dazu müssen Sie lediglich auf den oberen Button rechts neben dem Vergrößerungsbutton tippen, und schon sind Sie wieder im bekannten Auswahlmenü, in dem Sie nun auf den Button **Zur Leseliste hinzufügen** tippen.

2. Das war es auch schon. Um sich nun die Leseliste anzuschauen, tippen Sie einfach auf Ihre Lesezeichen. Dort finden Sie die Leseliste an oberster Stelle.

3. Tippen Sie darauf, öffnet sich die Leseliste mit zwei verschiedenen Ansichten. Sie können sich entweder alle ❶ oder nur die ungelesenen Artikel ❷ anzeigen lassen.

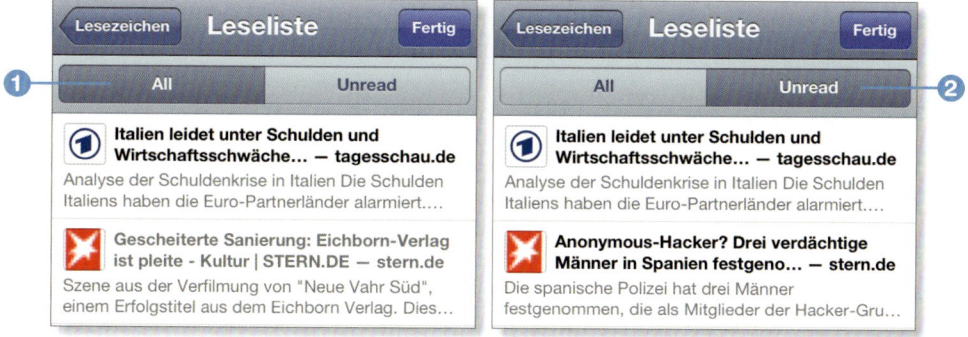

Selbstverständlich können Sie Webseiten auch direkt zur Leseliste hinzufügen, ohne dafür in den Reader zu wechseln.

1. Hierzu öffnen Sie in Safari eine beliebige Seite und tippen dann unten in der Tableiste auf den mittleren Button ❶.

2. Es öffnet sich nun wieder der schon bekannte Dialog, in dem Sie auf den Button **Zur Leseliste hinzufügen** tippen.

3. Die Webseite wird dann sofort der Leseliste hinzugefügt und kann dort betrachtet werden, wie Sie in der nächsten Abbildung sehen.

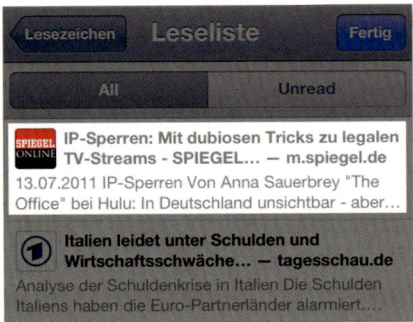

YouTube-App auf dem iPhone nutzen

Um sich Videos von YouTube auf dem iPhone anzuschauen, müssen Sie nicht in Safari zur YouTube-Seite surfen. Das geht viel einfacher mit der vorinstallierten App.

1. Wenn Sie die YouTube-App öffnen, haben Sie als Erstes die **Highlights**-Ansicht vor sich. Dabei handelt es sich um die tagesaktuellen Highlights der Filme.

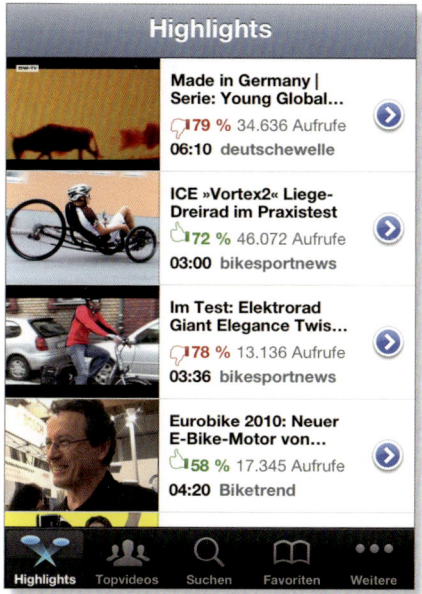

2. Der nächste Punkt in der Tableiste verzeichnet die Topvideos, die sich in die drei Rubriken **Heute**, **Woche** und **Alle** unterteilen.

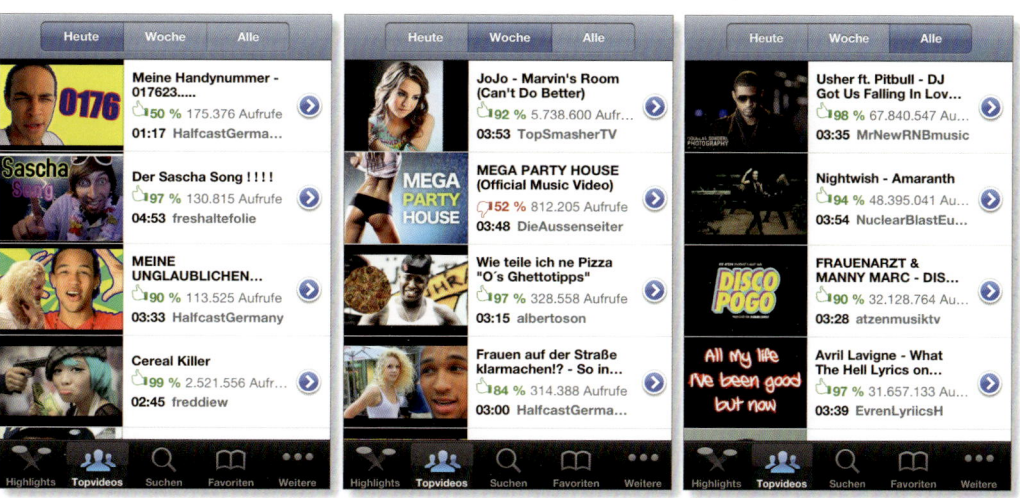

3. Der dritte Tab beinhaltet die **Suchen**-Funktion in YouTube. Geben Sie einen beliebigen Begriff in das obere Suchfeld ein, und tippen Sie auf **Suchen**. Sie erhalten alle Filme, die zu diesem Begriff in YouTube vorhanden sind.

4. Alle Filme zum Suchbegriff werden angezeigt und sind an der rechten Seite mit einem Pfeil-Symbol ❶ in einem blauen Kreis gekennzeichnet. Wenn Sie darauftippen, öffnet sich eine weitere Seite.

5. Hier haben Sie die Möglichkeit, entweder die Filme zu einer Liste hinzuzufügen ❷ oder die URL der Videoseite per E-Mail zu versenden ❸.

Ein Video zu einer Liste hinzufügen

1. Um ein Video zu einer Liste hinzuzufügen, müssen Sie unter *www.youtube.de* einen Account bei YouTube einrichten. Danach können Sie sich mit Ihrem Benutzernamen und Ihrem Kennwort anmelden.

2. Im Folgenden können Sie dann eigene Wiedergabelisten ❹ anlegen, um Ihre Favoriten ❺ dort zu speichern.

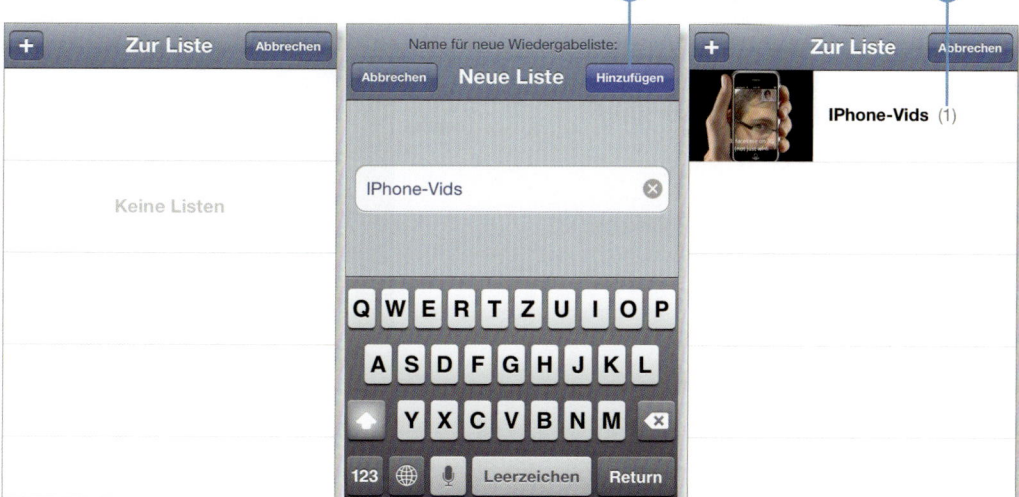

URL per E-Mail versenden

1. Tippen Sie hierzu einfach auf den **Senden**-Button, wählen Sie den Button **URL des Videos senden**, und es öffnet sich das Mail-Fenster.

2. Nun müssen Sie nur noch eine Adresse eingeben und mit dem **Senden**-Button die Mail abschicken – fertig!

Der letzte Tab heißt **Weitere** und deutet bereits an, dass Sie hier noch weitere Kategorien auswählen können.

3. Sie können die einzelnen Kategorien einfach antippen ❶, dann wird Ihnen der entsprechende Inhalt angezeigt. Sie können aber auch oben rechts auf den **Bearbeiten**-Button tippen, was zur Folge hat, dass Sie nun alle möglichen Kategorien der Tableiste angezeigt bekommen, um die Tableiste an Ihre Anforderungen anzupassen ❷.

4. Dazu tippen Sie auf eines der Symbole und ziehen es unten auf ein Symbol der Tableiste. Das Symbol, das dann mit einem Schein versehen wird, wird durch das neue Symbol ersetzt.

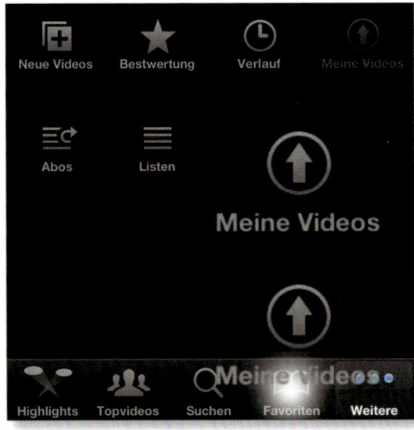

TIPP

Anpassen der Tableiste

Die Tableiste ist komplett frei konfigurierbar. Sie können nicht nur die einzelnen Symbole ändern, sondern auch die Reihenfolge, indem Sie ein Symbol antippen und halten und es entweder nach rechts oder links verschieben. Diese Art der Anpassung können Sie übrigens in jeder App vornehmen, die über eine Tableiste verfügt.

So viel zu den einzelnen Einstellungen der YouTube-App. Nun möchte ich Ihnen noch kurz das eigentliche YouTube-Videofenster vorstellen.

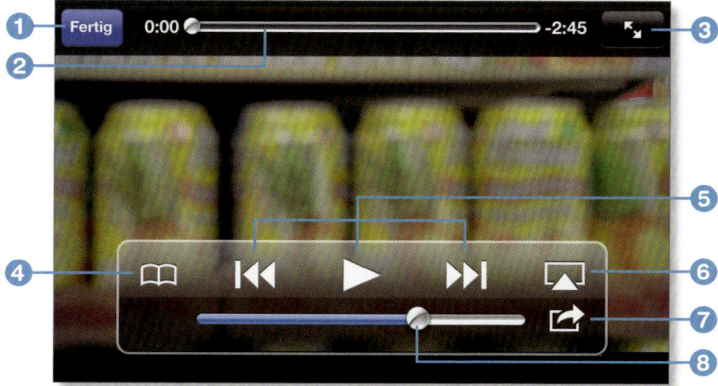

Übersicht des YouTube-Videofensters

Die Elemente und Funktionen des YouTube-Videofensters sind folgende:

❶ Der **Fertig**-Button beendet die Abspielansicht und bringt die Übersicht der Filme wieder zum Vorschein.

❷ Hier befindet sich die Zeitleiste, die auf der linken Seite die bereits gespielte Zeit des Films anzeigt und auf der rechten Seite die noch verbleibende Zeit. Die Zeitleiste selbst zeigt auch an, wie viel von einem Clip bereits geladen und wie viel davon abgespielt wurde.

③ Mit diesem Button wechseln Sie in den Vollbildmodus. In der Regel wird dann allerdings etwas vom linken und rechten Rand abgeschnitten.

④ Fügt das aktuelle Video Ihren Favoriten hinzu. Bitte beachten Sie, dass Sie dafür bei YouTube registriert und angemeldet sein müssen.

⑤ Das sind die zentralen Abspiel-Buttons (von links nach rechts): Zurückspulen, Abspielen/Pause und Vorspulen.

⑥ Hier legen Sie fest, auf welchem Gerät das Video abgespielt werden soll.

⑦ Hiermit können Sie Ihr Video versenden.

⑧ Die untere Leiste dient zur Einstellung der Lautstärke.

 Wenn Sie in der Videoabspielansicht sind und das in YouTube angesehene Video mit anderen teilen möchten, tippen Sie auf den kleinen Pfeil.

Daraufhin öffnet sich wieder ein Overlay-Menü mit einigen Möglichkeiten, wie **Zu Favoriten**, **URL des Videos senden** und, neu in iOS 5, **Tweet**. Tippen Sie z. B. auf **Tweet**.

Es öffnet sich daraufhin das Tweet-Fenster, in das Sie dann Ihren Text für Twitter eingeben können.

Ist Ihr Tweet fertig, tippen Sie einfach auf **Senden**, und Ihr Tweet wird gesendet.

Sie können sich einen YouTube-Film natürlich auch auf einem anderen Ausgabegerät anschauen. Hierfür hat Apple die AirPlay-Funktion eingeführt.

Tippen Sie wieder auf den **Senden**-Button und anschließend auf **Apple TV**.

Nach wenigen Sekunden wird dann Ihr YouTube-Video auf Ihrem Fernseher abgespielt, ohne dass Sie zusätzliche Software einrichten müssen.

INFO

Was ist AirPlay?

AirPlay nennt Apple einen Übertragungsstandard, der unterschiedliche Apple-Geräte im WLAN verbindet. Sie können so z. B. via AirPlay Ihren Fernseher ansteuern, falls Sie ein Apple TV besitzen. Befinden Sie sich mit Ihrem iPhone im gleichen WLAN wie Ihr Apple TV, können Sie Medien wie Filme, Musik und Fotos drahtlos und innerhalb weniger Sekunden auf Ihrem Fernseher darstellen.

Die App »Wetter«

Auf dem iPhone sind aber noch einige weitere Apps installiert, die eine Internetverbindung benötigen, um vernünftig genutzt werden zu können, z. B. die Wetter-App.

Einmal eingerichtet, reicht ein einfaches Antippen, und die Darstellung des Wetters wird automatisch aktualisiert. So richten Sie die Wetter-App ein:

1. Tippen Sie zuerst auf das Wetter-App-Symbol auf Ihrem Home-Screen. Hier ist dann in der Regel Ihr lokales Wetter voreingestellt.

2. Um eine andere Stadt einzustellen, tippen Sie rechts unten auf das kleine i im Kreis, und die App zeigt Ihnen ihre Rückseite, auf der Sie einige Einstellungen vornehmen können. Sie können das lokale Wetter deaktivieren ❶ und zwischen Fahrenheit und Celsius umschalten. Tippen Sie auf das Plus-Symbol ❷, und Sie können eine neue Stadt hinzufügen.

3. Es erscheint dann ein entsprechender Bildschirm, in dessen Suchfeld Sie die Stadt Ihrer Wahl oder die zugehörige Postleitzahl eingeben können. Nach kurzer Zeit finden Sie eine Reihe von Vorschlägen, aus denen Sie die entsprechende Stadt heraussuchen können.

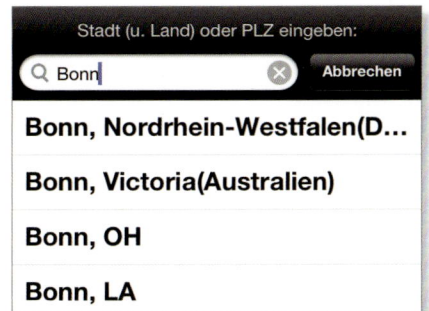

4. Tippen Sie auf die Auswahl, und schon wird die Stadt angezeigt. Wenn Sie diesen Vorgang wiederholen, können Sie beliebig viele Städte hinzufügen.

5. Ein Tippen auf **Fertig** zeigt Ihnen dann den entsprechenden Wetterbericht an.

6. Das aktuelle Wetter wird auch in der in iOS 5 neu hinzugekommenen Benachrichtigungszentrale angezeigt, die Sie wie einen Vorhang von oben nach unten ins Bild ziehen können.

Neu ist in der Wetter-App auch eine stundenweise Vorschau für den aktuellen Tag. Tippen Sie hierzu einfach auf irgendeine Stelle, und schon klappt sich eine Ansicht aus, die das Wetter der nächsten Stunden anzeigt.

Die Wetter-App sagt Sonnenschein für die nächsten Stunden voraus.

INFO

Lokales Wetter

Das lokale Wetter passt sich immer dem Ort an, an dem Sie sich mit Ihrem iPhone gerade befinden. Dank GPS-Sensor müssen Sie hier noch nicht einmal den aktuellen Standort eingeben, sondern Ihr iPhone macht das ganz von allein. Das Ganze ist vor allem dann praktisch, wenn Sie häufig reisen. Sie müssen dann nicht mehr ständig neue Städte eintragen, um die entsprechenden Wetterinfos zu erhalten.

Die App »Aktien«

Eine weitere Standard-App, die auf das Internet zugreift, ist die App Aktien. Auch wenn Sie nicht über ein eigenes Aktien-Depot verfügen, kann die App für Sie interessant sein.

1. Tippen Sie auf die App, und Sie gelangen auf den Bildschirm, auf dem Sie nach den Firmennamen suchen können. Geben Sie den ersten Firmennamen ein ❶. Mit einem Finger-Tipp auf den richtigen Namen können Sie ihn hinzufügen, mit einem Tipp auf das Plus-Symbol ❷ fügen Sie weitere Firmen hinzu.

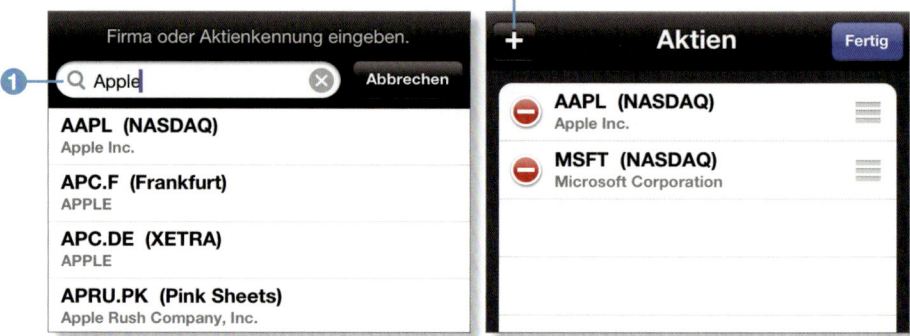

2. Sie können weiter unten in der App noch entscheiden, ob Sie eine Darstellung in Prozent ❸, als Preis ❹ oder als Marktkapitalisierung ❺ wünschen.

3. Die Anzeigen ändern sich dann entsprechend.

4. Für eine bessere Übersicht liefert Ihnen die App noch eine Darstellung für einen Tag, eine Woche, einen Monat, drei Monate, sechs Monate, ein Jahr und zwei Jahre ❻. Um die einzelnen Ansichten sehen zu können, müssen Sie oben in der Ansicht auf den jeweiligen Kolumnentitel tippen.

5. An der Unterseite der App fallen Ihnen sicher noch drei Punkte auf. Hier können Sie mit einem Fingerwischen zwischen drei verschiedenen Ansichten wechseln, nämlich zwischen den Kennzahlen ❼, dem Chart der Kursentwicklung ❽ und einer News-Ansicht ❾.

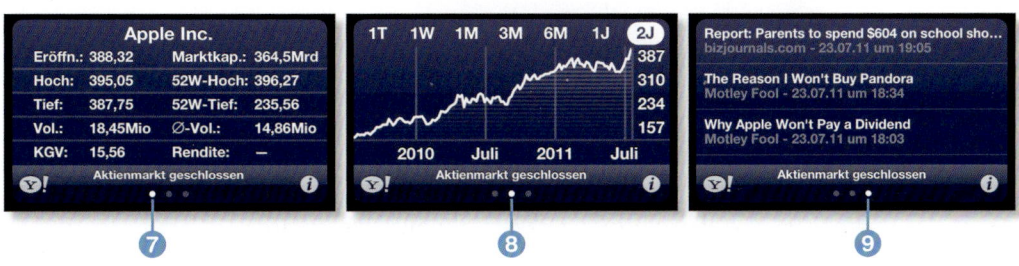

Auch diese App können Sie im neuen Benachrichtigungszentrum integrieren. So haben Sie immer die wichtigsten Informationen im Blick. Um die App im Benachrichtigungszentrum zu aktivieren, gehen sie wie folgt vor:

1. Tippen Sie auf **Einstellungen** und dort dann auf **Benachrichtigungen**.

2. Anschließend erscheint der Bildschirm mit allen Apps, die für die Be-nachrichtigungszentrale vorgesehen sind. Scrollen Sie herunter bis ganz nach unten, wo sich die Apps befinden, die Sie noch nicht in die Benachrichtigungszentrale übernommen haben. Tippen Sie dann auf **Aktien Widget**, und schieben Sie den Regler nach rechts.

3. Die Aktien-App befindet sich nun im Benachrichtigungszentrum.

4. Ziehen Sie das Benachrichtigungszentrum nun nach unten, und schau-en Sie sich tagesaktuell Ihre Aktienkurse an.

INFO

Achtung, Roaming-Kosten!

Auch hier gilt: Wenn Sie sich im Ausland aufhalten, kann es bei der Nutzung der Aktien-App zu erhöhten Kosten kommen.

Kapitel 6
E-Mails

Mit Ihrem iPhone können Sie immer online sein. Das gilt natürlich auch für Ihren E-Mail-Verkehr. Sie können Ihre Mails am iPhone genauso empfangen, bearbeiten und versenden wie an Ihrem Mac oder PC. Von unterwegs ist das iPhone also Ihre Infozentrale auch für Ihre E-Mails.

Ob Sie Ihre Mails mit der neuen iCloud synchronisieren ❶ oder ganz verschiedene eigene Accounts anlegen ❷, bleibt Ihnen überlassen. Das iPhone bietet Ihnen viele Möglichkeiten.

E-Mail-Account erstellen

Bevor Sie im iPhone einen neuen Mail-Account anlegen können, müssen Sie diesen natürlich vorher im Internet bei einem sogenannten *Internet Service Provider (ISP)* eingerichtet haben, damit er auch existiert und die entsprechenden Daten zur Verfügung stehen. Bewahren Sie Ihre Zugangsdaten sicher auf, damit Sie auch später noch darauf zugreifen können. Hier können Sie z. B. die kostenlosen Accounts von GMX und Co. verwenden.

Accounts mit iTunes übertragen

Die einfachste Art, Ihre Mails auf Ihr iPhone zu bekommen, ist iTunes. Wie sollte es auch anders sein …

1. Wenn Sie Ihr iPhone an iTunes angeschlossen haben, gelangen Sie unter der Rubrik **Infos**, wenn Sie etwas herunterscrollen, zu dem Menüpunkt **Mail-Accounts synchronisieren**.

2. Sollten Sie bereits über einen oder mehrere Mail-Accounts verfügen, werden sie Ihnen hier angezeigt. Sie können dann entscheiden, ob und – wenn ja – welche E-Mail-Accounts Sie synchronisieren möchten. Sie tun das, indem Sie ein Häkchen vor den entsprechenden Account ❶ setzen.

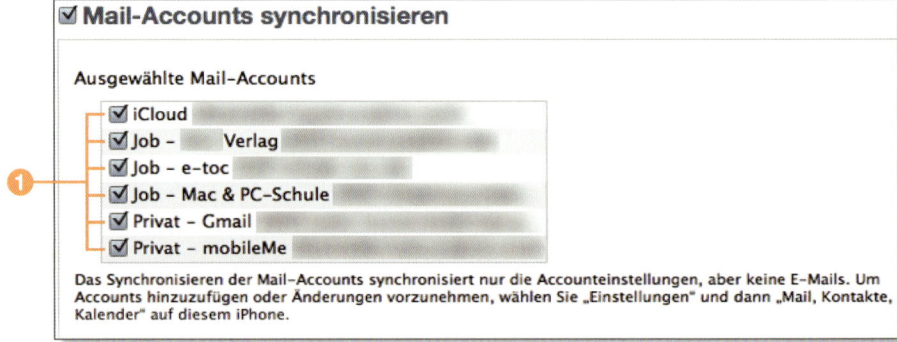

Beim nächsten Synchronisationsvorgang werden alle ausgewählten Mail-Accounts samt Login-Daten automatisch auf Ihr iPhone übertragen. Sie müssen dann keine weiteren Einstellungen mehr vornehmen.

3. Klicken Sie jetzt auf **Synchronisieren** ❷ und Ihre Mails werden übertragen.

Einen Account manuell anlegen und verwalten

Da Sie Ihr iPhone in Zukunft nicht mehr zwangsläufig mit iTunes synchronisieren müssen, können Sie auch auf Ihrem iPhone ganz eigenständig einen Mail-Account anlegen. Das ist natürlich auch möglich, wenn Sie Ihre Accounts mit iTunes abgleichen – ganz so, wie Sie mögen.

Um einen Mail-Account auf Ihrem iPhone einzurichten, gehen Sie also wie folgt vor:

1. Tippen Sie auf **Einstellungen** und hier dann auf **Mail, Kontakte, Kalender**.

2. Es öffnet sich der folgende Bildschirm, in dem bereits einige Mail-Accounts vorhanden sein können. Tippen Sie daher unten auf den Menüpunkt **Account hinzufügen...**, um einen neuen Mail-Account über Ihr iPhone hinzuzufügen.

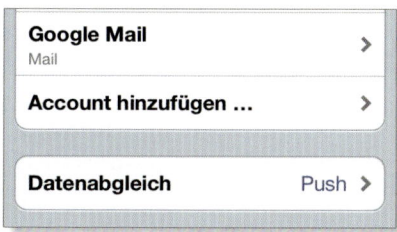

3. Es wird Ihnen – angefangen bei **iCloud** bis hin zu **MobileMe** – bereits eine ganze Reihe von Möglichkeiten angeboten. Interessant ist hier der letzte Punkt **Andere**, der Ihnen erlaubt, weitere Accounts einzurichten. Tippen Sie darauf, um einen neuen Account anzulegen.

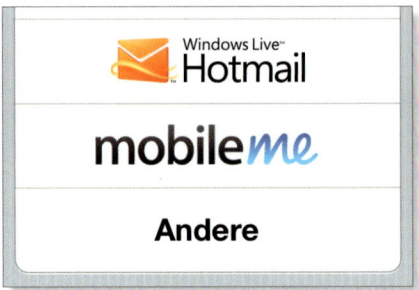

4. Es öffnet sich ein weiteres Fenster, in dem Sie entscheiden können, welche Art von Account Sie bevorzugen. In unserem Beispiel möchten wir einen Mail-Account anlegen, tippen Sie also auf **Mail-Account hinzufügen**.

5. Im Anschluss daran geben Sie nun Ihre Daten ein und tippen auf **Weiter**.

6. Ihr neuer Account wird dann der Liste Ihrer Mail-Accounts hinzugefügt. Die Daten für den Posteingangsserver und den Postausgangsserver müssen Sie in diesem Fall nicht eingeben, da es sich um einen bekannten Dienst handelt und die Daten automatisch übertragen werden.

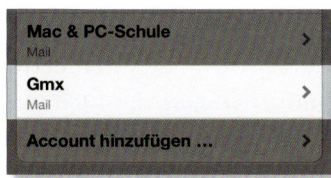

7. Wenn Sie die Daten Ihres Accounts einsehen möchten, tippen Sie den Account einfach an, und Sie bekommen alles in einer übersichtlichen Darstellung präsentiert.

Ist Ihr Passwort sicher?

Gerade in Zeiten wie diesen, wo nahezu an jedem Tag eine neue Meldung in den Nachrichten erscheint, dass wieder einmal eine Hackergruppe irgendwo eingedrungen ist, sollten Sie darauf achten, Ihr E-Mail-Passwort sicher zu gestalten. Unsichere Passwörter sind z. B. *Schatzi* oder *12345*. Selbst der dümmste Hacker hat solche Passwörter in Sekunden geknackt. Sichere Passwörter sind Kombinationen aus Buchstaben, Zahlen und Sonderzeichen (z. B.: *I-laII0ween#* oder *W^zYgJLW*). Je länger Ihr Passwort ist, desto sicherer ist es auch. Als sicher gelten Passwörter mit 20 Zeichen. Aber schon Passwörter mit obigem Aufbau bieten eine gute Grundsicherheit.

E-Mails schreiben, speichern und senden

Wenn Sie eine E-Mail schreiben möchten, ist das natürlich ganz einfach mit Ihrem iPhone möglich. Gehen Sie dafür wie folgt vor:

1. Tippen Sie als Erstes auf das Mail-Symbol, und es öffnet sich das Post-eingangsfenster. In diesem Fenster sehen Sie auf den ersten Blick alle Ihre Mail-Accounts.

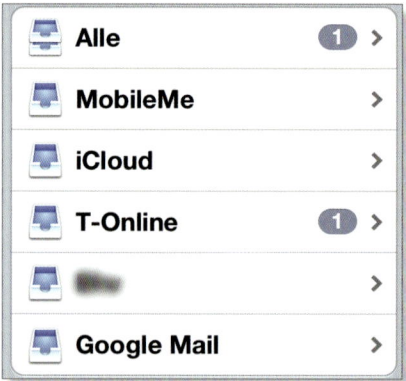

2. Anschließend tippen Sie auf das Symbol **Mail schreiben** ❶, das sich in der rechten unteren Ecke des Displays befindet.

3. Im Folgenden öffnet sich ein leeres E-Mail-Fenster, in das Sie in der oberen Hälfte die E-Mail-Adresse, eine Kopie der E-Mail und die Betreffzeile eingeben können, um dann im unteren Bereich den Text der eigentlichen E-Mail einzufügen. Die entsprechende Tastatur wird dabei sofort eingeblendet.

4. Sie können die E-Mail-Adresse des Absenders entweder manuell eingeben oder durch Antippen des Plus-Symbols oben rechts auf Ihren Kontakten hinzufügen. Sind der Absender hinzugefügt und die Betreffzeile
formuliert, können Sie den Text Ihrer E-Mail eingeben und mit einem
Tipp auf den **Senden**-Button Ihre E-Mail versenden.

E-Mails empfangen

Das Empfangen von E-Mails ist mit Ihrem iPhone ebenfalls sehr einfach. Um
alle Ihre E-Mails reibungslos empfangen zu können, sollten Sie im Vorfeld
eine Einstellung vornehmen. Im Folgenden zeige ich Ihnen, wie Sie dazu
vorgehen müssen.

1. Gehen Sie in die **Einstellungen** Ihres iPhones, und wählen Sie hier den
Menüpunkt **Mail, Kontakte, Kalender** aus. Im Bereich **Datenabgleich** stel-
len Sie die Einstellungen auf **Push**. Wählen Sie für jedes Postfach die
Konfiguration aus, die Sie verwenden möchten.

2. Stellen Sie ein Zeitintervall von z.B. 15 Minuten ein, und Sie können sich darauf verlassen, dass Ihre Mails automatisch von Ihrem Server abgerufen werden. Ungelesene Mails werden auf Ihrem iPhone mit einem blauen Punkt gekennzeichnet.

3. Wenn Sie einmal mit dem Finger auf die E-Mail tippen, wird sie sofort geöffnet, und der blaue Punkt verschwindet.

E-Mails in Ordnern sichern

Hin und wieder kann es vorkommen, dass Sie wichtige Mails erhalten, die Sie jedoch nicht ständig in Ihrem Posteingang behalten möchten. Zu diesem Zweck können Sie in jedem Ihrer Postfächer weitere Ordner anlegen, in die Sie Ihre E-Mails hineinkopieren können. Um eigene Ordner anzulegen, gehen Sie wie folgt vor:

1. Öffnen Sie Ihre E-Mail-App, und wählen Sie einen beliebigen Account aus, indem Sie darauftippen.

2. Tippen Sie nun oben rechts auf den **Bearbeiten**-Button ❶. Am unteren rechten Rand erscheint ein weiterer Button, der **Neues Postfach** ❷ heißt.

3. Tippen Sie darauf, und vergeben Sie einen Namen. Bestätigen Sie mit dem **Sichern**-Button. Der neue Ordner ist sofort einsatzbereit.

4. Um eine E-Mail in einem Ihrer Ordner zu sichern, müssen Sie nur die jeweilige E-Mail aufrufen und auf das kleine Ordner-Symbol in der Tab-leiste ❶ tippen. Navigieren Sie in den entsprechenden Ordner, den Sie dann mit einem Finger-Tipp auswählen können.

5. Die E-Mail wird daraufhin in diesem Ordner gesichert, und Sie können sie jederzeit einsehen.

Löschen von E-Mails

Um E-Mails von Ihrem iPhone zu löschen, gibt es mehrere Möglichkeiten, die ich Ihnen hier vorstellen möchte.

1. Streichen Sie mit dem Finger von links nach rechts über die Vorschau der zu löschenden E-Mail. Es erscheint auf der rechten Seite ein **Lö-schen**-Button, den Sie nur antippen müssen. Schon ist die E-Mail ver-schwunden.

2. Tippen Sie in Ihrem Posteingang ganz oben rechts auf den **Bearbeiten**-Button ❷.

3. Markieren Sie nun alle zu löschenden E-Mails, und tippen Sie auf den **Löschen**-Button ❸.

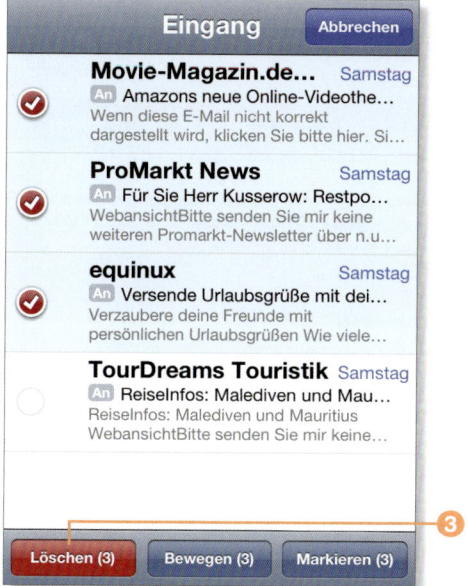

4. Öffnen Sie eine E-Mail, und tippen Sie auf das Papierkorb-Symbol in der Tableiste ❹, um die E-Mail zu löschen.

E-Mails suchen

Mit der Zeit sammelt sich eine ganze Reihe von E-Mails an. Vielleicht verfügen Sie sogar über mehrere E-Mail-Accounts? Dann kann die Anzahl der gesendeten oder empfangenen E-Mails schnell unübersichtlich werden. Was, wenn Sie aber eine bestimmte E-Mail benötigen und danach suchen wollen? Das ist für Ihr iPhone kein Problem; erfahren Sie hier, wie das geht.

1. Öffnen Sie zuerst Ihre E-Mail-App, und tippen Sie, falls Sie über mehrere Accounts verfügen, unter **Postfächer** auf **Alle** .

2. Als Nächstes tippen Sie in das am oberen Rand erscheinende Suchfeld, das Ihnen daraufhin vier Kategorien (**Absender**, **An**, **Betreff**, **Alle**) anbietet, nach denen Sie suchen können.

3. Wählen Sie eine Kategorie, und geben Sie dann Ihren Suchbegriff ein. Noch während Sie tippen, erscheinen die ersten Suchergebnisse.

4. Tippen Sie dann auf das entsprechende Suchergebnis, und die E-Mail wird geöffnet.

Mehrere E-Mail-Accounts auf einen Blick

Im vorangegangenen Abschnitt habe ich bereits etwas vorweggenommen, auf das ich hier näher eingehen möchte. Es geht darum, dass Sie mehrere E-Mail-Accounts mit Ihrem iPhone verwalten können.

Wenn Sie bereits einige E-Mail-Accounts auf Ihrem iPhone eingerichtet haben, können Sie auch ganz einfach alle Accounts auf einmal abfragen. Tippen Sie dazu auf das Symbol Ihrer E-Mail-Applikation. Sie sehen dann alle von Ihnen eingerichteten Mail-Accounts. Um alle Ihre E-Mail-Accounts auf einmal anschauen zu können, müssen Sie nun auf den oberen Sammel-Account **Alle** tippen.

E-Mail-Adressen aus Kontakten verwenden

Um mit Ihrem iPhone eine E-Mail schreiben zu können, müssen Sie die E-Mail-Adresse nicht immer manuell eingeben. Sie können dabei auch auf die in Ihren Kontakten gespeicherten E-Mail-Adressen zurückgreifen.

1. Wenn Sie das E-Mail-Fenster geöffnet haben, tippen Sie auf das Symbol für neue Mails unten rechts in der Ecke Ihres E-Mail-Programms.

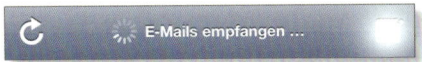

2. Es öffnet sich nun eine neue E-Mail, an dessen oberer rechter Ecke sich ein blaues Plus-Symbol ❶ befindet. Tippen Sie darauf, um Ihre Kontaktliste einsehen zu können.

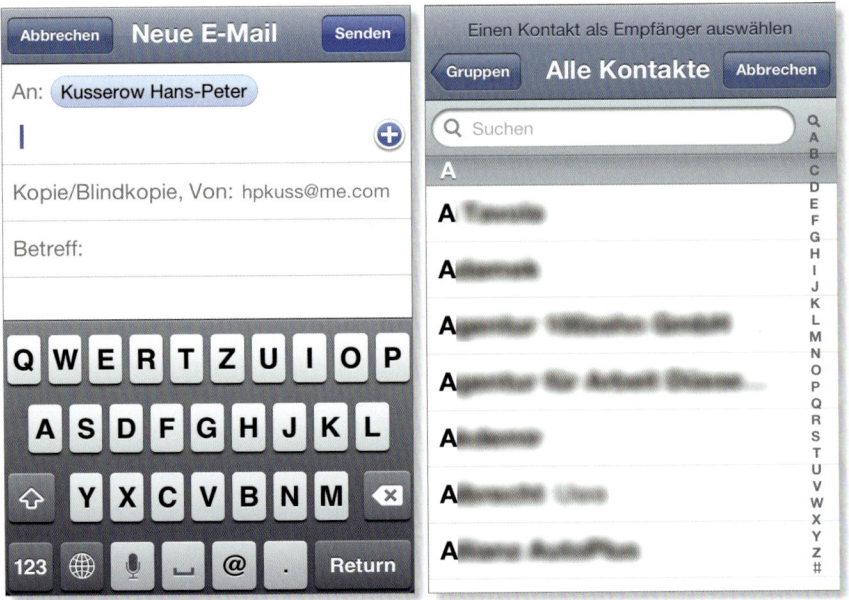

3. Im nächsten Schritt wählen Sie nun den gewünschten Kontakt aus, indem Sie einmal darauftippen.

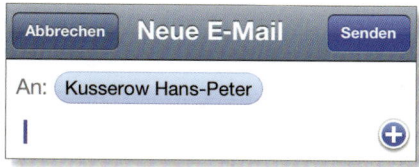

Der ausgewählte Kontakt wird nun im Absenderfeld angezeigt.

TIPP

Was tun, wenn ein Absender mehrere E-Mail-Adressen hat?

Gehen Sie in diesem Fall genauso vor, wie gerade beschrieben. Der einzige Unterschied besteht darin, dass Sie nun den kompletten Kontakt angezeigt bekommen, aus dem Sie die entsprechende E-Mail-Adresse manuell auswählen können.

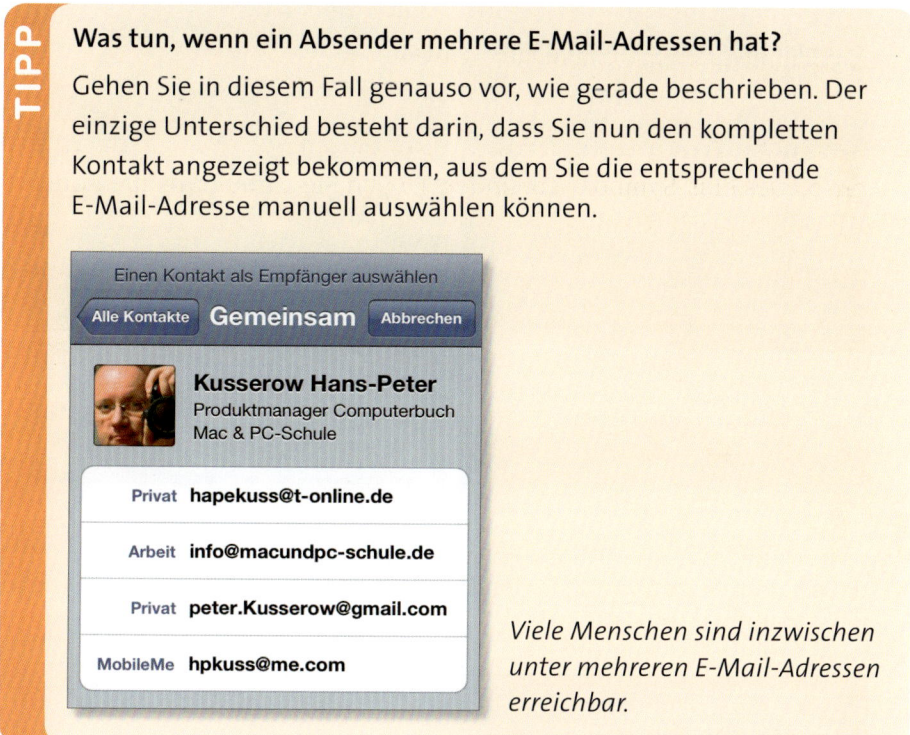

Viele Menschen sind inzwischen unter mehreren E-Mail-Adressen erreichbar.

Bilder und andere Medien versenden

Wie mit einem normalen Computer können Sie auch mit dem iPhone verschiedene Medien, z.B. Bilder oder Filme, an andere Smartphones oder Computer schicken. Die eingefügten Medien werden dann als Anhang einer Mail versendet.

Ein Bild versenden

1. Um ein Bild zu versenden, öffnen Sie die Foto-App auf Ihrem iPhone und darin das Bild Ihrer Wahl.

2. Tippen Sie nun links unten auf den **Versenden**-Button ❶. Daraufhin öffnet sich ein Auswahlfeld, in dem Sie **Per E-Mail senden** an oberster Stelle auswählen.

3. Bevor Sie nun Ihre Mail versenden können, müssen Sie festlegen, wie groß die Datei sein soll, die Sie versenden möchten. Sie können zwischen vier verschiedenen Optionen (**Klein**, **Mittel**, **Groß** und **Originalgröße**) wählen.

4. Es öffnet sich das Mail-Fenster und hierin das Bild, das Sie ausgewählt haben. Sie müssen nun nur noch die entsprechende E-Mail-Adresse und einen Betreff angeben, Ihre E-Mail schreiben und versenden.

Mehrere Bilder auf einmal versenden

Selbstverständlich können Sie auch mehrere Bilder auf einmal versenden und müssen dafür nicht immer eine neue Mail erstellen.

1. Tippen Sie direkt oben rechts auf den **Versenden**-Button ❷, und wählen Sie dann mit einem Finger-Tipp auf die Bildervorschau die Bilder aus, die Sie versenden möchten. Das ausgewählte Bild wird mit einem Häkchen gekennzeichnet. Ist Ihre Auswahl vollständig, tippen Sie links unten auf den **Senden**-Button ❸.

2. Sie erhalten nun eine Auswahl von Möglichkeiten. Tippen Sie auf den Button **Per E-Mail senden**.

3. Auch in diesem Fall können Sie über die Größe der verwendeten Bilder entscheiden. Wählen Sie das Format Ihrer Wahl, und versenden Sie Ihre Bilder.

Ein Video versenden

Genauso, wie Sie vorhin die Bilder versendet haben, können Sie auch Ihre Videos per E-Mail versenden. Das Ganze funktioniert genauso wie bei den Bildern und ist schnell erledigt.

1. Um ein selbst gedrehtes Video zu versenden, müssen Sie lediglich in Ihrer Foto-App auf das entsprechende Video tippen, um es zu öffnen.

2. Anschließend wählen Sie dann den Button **Per E-Mail senden** aus.

3. Daraufhin wird Ihr selbst gedrehtes Video komprimiert und als MOV-Format in eine E-Mail eingefügt. Sie müssen nun lediglich noch den Adressaten der E-Mail, eine Betreffzeile und einen beliebigen Text eingeben, um die E-Mail zu versenden.

Eigene E-Mail-Signaturen verwenden

E-Mails haben häufig eine Signatur. Die Signatur können Sie natürlich auch selbst erstellen und an Ihre Bedürfnisse anpassen.

1. Wechseln Sie hierzu zunächst in das Menü **Einstellungen** und hier in den Bereich **Mail, Kontakte, Kalender**. Scrollen Sie etwas herunter bis zum Menüpunkt **Signatur**, den Sie einfach antippen.

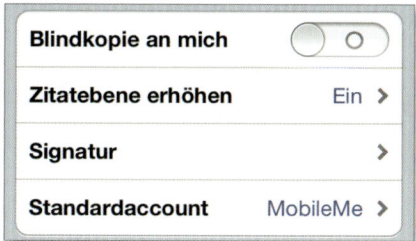

2. Geben Sie in das weiße Feld jetzt eine beliebige Signatur ein.

3. Beenden Sie diese Aktion, indem Sie den Home-Button einmal drücken. Von nun an wird jede Ihrer E-Mails mit der neu erstellten Signatur versehen.

Kopien der gesendeten Mails speichern

Sollten Sie der besseren Übersicht halber eine Kopie aller Ihrer gesendeten E-Mails benötigen, können Sie dies ganz einfach einstellen.

1. Tippen Sie auch diesmal wieder auf **Einstellungen** und anschließend auf **Mail, Kontakte, Kalender**.

2. Scrollen Sie hinunter bis zur Option **Blindkopie an mich**. Aktivieren Sie diese.

3. Von nun an werden Sie von jeder E-Mail, die Sie selbst geschrieben haben, eine Kopie erhalten.

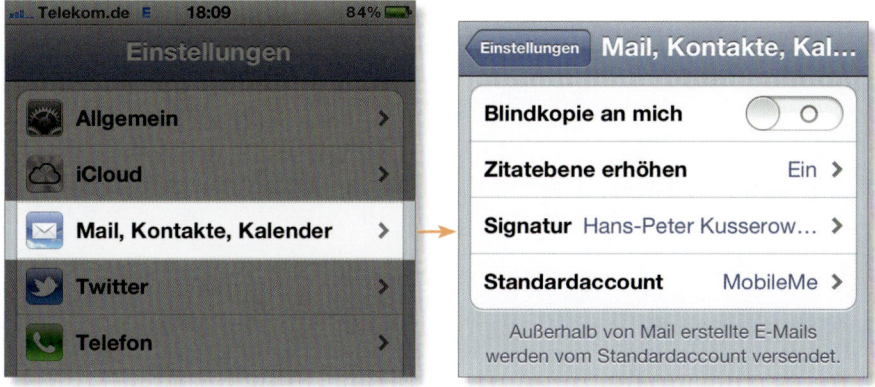

Töne für E-Mails einrichten

Um immer direkt darüber informiert zu werden, dass Sie eine E-Mail bekommen haben, können Sie sich beim Eingang von E-Mails mit einem Ton benachrichtigen lassen – und natürlich auch beim erfolgreichem Versenden von E-Mails.

1. Dazu tippen Sie wieder auf **Einstellungen** und dann auf **Töne**. Scrollen Sie den Bildschirm etwas herunter, und tippen Sie auf **Neue E-Mail**.

2. Im folgenden Fenster können Sie dann zwischen den verschiedenen Tönen wählen.

3. Die Auswahl des Tons für ausgehende E-Mails nehmen Sie genauso vor, wie eben beschrieben.

Kapitel 7
Kalender, Erinnerungen & Kontakte

Zu einem ordentlichen Smartphone gehören natürlich auch eine ausgereifte Kalender- und Erinnerungsfunktion und eine gute Kontaktverwaltung. Das neue iPhone 4S bringt genau das mit. Darüber hinaus arbeiten beide Funktionen perfekt zusammen.

Der Kalender ❶ funktioniert nun auch im Querformat; neu hinzugekommen ist die Erinnerungsfunktion ❷, und altbekannt ist die Kontaktverwaltung ❸.

173

Der Kalender

Der Kalender ist eine der Applikationen, die es schon seit der ersten Version des iPhones gibt. Sie ist kontinuierlich verbessert worden. So sind auch in der neuesten Version des Kalenders wieder einige neue Features hinzugekommen. Im Folgenden möchte ich Ihnen zeigen, wie Sie den Kalender sinnvoll einsetzen können.

Der Kalender im iPhone erinnert Sie nicht nur an Ihre Termine, sondern er kann Sie auch an die Geburtstage Ihrer Kontakte erinnern. Darüber hinaus können Sie öffentliche Kalender, etwa Mondphasen oder den Spielekalender Ihrer Lieblingsmannschaft, abonnieren und Ihre Kalender mit anderen teilen, indem Sie bestimmte Kalender freigeben.

Standardmäßig ist der Kalender so eingerichtet, dass er über eine Synchronisation mit iTunes auf Ihr iPhone übertragen wird. iOS 5 ermöglicht es Ihnen aber ebenso, den Kalender und alle anderen Funktionen des iPhones autark zu verwenden. Es ist dann keine Synchronisation mit einem Computer mehr zwingend erforderlich.

Um Ihre Kalender sowohl auf dem iPhone als auch in Ihrem Computer auf dem gleichen Stand zu halten, können Sie sie via iCloud synchronisieren. Wie das funktioniert, erfahren Sie etwas später in diesem Kapitel.

Die Ansichten des Kalenders

Der Kalender des iPhones bestand bisher immer aus drei verschiedenen Ansichten, der Listenansicht, der Tagesansicht und der Monatsansicht. Mittlerweile ist er aber um eine weitere Ansicht erweitert worden. Im Folgenden lernen Sie die einzelnen Ansichten näher kennen.

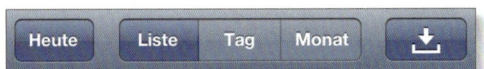

Um in die Listenansicht zu gelangen, müssen Sie lediglich auf das Kalender-Symbol tippen, um den Kalender zu öffnen. Klicken Sie dann unten auf die Registerkarte **Liste** ❶. Ebenso gehen Sie vor, um in die Tagesansicht ❷ und die Monatsansicht ❸ zu gelangen.

Die drei Ansichten Ihres Kalenders. Jede hat ihre Vorteile, je nachdem, ob Sie nur einen Tag oder eine längere Übersicht über Ihre Termine sehen möchten.

INFO

Besonderheiten der Monatsansicht

Um feststellen zu können, an welchen Tagen Sie Termine eingetragen haben, bedient sich die Monatsansicht eines kleinen Punktes, der unterhalb des jeweiligen Tages zu erkennen ist. An Tagen, an denen kein Termin eingetragen ist, fehlt auch der Punkt.

Sind einmal mehrere Termine an einem Tag eingetragen worden, sind diese unterhalb der Monatsansicht nicht alle auf einmal darstellbar. Scrollen Sie in der Ansicht etwas nach unten, um weitere Termine sehen zu können. Der aktuelle Tag wird in der Ansicht blau hervorgehoben.

Die neue Wochenansicht

Die Wochenansicht ist in iOS 5 hinzugekommen. Sie kann nicht über die Registerkarten ausgewählt werden, die Sie bereits kennengelernt haben, sondern sie erscheint, wenn Sie Ihr iPhone um 90° drehen. Es ist dabei egal, in welche Richtung Sie das iPhone drehen.

HINWEIS

Ausrichtungssperre ausschalten

Aufgepasst: Ihr iPhone verfügt über eine Ausrichtungssperre, das bedeutet, dass sich die Display-Ansicht beim Drehen des iPhones nicht ändert. Ist diese Ausrichtungssperre eingeschaltet, funktioniert die Wochenansicht nicht. Schalten Sie die Ausrichtungssperre aus, indem Sie doppelt auf den Home-Button drücken und in der Multitasking-Ansicht mit dem Finger alle Apps nach ganz rechts aus dem Bild wischen, bis Sie zu folgender Ansicht gelangen:

Termine anlegen und einzelnen Kalendern zuweisen

Selbstverständlich müssen Sie nicht alle Ihre Termine am Computer erstellen, sondern Sie können auch Termine von unterwegs aus problemlos mit Ihrem iPhone anlegen. Nach der nächsten Synchronisation mit Ihrem Computer sind dann wieder alle Termine abgeglichen.

> **HINWEIS**
>
> **Synchronisation über die iCloud**
>
> Sie müssen nicht in jedem Fall eine manuelle Synchronisation durchführen, um die Termine mit Ihrem Computer abzugleichen. Sie können das fortan auch über die iCloud erledigen. Hierzu müssen Sie allerdings einige Einstellungen ändern. Wie das geht, erfahren Sie in Kapitel 9, »Synchronisieren mit iCloud«.

Um einen Termin in Ihrem iPhone anzulegen, gehen Sie wie folgt vor:

1. Öffnen Sie die Kalender-App, und tippen Sie oben rechts auf das Plus-Symbol. Dabei ist es egal, in welcher Ansicht Sie sich gerade befinden.

2. Es öffnet sich der Monitor, auf dem Sie die Einzelheiten eines neuen Ereignisses eingeben können. Beginnen Sie mit Titel und Ort.

3. Das nächste Feld legt die zeitliche Ausdehnung des Ereignisses und die Zeitzone fest. Sie können Tag und Uhrzeit einstellen, indem Sie die Segmente der »Trommel« in die gewünschte Richtung drehen. Handelt es sich um ein ganztägiges Ereignis, schieben Sie den Regler nach rechts, und die

Zeitangaben verschwinden. Es bleibt lediglich die Datumseingabe stehen. Bestätigen Sie Ihre Eingaben mit dem **Fertig**-Button oben rechts.

4. Im folgenden Feld können Sie festlegen, ob das Ereignis sich wiederholen soll oder nicht. Bestätigen Sie auch diese Aktion mit dem **Fertig**-Button.

5. Möchten Sie einen Teilnehmer hinzufügen, der an diesem Ereignis teilnehmen soll, erledigen Sie dies im nächsten Feld **Teilnehmer**. Geben Sie hier die E-Mail-Adressen der Teilnehmer Ihres Meetings ein.

6. Nachdem Sie das Ereignis erstellt haben, wird eine entsprechende Einladungs-E-Mail an alle Teilnehmer versendet.

7. Bestätigen die Teilnehmer Ihre Anfrage, ist das sofort erkennbar.

8. Als Nächstes legen Sie fest, wann Sie sich an das Ereignis erinnern lassen möchten. Bestätigen Sie auch diese Eintragung. Sie können auch noch eine zweite Erinnerung einfügen, um sich zu verschiedenen Zeiten an den Termin erinnern zu lassen.

9. Legen Sie nun noch fest, zu welchem Kalender das Ereignis gehören soll. Hierzu ist es notwendig, im Vorfeld bereits mehrere Kalender angelegt zu haben. Wie das funktioniert, erfahren Sie in Abschnitt »Mehrere Kalender nutzen«, ab Seite 183.

10. Zum Schluss können Sie noch die Verfügbarkeit angeben. Handelt es sich lediglich um einen Kalendereintrag, der nur etwas verzeichnen soll, ohne dass Sie daran teilnehmen müssen, tippen Sie auf **Frei**. Handelt es sich um einen Termin, an dem Sie teilnehmen müssen, tippen Sie auf **Beschäftigt**.

11. Sie können jetzt noch eine Internetadresse oder Notizen eingeben, um auch Ihren anderen Teilnehmern weitere Informationen zu diesem Meeting zu geben oder für sich selbst eine Erinnerungsstütze zu haben.

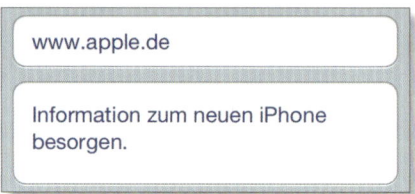

12. Der Kalendereintrag wird daraufhin angelegt, und Sie können ihn z. B. in der Tagesansicht einsehen.

Geburtstagskalender und wiederkehrende Ereignisse anlegen

Sie können in Ihrem iPhone-Kalender auch sogenannte *Geburtstagskalender* führen. Die Informationen des Geburtstagskalenders entnimmt Ihr iPhone dem Geburtsdatum, das Sie in den Kontakten hinterlegen können. Sie müssen diesen Kalender lediglich freischalten, damit Sie die entsprechenden Einträge in der Kalenderansicht sehen können. Hierbei gehen Sie wie folgt vor:

1. Öffnen Sie die Kalender-App, und tippen Sie oben links auf den Button **Kalender**.

2. Daraufhin werden Ihnen, nach Accounts sortiert, alle Ihre Kalender angezeigt. Scrollen Sie ganz nach unten. Hier finden Sie in der Rubrik **Andere** den Eintrag **Geburtstage**. Tippen Sie ihn an, und aktivieren Sie diese Rubrik, was Sie daran erkennen, dass ein Häkchen gesetzt wird **1**.

3. Alle Geburtstage, die Sie in Ihren Kontakten eingetragen haben, werden nun in Ihrem Kalender angezeigt.

Wiederkehrende Ereignisse anlegen

Aus jedem Ereignis können Sie ganz schnell eine sogenannte *Ereignisserie* erstellen. Das sind Ereignisse, die in bestimmten Abständen wiederkehren. Jahrestage zählen ebenso dazu wie die jährlichen Ferien. Um nicht für jeden einzelnen Ferientag ein neues Ereignis erstellen zu müssen, können Sie sogenannte *wiederkehrende Ereignisse* definieren.

Angenommen, Sie möchten sich an jedem zweiten Samstag im Monat mit Ihren Freunden treffen, können Sie hierfür ein wiederkehrendes Ereignis definieren.

1. Erstellen Sie zuerst an einem Samstag zu der von Ihnen definierten Zeit das entsprechende Ereignis. Anschließend tippen Sie auf **Wiederholen** **1** (siehe Seite 182), und es öffnen sich die entsprechenden Einstellungen, die Sie für verschiedene Wiederholungen auswählen können.

2. Tippen Sie auf **Alle 2 Wochen**, und bestätigen Sie mit dem **Fertig**-Button.

3. Nun können Sie noch einstellen, wie oft sich das Ereignis wiederholen soll. Tippen Sie hierzu auf **Beenden**.

4. Geben Sie auf dem folgenden Bildschirm entweder ein manuelles Enddatum ein, oder tippen Sie auf den Button **Unendlich wiederholen**. Beenden Sie Ihre Einstellungen mit dem **Fertig**-Button.

Kalendereinträge löschen

Kalendereinträge können Sie auch ganz schnell wieder loswerden, wenn Sie sie nicht mehr benötigen.

1. Hierzu tippen Sie im entsprechenden Kalendereintrag einfach auf den Button **Bearbeiten**.

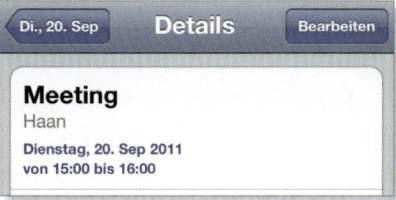

2. Scrollen Sie bis zum Ende, und tippen Sie auf den Button **Ereignis löschen** und bestätigen Sie noch einmal.

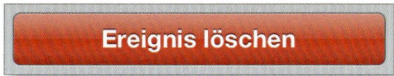

Fertig! Das Ereignis ist gelöscht.

Mehrere Kalender nutzen

Eine größere Übersicht erhalten Sie, wenn Sie sich mehrere Kalender anlegen. Sie können beliebig viele private, berufliche und andere Kalender nutzen. Jeden einzelnen Kalender können Sie mit einer anderen Farbe versehen, sodass Sie schon auf den ersten Blick erkennen können, ob es sich um ein privates, ein berufliches, ein wichtiges oder ein anderes Ereignis handelt.

1. Um weitere Kalender zu erstellen, öffnen Sie Ihre Kalender-App und tippen oben links auf den **Kalender**-Button. Sie sind nun in der Ansicht, in der alle Ihre Kalender angezeigt werden.

2. Tippen Sie nun oben links auf den **Bearbeiten**-Button; es erscheint bei jedem Ihrer Accounts ein **Hinzufügen...**-Button. Tippen Sie darauf, um einen neuen Kalender hinzuzufügen.

3. Der neue Kalender heißt standardmäßig **Neuer Kalender**. Wollen Sie den Namen ändern, tippen Sie auf das kleine Kreuz am rechten Rand und geben dann einen eigenen Namen ein.

4. Wählen Sie dann noch eine Farbe aus, und bestätigen Sie Ihre Wahl mit dem **Fertig**-Button.

Sie können Ihren neuen Kalender jetzt verwenden.

Die Erinnerungen-App

Früher musste man immer einen Termin anlegen, um sich an bestimmte Dinge erinnern zu lassen. Das gehört nun der Vergangenheit an. Apple hat in iOS 5 eine neue App integriert, die Ihre Erinnerungen verwaltet und speichert. Eine Erinnerung erstellen Sie genauso einfach wie einen Termin.

Eine Erinnerung erstellen

1. Öffnen Sie die Erinnerungen-App, tippen Sie auf das Plus-Symbol in der rechten oberen Ecke, und geben Sie Ihren Erinnerungstext ein, oder diktieren Sie ihn. Schließen Sie Ihre Aktion mit dem **Fertig**-Button ab.

2. Tippen Sie nun auf die gerade erstellte Erinnerung und dort auf den Eintrag **Erinnerung**, um den Tag und die Zeit festzulegen, zu der Sie erinnert werden möchten. Bestätigen Sie diese Eingabe ebenfalls mit dem **Fertig**-Button.

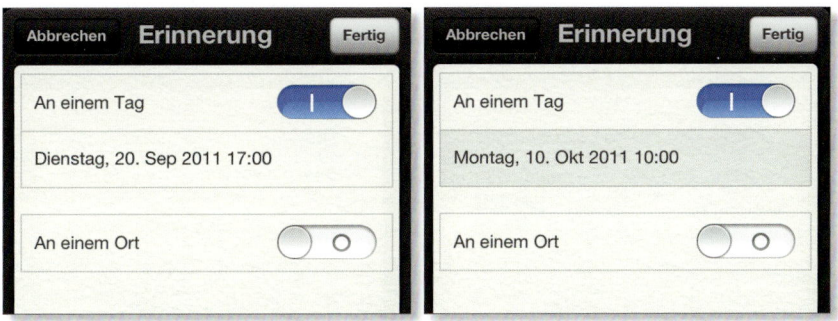

3. Sie können darüber hinaus festlegen, ob das Erinnerungsereignis wiederholt werden soll oder nicht.

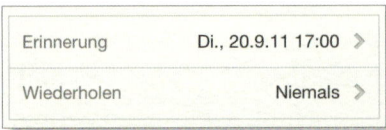

4. Tippen Sie auf **Mehr anzeigen…**, können Sie noch eine Priorität angeben und Ihre Erinnerung einer Liste zuordnen.

5. Darüber hinaus können Sie noch weitere Notizen einfügen, die im Zusammenhang mit Ihrer Erinnerung wichtig sein könnten.

Der Erinnerung einen Ort zuweisen

Sie können einer Erinnerung aber nicht nur eine Zeit zuordnen, sondern auch noch einen Ort. Angenommen, Sie möchten sich zu einem Essen in einem bestimmten Restaurant verabreden, können Sie dies an dieser Stelle tun.

1. Tippen Sie auf die entsprechende Erinnerung, und aktivieren Sie den Schieberegler **An einem Ort**. Tippen Sie auf **Aktueller Ort**, und geben Sie auf dem nächsten Bildschirm eine entsprechende Adresse ein.

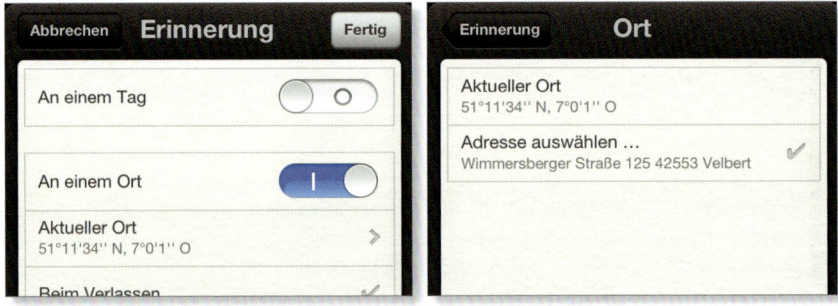

2. Bestimmen Sie nur noch, ob Sie beim Verlassen oder bei der Ankunft erinnert werden möchten. In diesem Fall habe ich das Häkchen auf **Bei der Ankunft** gesetzt.

Eine Erinnerungskategorie erstellen

Um einen besseren Überblick über Ihre verschiedenen Erinnerungen zu behalten, ist es sinnvoll, verschiedene Kategorien zu erzeugen, um die Erinnerungen zuzuordnen. Erzeugen Sie z. B. Kategorien wie **Privat** oder **Geschäftlich**.

1. Um verschiedene Erinnerungskategorien erzeugen zu können, gehen Sie oben auf den Eintrag **Liste**. Links daneben befindet sich eine weitere Schaltfläche, die Sie antippen müssen.

2. Standardmäßig befinden sich hier zwei Listen – eine ist mit **Erledigt** und eine mit **Erinnerungen** überschrieben. Möchten Sie eine weitere Liste hinzufügen, tippen Sie oben rechts auf den **Bearbeiten**-Button.

3. Tippen Sie nun auf **Neue Liste erstellen**..., geben Sie einen entsprechenden Listennamen ein, und bestätigen Sie mit dem **Fertig**-Button oben links.

4. Sie können nun in der Listenansicht zwischen drei verschiedenen Bildschirmen wechseln.

Erzeugen Sie auf diese Weise beliebig viele Listen, sodass Sie den optimalen Überblick über Ihre Erinnerungen behalten.

Nach bestimmten Erinnerungen suchen

Je nachdem, wie oft Sie die Erinnerungsfunktion benutzen, können sich mit der Zeit eine ganze Menge Erinnerungen ansammeln, sodass Sie den Überblick verlieren. Deshalb können Sie in Ihren Erinnerungen nach bestimmten Details und Begriffen suchen.

1. Um nach Erinnerungen zu suchen, können Sie entweder über den Eintrag **Liste** oder **Datum** suchen. Tippen Sie jeweils auf den links stehenden Button, um in die Suche zu gelangen.

2. Tippen Sie nun auf das Feld **Erinnerungen suchen**. Geben Sie Ihren Such-begriff ein, oder diktieren Sie ihn, und schon nach wenigen Augenbli-cken wird ihr iPhone Ihnen erste Vorschläge machen.

3. Tippen Sie auf einen dieser Vorschläge, und Sie gelangen sofort zu der gesuchten Erinnerung.

Kontakte verwalten

Eine der wichtigsten Funktionen eines Smartphones wie dem iPhone ist es, Kontakte zu verwalten. Im Laufe der Zeit sammeln sich eine ganze Reihe verschiedenster Kontakte an, die es zu kategorisieren und zu verwalten gilt. Ein Kontakt kann hierbei ein einfacher Name, gefolgt von einer Tele-fonnummer, sein. Ein Kontakt kann aber noch viel mehr beinhalten; neben weiteren Telefonnummern und Faxnummern auch E-Mail-Adressen, Web-seiten, Adressen, Firmennamen, Positionen, Geburtstage und vieles mehr. Sie sehen, ein Kontakt ist ein mächtiges Datenpaket. Im Folgenden zeige ich Ihnen, wie Sie derartige Kontakte auf Ihrem iPhone anlegen und verwalten können.

Einen neuen Kontakt anlegen

Beginnen wir damit, einen Kontakt auf dem iPhone anzulegen. Bevor je-doch ein Kontakt angelegt wird, möchte ich mit einer Vorüberlegung be-ginnen. Um nämlich Ihre Kontakte entsprechend gut sortiert angezeigt zu bekommen, müssen Sie im Vorfeld festlegen, wie dies erfolgen soll.

1. Gehen Sie hierzu in die **Einstellungen**, und wählen Sie **Mail, Kontakte, Kalender**.

2. Scrollen Sie etwas herunter, bis Sie zu dem Punkt **Kontakte** gelangen. Legen Sie hier die **Sortierfolge** und die **Anzeigefolge** für Ihre Kontakte fest.

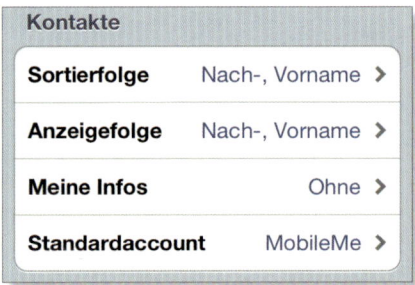

3. Es kommt auf Ihre Gewohnheit an; ich habe zuerst den Nachnamen und dann den Vornamen als Sortierkriterien gewählt.

4. Legen Sie nun noch Ihren Standard-Account fest. Dieser wird in der Regel Ihr normaler E-Mail-Account sein.

Nachdem Sie die nötigen Voreinstellungen vorgenommen haben, können Sie nun endlich darangehen, einen neuen Kontakt anzulegen. Folgen Sie dazu dieser Anleitung:

1. Öffnen Sie die Kontakte-App, und tippen Sie oben rechts auf das Plus-Symbol.

2. Daraufhin öffnet sich das leere Kontaktfenster, in das Sie Ihre Eingaben machen können.

3. Beginnen Sie mit **Nachname**, **Vorname** und bei Bedarf mit **Firma**. Im nächsten Feld können Sie Telefonnummern eingeben, wobei sie das jeweilige Etikett noch ändern können. Dazu tippen Sie auf den blauen Begriff vor dem Wort **Telefon** ❶. Es öffnet sich eine Etikettenliste, aus der Sie das passende Etikett auswählen können.

4. Diese Etiketten können Sie auch Ihren eigenen Wünschen anpassen, indem Sie auf den **Bearbeiten**-Button tippen. Etiketten, vor denen ein rotes

Minus-Symbol ❶ steht, können Sie löschen, und durch Antippen des Plus-Symbols ❷ können Sie ein eigenes Etikett hinzufügen. Bestätigen Sie Ihre Änderung mit dem **Fertig**-Button.

5. Als Nächstes geben Sie Ihre E-Mail-Adresse – oder auch mehrere – ein. Auch hier können Sie, wie schon bei den Telefonnummern, die Etiketten entsprechend anpassen.

6. Im nächsten Schritt können Sie für Telefonate einen **Klingelton** und für eingehende SMS einen entsprechenden **SMS-Ton** festlegen. Tippen Sie hierzu auf die entsprechende Rubrik, und wählen Sie Ihren Lieblingston aus der Liste aus.

7. Falls Sie eine eigene Homepage haben, können Sie die URL an dieser Stelle Ihrem Kontakt hinzufügen.

8. Zu einem vollständigen Datensatz gehört immer auch die postalische Anschrift, die Sie in der Rubrik **Neue Adresse hinzufügen** einfügen können. An dieser Stelle können Sie auch mehrere Adressen eingeben, wenn Sie z. B. noch eine weitere geschäftliche Adresse haben. Ändern Sie das Etikett entsprechend von **Privat** in **Geschäftlich**.

9. Ist das erledigt, können Sie dem Kontakt noch ein Geburtsdatum hinzufügen ❶, sodass Sie an den Geburtstag erinnert werden. Wie die Ge-
burtstagserinnerung eingestellt wird, haben Sie bereits im Abschnitt
»Geburtstagskalender und wiederkehrende Ereignisse anlegen«, ab Seite 180 erfahren. Wenn Sie nicht genau wissen, in welchem Jahr derje-
nige, dessen Kontakt Sie anlegen, geboren wurde, müssen Sie seit iOS
5 nicht mehr zwingend ein Jahr eingeben, Tag und Monat sind ausreichend ❷.

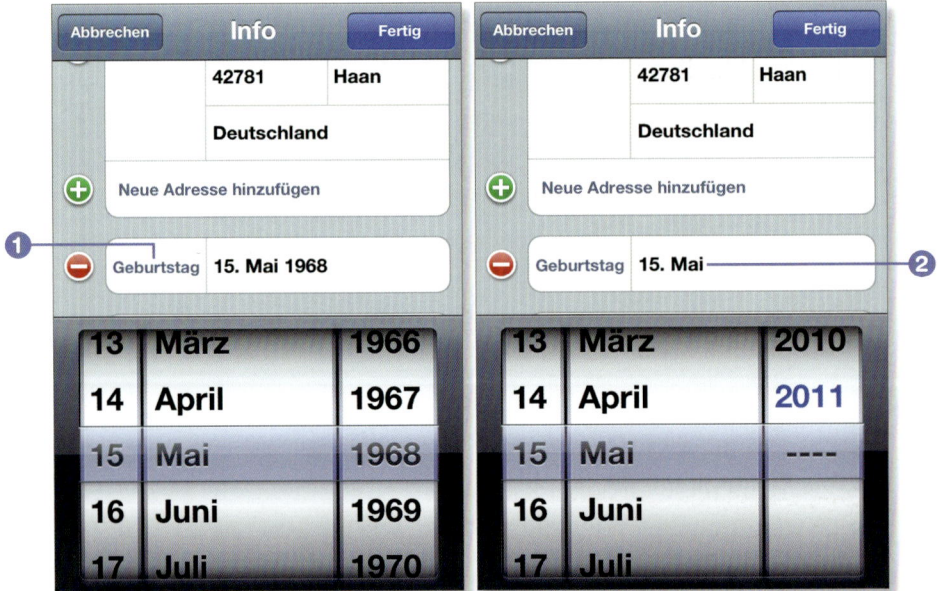

10. Falls Sie noch ein Foto Ihres Kontakts haben, können Sie es oben links neben der Adresse einfügen. Tippen Sie auf **Foto hinzufügen**, und entscheiden Sie, ob Sie ein neues Foto aufnehmen ❸ oder eins aus Ihrem Fotoalbum verwenden möchten ❹.

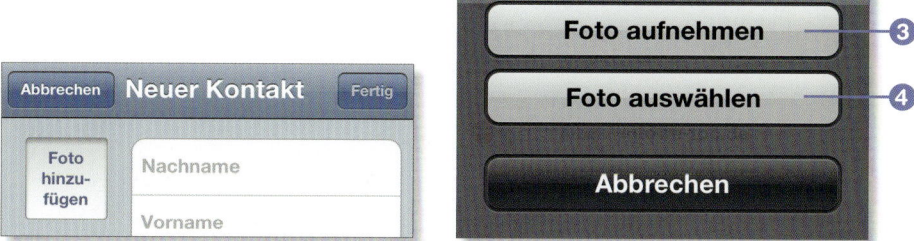

11. Wenn Sie ein Foto aufnehmen möchten, wird die in Ihrem iPhone integrierte Kamera gestartet, und Sie können das Foto aufnehmen. Gefällt es Ihnen, können Sie es noch auf dem Bildschirm bewegen und in der Größe skalieren ❺. Ist alles nach Ihren Wünschen, tippen Sie auf den Button **Foto benutzen** ❻.

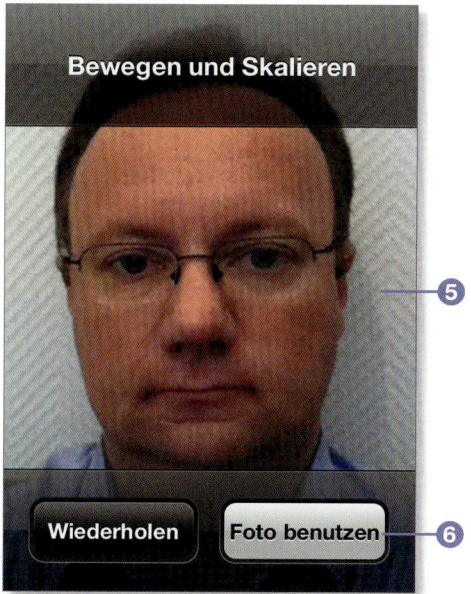

12. Es ist geschafft! Sie haben einen kompletten Kontakt erstellt.

TIPP

Andere Bilder als Kontaktbilder nutzen

Sie müssen nicht unbedingt Bilder von Personen als Kontaktbild nutzen. Wenn Sie z. B. für den Kontakt Ihres persönlichen Bankmanagers kein Bild besitzen, das Sie verwenden können, können Sie sich in der Google-Bildersuche auch andere Bilder, etwa das Logo der Bank oder Geldmünzen, herunterladen und diese anstelle eines Fotos als Kontaktbild einbinden.

Kontakte in Gruppen verwalten

Um etwas Ordnung in Ihre Kontakte zu bringen, können Sie mit Gruppen arbeiten. Das bedeutet, dass Sie bestimmte Personen einer bestimmten Gruppe zuordnen, z. B. Familie, Beruf etc. Diese Zuordnung müssen Sie jedoch an Ihrem PC oder Mac vornehmen, da das iPhone selbst keine Gruppen erstellen kann.

Wenn Sie Ihr iPhone mit dem Computer synchronisieren, werden auch die von Ihnen erstellten Gruppen synchronisiert, und Sie können von Ihrem iPhone darauf zugreifen.

1. Um die entsprechenden Gruppen angezeigt zu bekommen, gehen Sie in die Kontakt-App und tippen anschließend links oben auf den Button **Gruppen**.

2. Die Gruppen Ihrer Accounts werden daraufhin angezeigt. Wenn Sie auf eine Gruppe tippen, werden nur die Kontakte eingeblendet, die zu dieser Gruppe gehören.

3. Tippen Sie erneut auf den Button **Gruppen**, und Sie kehren zurück in die Übersicht über Ihre Gruppen.

4. Um wieder alle Kontakte einsehen zu können, tippen Sie auf den Button **Alle Kontakte**.

Sie sehen, mit dieser Gruppenübersicht gelangen Sie relativ schnell zum Ziel.

Kontakte löschen

Wenn Sie einen Kontakt nicht mehr benötigen, können Sie ihn problemlos wieder von Ihrem iPhone löschen.

1. Öffnen Sie dazu die Kontakt-App, und tippen Sie auf den Kontakt, den Sie löschen wollen. Tippen Sie auf **Bearbeiten**.

2. Scrollen Sie bis zum Ende des Kontakts herunter. Tippen Sie auf **Kontakt löschen**.

3. Bestätigen Sie den Löschvorgang noch einmal, und der Kontakt wird von Ihrem iPhone entfernt.

Gezielt nach Kontakten suchen

Erfahrungsgemäß füllt sich eine Kontaktliste sehr schnell, und mit der Zeit wird es unübersichtlich. Um sich also nicht immer manuell durch Hunderte von Kontakten wühlen zu müssen, verwenden Sie die integrierte Suche, die Sie schnell zum gewünschten Kontakt führt.

1. Öffnen Sie die Kontakt-App, und tippen Sie auf das Lupen-Symbol ❶ in der rechten Ecke.

2. Geben Sie einen beliebigen Begriff ein, und blitzschnell wird Ihnen der entsprechende Kontakt angezeigt.

Kapitel 8

Weitere interessante Apps

Ich möchte Ihnen nun noch einige weitere interessante Apps vorstellen, die Sie sicherlich auch nützlich finden werden. Denn gerade die zahlreichen Apps machen das iPhone ja zu einem so interessanten Handy.

Das iPhone verfügt über weitere interessante Apps wie: Wetter ❶, Notizen ❷, Taschenrechner ❸, Kompass ❹, Sprachmemos ❺, Game Center ❻, Cards ❼ und Freunde ❽.

Wissen, wie das Wetter wird – die Wetter-App

Eine der meistgenutzten Funktionen auf dem iPhone überhaupt ist neben E-Mail und Safari sicherlich die Wetter-App. Sie zeigt Ihnen das Wetter der Orte, von denen Sie eine Vorhersage benötigen. Und das Beste: Das aktuelle Wetter wird sofort in der Benachrichtigungszentrale angezeigt.

Und so fügen Sie Orte hinzu, deren Wetterlage angezeigt werden soll:

1. Starten Sie die Wetter-App, und tippen Sie rechts unten auf das kleine **i** ❶, um auf den Informationsbildschirm zu gelangen.

2. Tippen Sie anschließend in der oberen linken Ecke auf das Plus-Symbol ❷, und geben Sie einen Städtenamen Ihrer Wahl ein. Wählen Sie anschließend noch die Einheit **°C** ❸ aus.

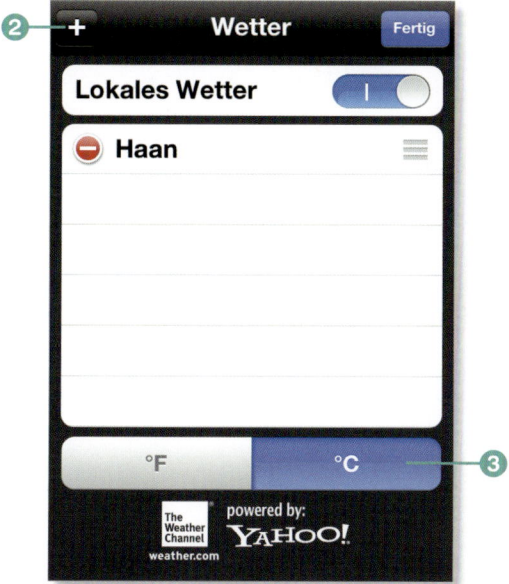

3. Wenn Sie eine Wettervorschau von mehreren Städten wünschen, können Sie hier weitere Städtenamen eingeben. Mit einem Fingerwischen wechseln Sie zwischen den einzelnen Städten. Der Punktindikator am unteren Rand zeigt Ihnen, wo genau Sie sich befinden.

4. In iOS 5 neu hinzugekommen ist die Möglichkeit der stündlichen Wetteransicht. Diese aktivieren Sie, indem Sie unterhalb des aktuellen Tages mit dem Finger nach unten streichen. Sie können die Ansicht auch wieder nach oben streichen und so einen Überblick über die nächsten zwölf Stunden bekommen.

Zu viele Städte?

Theoretisch können Sie so viele Städte wie möglich eingeben, um sich das aktuelle Wetter anzeigen zu lassen. Allerdings werden Sie feststellen, dass es immer länger dauern wird, bis Sie die Wetterinformationen für Ihre Städte erhalten. Lassen Sie sich also besser nicht zu viele Städte anzeigen, und wechseln Sie lieber öfter mal.

Das Wetter in der Benachrichtigungszentrale

Ebenfalls neu in iOS 5 ist die Benachrichtigungszentrale. Egal, in welcher Anwendung Sie sich befinden, können Sie diese Infoansicht aus dem oberen Bildschirmrand nach unten herausziehen.

1. Standardmäßig ist das lokale Wetter der erste Punkt in dieser Ansicht.

2. Deaktivieren Sie den Schalter **Lokales Wetter**, wird in der Benachrichtigungszentrale das lokale Wetter nicht angezeigt, sondern das Wetter der Stadt, die an oberster Stelle steht.

INFO

Wetter aus dem Ausland abrufen

Wenn Sie das Wetter aus dem Ausland abrufen wollen bzw. im Ausland die Benachrichtigungszentrale öffnen, kann das zu erhöhten Roaming-Kosten führen.

Eine kleine Gedankenstütze – die Notizen-App

Wer kennt das nicht? Tausend Listen, die auf irgendwelchen zusammengeschriebenen Zetteln in irgendwelchen Ecken herumliegen. Die Notizen-App macht Schluss damit. Alles, was Sie dringend benötigen aber nie bei sich haben, nämlich Ihre wichtigen Notizen, können Sie ab jetzt auf Ihrem iPhone sammeln.

1. Wenn Sie die Notizen-App öffnen, sehen Sie zuerst alle Überschriften für bereits gesammelte Notizen untereinander und rechts mit dem Erstellungsdatum versehen. Tippen Sie auf eine Notizzeile, und schon öffnet sich die entsprechende Notiz.

2. Möchten Sie eine neue Notiz hinzufügen, tippen Sie oben rechts einfach auf das Plus-Symbol ❶, und beginnen Sie, die neue Notiz zu schreiben oder mithilfe von Siri zu diktieren. Haben Sie die Eingabe abgeschlossen, tippen Sie auf den **Fertig**-Button ❷.

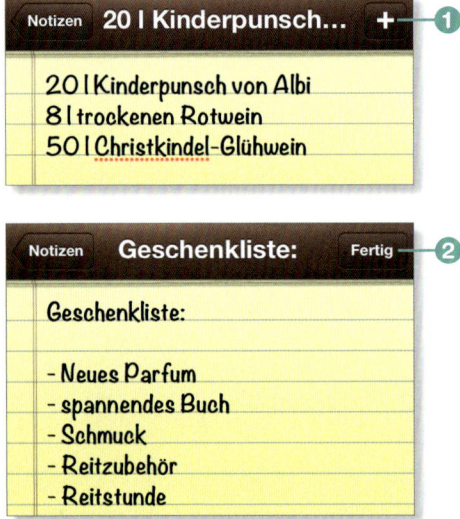

3. Wie Sie sehen, ist die erste Zeile immer die Überschriftenzeile, an der Sie Ihre Notiz und deren Inhalt erkennen können.

In der Regel haben Sie auf Ihrem iPhone mehrere Accounts, aus denen heraus Sie Ihre Notizen synchronisieren bzw. in denen Sie sie erstellen können. Diese Accounts heißen **Alle Notizen**, **Von meinem Mac/PC** und **iCloud**.

Tippen Sie auf einen der Accounts, und es werden Ihnen die Notizen angezeigt, die zu diesem Account gehören.

Wenn Sie sich aktuell in einer Notiz befinden, erkennen Sie am unteren Rand eine Navigationsleiste, die einige Funktionen zur Verfügung stellt.

Mit den beiden äußeren Pfeilen ❶ und ❹ können Sie zur vorherigen bzw. weiter zur nächsten Notiz springen.

Der zweite Button ❷ dient dazu, die aktuelle Notiz per E-Mail zu versenden oder auszudrucken, mit dem dritten Button ❸ löschen Sie die Notiz.

INFO

Drahtlos drucken via AirPrint

Wenn Sie eine Notiz von Ihrem iPhone auf Ihrem Drucker ausgeben möchten, stellen Sie sicher, dass es sich bei Ihrem Drucker um ein AirPrint-fähiges Gerät handelt. Ob Ihr Drucker AirPrint-fähig ist, erfahren Sie unter folgendem Link: *http://support.apple.com/kb/ HT4356?viewlocale=de_DE*

Die Taschenrechner-App

Mir sind Zahlen ein Graus. Besonders das Kopfrechnen macht mir Mühe. Wie gut, dass das iPhone den Taschenrechner gleich mitliefert. Das Beste daran: Drehen Sie Ihr iPhone ins Querformat, und Sie können auf noch mehr Rechenfunktionen zurückgreifen.

Der Standardtaschenrechner des iPhones beherrscht die normalen Grundrechenarten wie jeder andere handelsübliche Taschenrechner auch und hat ebenfalls einige Speicherfunktionen integriert.

Wenn Sie die Tasten für die Addition, Subtraktion, Multiplikation und Division einmal gedrückt haben, erkennen Sie dies daran, dass die jeweiligen Tasten mit einem weißen Ring umgeben sind.

Darüber hinaus beherrscht er das Rechnen mit negativen Zahlen, wofür Sie die +/- -Taste ❶ verwenden können.

Im Folgenden möchte ich Ihnen zunächst erklären, wie Sie den Taschen-rechner im einfachen Modus benutzen können.

Taste	Funktion
C	Löscht die im Display stehende Zahl.
mc	Diese Taste löscht alle Daten im Speicher.
m+	Diese Taste fügt die dargestellte Zahl dem Speicher hinzu. Befindet sich keine Zahl im Speicher, tippen Sie darauf, um die aktuelle Zahl dem Speicher hinzuzufügen.
m-	Mit dieser Taste subtrahieren Sie die aktuell dargestellte Zahl vom Speicher.
mr	Diese Taste ersetzt den Speicher durch den aktuellen Dis-play-Inhalt. Verfügt der Speicher bereits über Inhalt, wird dies durch einen weißen Ring um die Taste dargestellt.

Weiter geht es mit den fortgeschrittenen Funktionen des Rechners. Sie einzuschalten ist ganz einfach. Wenn Sie Ihr iPhone in die waagerechte Position bringen, ändert sich auch die Anzeige des Taschenrechners, und er wird von einem einfachen zu einem wissenschaftlichen Taschenrechner und bietet deutlich mehr Funktionen.

HINWEIS

Weiterrechnen trotz anderer Ausrichtung

Übrigens: Wenn Sie mal während einer Rechenoperation, bei der Sie den Speicher verwenden, in den wissenschaftlichen Modus umschalten müssen, bleibt der Speicherinhalt bestehen und steht Ihnen weiterhin zur Verfügung.

In diesem Modus verfügt er zusätzlich noch über eine zweite Tastenbelegung, die Sie mit der 2nd -Taste ❶ aktivieren können. Ist die zweite Tastenbelegung aktiviert, erkennen Sie das an der farbigen Hervorhebung der 2nd -Taste. Die Tastenbelegung ändert sich dann wie folgt:

Ein zweites Tippen auf diese Taste führt dazu, dass die ursprüngliche Tastenbelegung wiederhergestellt wird. Im Folgenden möchte ich Ihnen die Funktion der wichtigsten dieser Tasten kurz erklären.

Taste	Funktionsweise
( )	Öffnet bzw. schließt einen Klammerausdruck. Klammerausdrücke können ineinander verschachtelt werden.
%	Mithilfe dieser Taste können Sie Prozentwerte berechnen. So verwenden Sie die Taste in Berechnungen zusammen mit der Multiplikationstaste: 100 x 5 % = Das Ergebnis ist 5.
	Oder mit der Additions- oder Subtraktionstaste: Möchten Sie einen Komplettpreis inklusive 19 % MwSt. errechnen, geben Sie z. B. Folgendes ein: 100 + 19 % = Das Ergebnis ist 119. Oder andersherum: Sie bekommen einen Rabatt von 19 %, dann geben Sie bitte Folgendes ein: 100 – 19 % = Das Ergebnis ist 81.
1/x	Das Drücken der Taste stellt den Kehrwert der eingegeben Zahl dar. Der Kehrwert von 10 ist bspw. 1/10, also 0,1.
x^2	Nimmt die eingegebene Zahl zum Quadrat.

Taste	Funktionsweise
y^x	Diese Taste zeigt die x-te Potenz einer Zahl y.
$\sqrt{}$	Diese Taste führt eine Quadratwurzelberechnung aus.
sin	Diese Taste stellt den Sinus einer Zahl dar.
cos	Diese Taste stellt den Cosinus eines Wertes dar.
tan	Diese Taste stellt den Tangens einer Zahl dar.
π	Gibt die π-Konstante aus (π = 3,14159 ...).
Rand	Diese Taste zeigt eine zufällige Zahl zwischen 0 und 1 an.

Wie Sie sehen, ist die mitgelieferte Taschenrechner-App schon recht gut ausgestattet und für die gebräuchlichsten Funktionen vorbereitet.

Der Kompass

 Manche Dinge benötigt man nicht so häufig. Ein Kompass mag dazugehören. Allerdings wollen auch Sie sicherlich schon mal wissen: Wo ist eigentlich Norden? Hat unser Garten wirklich eine Südlage? Bei diesen und ähnlichen Fragen hilft Ihnen die Kompass-App schnell und unkompliziert weiter.

Es kann vorkommen, dass nach dem Starten der App der Kompass nicht einwandfrei funktioniert. In diesem Fall wird auf der Kompassfläche eine Kalibrierungsfunktion eingeblendet. Sie müssen Ihr iPhone in der Form einer Acht bewegen. Anschließend ist der Kompass wieder funktionsfähig.

Er zeigt nun die richtige Richtung an, wenn Sie Ihr iPhone waagerecht zum Boden auf die Hand legen.

Am unteren Rand befindet sich eine Infoleiste, die in der Mitte ❶ eine Angabe darüber macht, auf welchem Breitengrad und Längengrad Sie sich befinden.

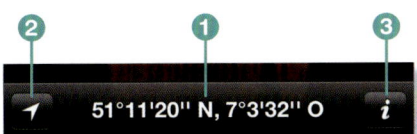

Links auf der Infoleiste befindet sich ein kleiner Pfeil ❷, der, wenn Sie darauftippen, die Karten-App öffnet und Ihren aktuellen Standort präzise anzeigt.

Rechts unten befindet sich noch ein kleines i ❸. Dahinter verbirgt sich eine Einstellung, die zwischen geographischem und magnetischem Norden unterscheidet.

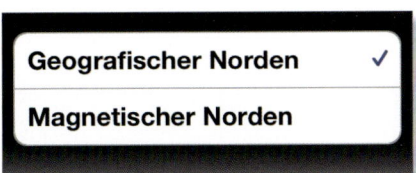

Es wird darüber hinaus noch angezeigt, in welche Richtung Sie mit dem iPhone blicken. Je kleiner der Winkel zwischen den beiden Strichen ist ❹, desto genauer ist Ihre Kompassmessung.

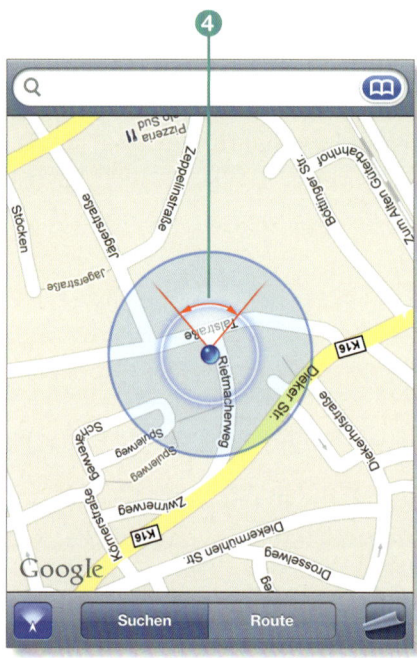

Ich habe beide Optionen ausführlich getestet, konnte allerdings keinen nennenswerten Unterschied zwischen beiden Einstellungen entdecken.

HINWEIS

Genauigkeit des Kompasses

Die Genauigkeit des Kompasses nimmt ab, wenn sich magnetische oder elektromagnetische Gegenstände in der Nähe Ihres iPhones befinden und so die richtige Peilung stören. Selbst die in den iPhone-Kopfhörern integrierten Magnete können, wenn sie sich zu dicht am iPhone befinden, Störungen verursachen.

Eigene Sprachmemos aufnehmen

Sie möchten schnell mal etwas notieren oder den Briefanfang an einen Freund diktieren? Oder vielleicht möchten Sie einen Kommentar aus dem Radio aufnehmen? Wenn Sie erst einmal darüber nachdenken, fallen Ihnen sicherlich noch viele Situationen ein, in denen Sie die Sprachmemo-App verwenden könnten.

Die Sprachmemo-App des iPhones kommt sehr nostalgisch daher, da sie durch ein altes Mikrofon und einen analogen Pegelmesser dargestellt wird.

Eine eigene Sprachmemoaufnahme erstellen Sie so:

1. Um ein Sprachmemo aufzunehmen, tippen Sie unten links auf den roten Button **1**. Dieser Button wird daraufhin zu einem **Play/Pause**-Button **2**, mit dem Sie jederzeit und beliebig oft Ihre Aufnahme unterbrechen können, um sie später an derselben Stelle wieder zu starten.

2. Haben Sie Ihre Aufnahme beendet, tippen Sie auf den rechten Button ❸, der sich während der Aufnahme in den **Stop**-Button ❹ verwandelt hat.

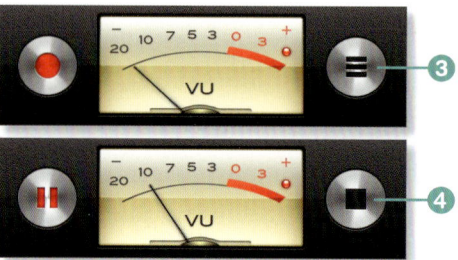

3. Wenn eine Aufnahme läuft, wird dies durch einen roten Balken am oberen Rand des Bildschirms dargestellt. Wird die Aufnahme angehalten, ist auch das dort sichtbar.

Um eine Sprachmemoaufnahme abzuhören, tippen Sie auf den rechten Button ❺. Sie gelangen auf den Bildschirm, der alle Ihre Aufnahmen anzeigt.

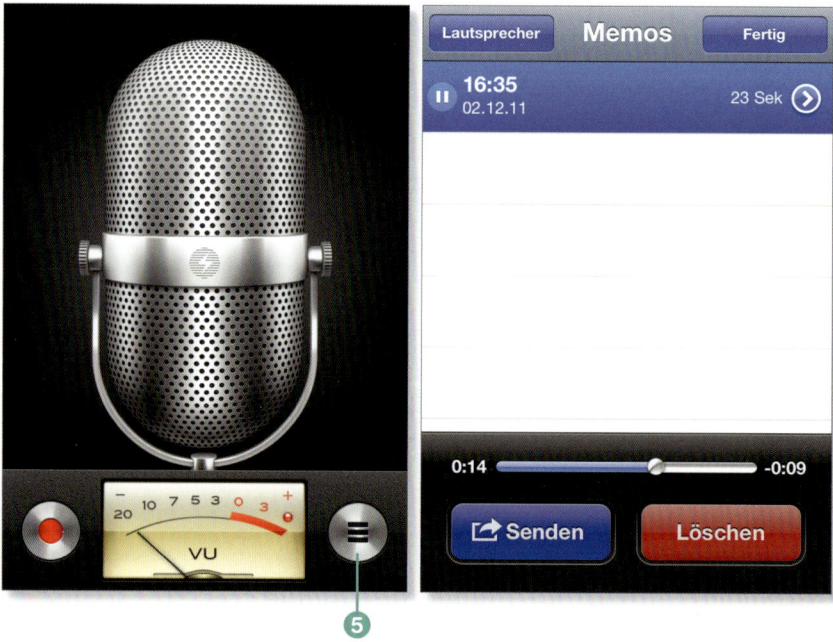

Durch Antippen des kleinen blauen Play-Symbols können Sie das Abhören der Aufnahme jederzeit stoppen und wieder starten.

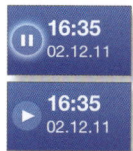

Wenn Ihr Memo einmal etwas zu lang geraten ist, können Sie es auf die richtige Länge kürzen. Hierzu tippen Sie auf den kleinen blauen Pfeil an der rechten Seite des jeweiligen Memos, und es öffnet sich ein Bildschirm, der Ihnen Informationen über Ihr Memo anzeigt. Tippen Sie hier auf den Button **Memo kürzen**.

In diesem Bildschirm können Sie sich Ihr Memo noch einmal anhören, indem Sie auf das kleine Play-Symbol tippen und die Laufleiste dann am Anfang oder am Ende entsprechend zusammenschieben. Ist alles zu Ihrer Zufriedenheit erledigt, tippen Sie auf den Button **Sprachmemo kürzen**.

Selbstverständlich können Sie Ihre Aufnahme auch umbenennen. Sie muss nicht so heißen wie die Uhrzeit, zu der sie aufgenommen wurde.

1. Tippen Sie dazu rechts auf den kleinen Pfeil, und Sie gelangen zu einem Bildschirm, der Ihnen verschiedene Etiketten anbietet. Wählen Sie eines davon aus.

2. Oder vergeben Sie einen eigenen Namen, indem Sie unten auf **Eigenes** tippen und dann im folgenden Bildschirm einen Namen eingeben.

3. Nach der nächsten Synchronisation mit Ihrem Computer werden Sie die entsprechenden Memodateien, so, wie Sie sie benannt haben, in iTunes wiederfinden.

	✓	Name	Dauer	Art	Interpret	Hinzugefügt
1	✓	Memo	0:07	AAC-Audio...	Testgerät	05.12.11 10:55
2	✓	Podcast	0:12	AAC-Audio...	Testgerät	05.12.11 10:55

Sie können das aufgenommene Sprachmemo auch versenden. Sie haben zwei Möglichkeiten dazu:

1. Möglichkeit 1: Sie tippen in der Übersicht auf den **Senden**-Button. Möglichkeit 2: Sie tippen zuerst das entsprechende Memo an und versenden es dann.

2. In beiden Fällen können Sie entscheiden, ob Sie Ihre Memos per E-Mail oder als Nachricht (MMS) versenden möchten.

3. Schreiben Sie jeweils bei Bedarf noch ein paar Zeilen dazu, und versenden Sie Ihr Memo durch Antippen des **Senden**-Buttons.

Das neue Game Center

Online Gaming war lange Zeit die Killerapplikation auf dem PC. Mit dem neuen Game Center, das noch mehr kann als sein Vorgänger, macht das Online-Spielen auf dem iPhone jetzt noch mehr Spaß.

1. Starten Sie das Game Center, und melden Sie sich mit Ihrer Apple-ID an. Entscheiden Sie auf den nächsten Bildschirmen, ob Sie ein öffentliches Profil verwenden und Ihre Kontakte als Basis für Freundschaften nutzen möchten, und geben Sie Ihren Kurznamen (Spitznamen) ein.

2. Als Nächstes können Sie noch ein Bild einfügen, das Sie entweder schnell selbst aufnehmen oder aus Ihrer Fotobibliothek entnehmen können.

3. Sie erhalten dann folgende Meldung, die Sie einfach bestätigen müssen. Hier gilt allerdings, dass sie lediglich Gültigkeit hat, wenn Sie Ihren Account öffentlich machen.

Da es sich bei den hier versammelten Spielen um Online-Spiele handelt, können Sie natürlich Freunde einladen, mit denen bzw. gegen die Sie dann spielen können.

Tippen Sie dazu in der Tableiste auf den Button **Freunde**. Wählen Sie anschließend den entsprechenden Kontakt aus Ihrer Kontaktliste aus, und versenden Sie die E-Mail mit dem **Senden**-Button. Natürlich können Sie auch den Text nach Belieben ändern.

Im Tab **Spiele** befinden sich alle die Spiele, die Sie auf Ihrem iPhone haben und die bereits online-fähig sind. In diesem Beispiel finden Sie fünf Spiele und die entsprechenden Ergebnisse, die im Verhältnis zu anderen Spielern stehen.

Ganz oben finden Sie einen großen Button ❶, über den Sie weitere Empfehlungen zu Online-Spielen erhalten. Sie bekommen darüber hinaus Bewertungen und sehen, ob es sich bei den Spielen um kostenpflichtige oder Gratisspiele handelt.

Tippen Sie auf ein Spiel Ihrer Wahl, und schauen Sie sich die Bestenliste, die Erfolge und die Spieler an.

Tippen Sie auf den **Gratis**-Button ❷, und Sie gelangen in den App Store, wo Sie das Spiel herunterladen können, um es dann sofort zu spielen. Etwaige In-App-Käufe können Sie ebenfalls bereits hier einsehen.

Ihren Game-Center-Account überprüfen

Sie können Ihre Account-Einstellungen direkt aus dem Game Center heraus überprüfen. Gehen Sie hierzu auf den Ich-Button in der Tableiste, und tippen Sie auf Ihren Account. Das eingeblendete Overlay zeigt als ersten Punkt den Button **Überprüfen**.

Tippen Sie darauf, und es öffnet sich ein weiterer Bildschirm, der die Eingabe Ihres Passworts erfordert. Tippen Sie Ihr Passwort ein, und bestätigen Sie es mit **OK**.

Nun können Sie Ihren Game-Center-Account einsehen. Hier können Sie folgende Einstellungen nach Ihren Wünschen anpassen: Bestimmen Sie, ob Sie Spieleinladungen akzeptieren möchten ❶, ob Ihr Profil öffentlich sichtbar sein soll ❷, stellen Sie weitere E-Mail-Adressen ein ❸, ändern Sie Ihren Kurznamen ❹, bearbeiten Sie Ihre Apple-ID ❺, oder stellen Sie eine andere Region ein ❻.

Um sich wieder aus dem Game Center abzumelden, tippen Sie in der Tableiste auf den **Ich**-Button und anschließend auf Ihren Account. Es öffnet sich ein Overlay, in dem Sie lediglich auf **Abmelden** tippen müssen.

Viel Spaß beim Spielen!

Postkarten versenden mit Cards

Sie sind mal wieder im Urlaub gewesen und haben vergessen, Karten zu schreiben, weil das irgendwie lästig ist? Ab jetzt macht das Kartenschreiben Spaß, da Sie eigene Fotos verwenden können, um hochwertige Karten an Ihre Freunde und Verwandten zu versenden.

Das Beste daran: Sie müssen im Ausland keine Karten mehr kaufen, die Ihnen nicht gefallen, und auch keine Briefmarken. Sie müssen zukünftig auch keinen Briefkasten mehr suchen. Das ist doch was, oder?! Und so erstellen Sie eine Karte:

1. Wenn Sie das erste Mal in der Cards-App sind, müssen Sie zuerst einmal festlegen, ob Cards Ihren aktuellen Ort verwenden und Ihnen Push-Mitteilungen senden darf. Ist das erledigt, können Sie mit der Erstellung einer Karte beginnen, indem Sie auf den **Erstellen**-Button tippen.

2. Insgesamt haben Sie die Auswahl zwischen 21 verschiedenen Layouts, die in sechs Kategorien unterteilt sind. Am unteren Rand des Bildschirms sind diese Kategorien zu erkennen; Sie können sich jedoch auch alle Kategorien auf einmal anzeigen lassen. Um von einer Vorlage zur anderen zu gelangen, wischen Sie von rechts nach links über das Display.

3. Wenn Sie sich für ein Layout entschieden haben, tippen Sie es einfach an, und schon sind Sie im Bearbeitungsmodus. Machen Sie ein Foto, oder wählen Sie eins aus Ihrer Fotobibliothek aus.

4. Positionieren Sie das Bild in dem Rahmen, und tippen Sie auf den **An-wenden**-Button. Tippen Sie als Nächstes auf den **Innen**-Button, und bearbeiten Sie Ihren Text.

 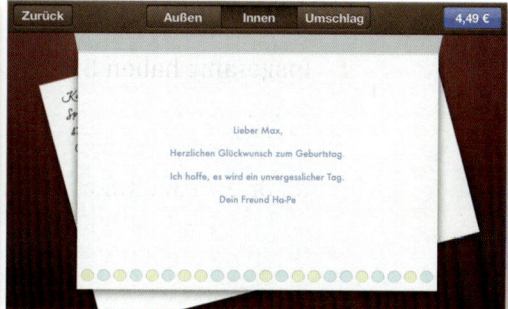

5. Anschließend tippen Sie auf **Umschlag** und können nun die Absenderadresse eingeben. Sie können das manuell machen, indem Sie auf **Bearbeiten** tippen und eine Adresse für den Absender eingeben; oder Sie tippen auf **Auswählen...** und wählen eine Absenderadresse aus Ihren Kontaktdaten. Verfahren Sie bei der Eingabe der Empfängeradresse genauso. Ist alles nach Ihren Wünschen erledigt, tippen Sie oben rechts auf den Preis.

6. Um die Karte zu kaufen, müssen Sie auf den Button **Jetzt kaufen** tippen und im Anschluss die Bestimmungen akzeptieren, indem Sie den Regler nach rechts schieben und mit **OK** bestätigen. Geben Sie zum Schluss noch die Apple-ID und Ihr Kennwort ein, und schon wird die Karte gekauft und an den Adressaten versendet.

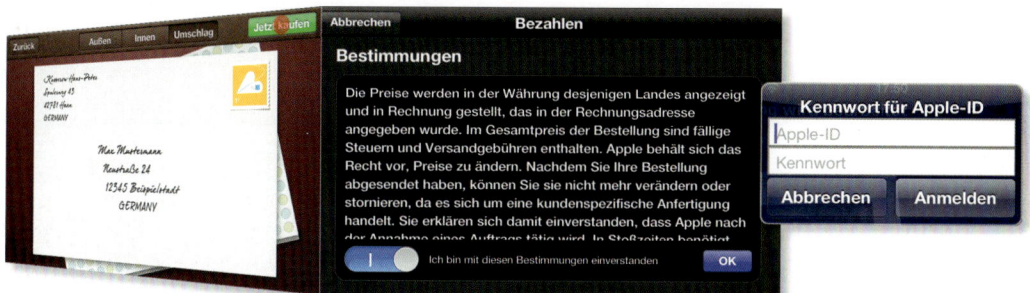

Wissen, wo Ihre Freunde sind: Die App »Freunde«

Sie wollen sich mit Freunden auf einer Veranstaltung treffen, oder Sie wissen, dass Ihr Freund im gleichen Ort Urlaub macht wie Sie? Finden Sie den exakten Standort Ihrer Freunde, und machen Sie es sich dadurch einfacher, sich zu treffen.

1. Melden Sie sich zuerst einmal selbst mit Ihrer Apple-ID an. Hierzu müssen Sie nach der Kennworteingabe noch einige Einstellungen bestätigen: Darf »Freunde« Ihnen Push-Mitteilungen senden? Darf »Freunde« Ihren aktuellen Ort verwenden? Und darf der Standort dieses iPhone freigegeben werden? Ohne diese Einstellungen funktioniert die App nicht so, wie sie sollte, weswegen alle Anfragen positiv beantwortet werden müssen.

Jetzt können Sie darangehen, einen oder mehrere Ihrer Freunde einzuladen, sodass Sie hinterher sehen können, wo er/sie sich aufhält.

2. Tippen Sie hierzu auf den **Einladen**-Button, wählen Sie einen Ihrer Kontakte aus, verfassen Sie einen persönlichen Einladungstext, und tippen Sie auf **Senden**.

3. Daraufhin bekommen Sie die Meldung, dass die Anfrage gesendet wurde und Sie nach der Bestätigung Ihrer Freunde Ihrer Position folgen können. Bestätigen Sie diese Meldung ebenfalls.

Sie können sich auch nur für eine bestimmte Zeit mit einem Freund verbinden, um ihn z. B. an seinem Urlaubsort zu besuchen oder sich an einem Messetag auf dem Messegelände zu finden etc.

1. Tippen Sie dazu in der Tableiste auf **Temporär** und anschließend auf den **Einladen**-Button.

2. Wird die Einladung bestätigt, sind in dieser Zeit alle Teilnehmer sichtbar.

Um das »Freundefinden« sinnvoll zu gestalten, ist es ratsam, Ihren Freunden auch Ihren eigenen Standort mitzuteilen.

1. Tippen Sie in der Tableiste auf den **Ich**-Button. Ihr Standort wird daraufhin angezeigt. Um das Ganze noch etwas plausibler zu gestalten, können Sie zusätzlich ein Etikett hinzufügen. Wählen Sie aus der Liste ein beliebiges Etikett aus, oder fügen Sie der Liste ein eigenes Etikett hinzu.

2. Wenn Sie auf die Adresse tippen, wird Ihr Standort auf einer Karte angezeigt. Wie Sie bereits wissen, kann die Kartenansicht zwischen **Standard**, **Satellit** und **Hybrid** gewechselt werden.

3. Wollen Sie einmal für sich sein, können Sie Ihren Standort natürlich auch ausblenden.

Umgekehrt funktioniert es genauso gut. Sie können auch Anfragen von Ihren Freunden erhalten und diese dann bestätigen.

1. Ist eine Anfrage bei Ihnen eingegangen, erkennen Sie das anhand der roten 1. Tippen Sie nun auf **Anfragen**, und Sie sehen, wer Ihnen folgen möchte. Ist das für Sie in Ordnung, dann bestätigen Sie die Anfrage mit dem **Akzeptieren**-Button.

2. Tippen Sie auf den Namen, und Sie sehen, wo sich Ihr Freund aufhält. Der blaue Punkt auf der Karte sind dann Sie selbst.

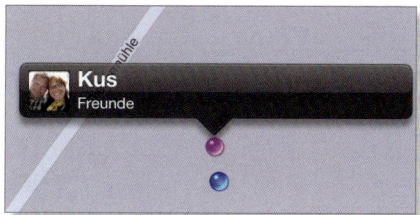

231

Kapitel 9

Synchronisieren mit iCloud

Neu auf dem iPhone 4S ist auch die iCloud, Ihre persönliche Festplatte im Internet, auf der Sie verschiedene Daten speichern können. Man kann sie als Nachfolger für MobileMe sehen, wenn sie auch von den Funktionen her nicht identisch ist. Einen entscheidenden Vorteil hat die iCloud allerdings – sie ist gratis. Was Sie alles mit der iCloud anstellen können und wie Sie von Ihrem MobileMe-Account zur iCloud wechseln, erfahren Sie in diesem Kapitel.

MobileMe ❶ verlässt uns bald und wird ersetzt durch die iCloud ❷.

Umstieg von MobileMe auf die iCloud

Wer in der Vergangenheit bereits den kostenpflichtigen MobileMe-Account besaß, der kann nun von diesem Account gratis in die iCloud wechseln. Das Ganze funktioniert noch bis zum 30. Juni 2012. Zu diesem Zeitpunkt wird der MobileMe-Dienst dann endgültig beendet. Um von MobileMe auf den neuen iCloud-Dienst umzusteigen, gehen Sie wie folgt vor:

1. Auf der MobileMe-Seite (*www.me.com*) tippen Sie auf den Button **Wechsel von MobileMe nach iCloud**.

2. Das folgende Fenster müssen Sie anschließend mit dem **Anmelden**-Button bestätigen. Vorher müssen Sie allerdings iCloud auf Ihrem iPhone aktivieren. Das sollte bereits passiert sein, als Sie Ihr iPhone zum ersten Mal aktiviert haben.

3. Geben Sie nun Ihre MobileMe-Account-Daten in die Maske ein, und tippen Sie auf den kleinen Pfeil nach rechts.

4. In der nun erscheinenden Meldung, die besagt, dass Ihr MobileMe-Account nun zu iCloud verschoben wird, müssen Sie auf den Button **Erste Schritte** tippen. Um die Übertragung zu starten, tippen Sie auf den Button **Jetzt starten**.

5. Ihre E-Mails und Ihre Kalenderdaten werden nun in die iCloud kopiert. Die Funktionen **Galerie iDisk** und **iWeb** können Sie noch so lange nutzen, bis MobileMe komplett abgeschaltet wird, also bis zum 30. Juni 2012 – auch dann, wenn Sie bereits über einen iCloud-Account verfügen.

6. Im Folgenden erfahren Sie, welche Funktionen zukünftig nicht mehr für eine Synchronisation mit iCloud zur Verfügung stehen. Folgende Funktionen sind davon betroffen: Dashboard-Widgets, Dock-Elemente, Schlüsselbunde, Einstellungen, E-Mail-Accounts, Regeln, Signaturen und intelligente Postfächer. Dieses Fenster müssen Sie lediglich mit **Weiter** bestätigen.

7. Es folgt der Hinweis, dass Ihre Kontakte und Lesezeichen direkt von einem mit der iCloud in Verbindung stehenden Gerät in die iCloud hochgeladen werden. Die Daten werden dabei *nicht* von MobileMe übertragen.

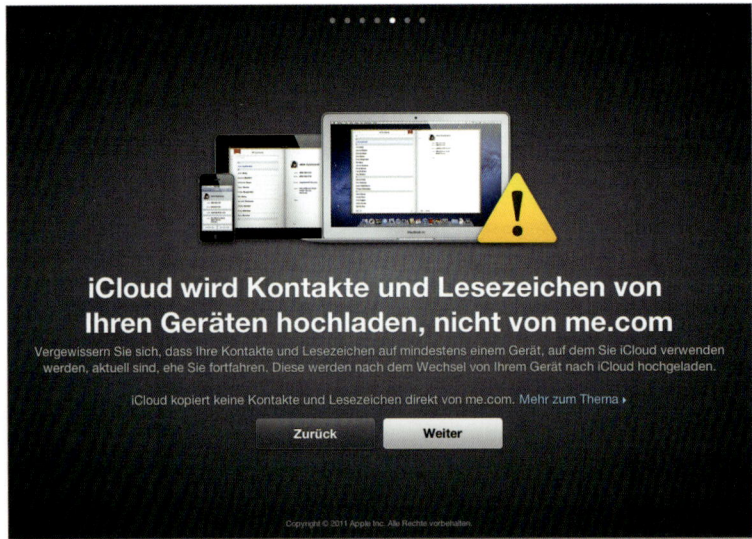

8. Speichern Sie zur Sicherheit Ihre Kontakte, Kalender und Lesezeichen noch einmal auf der Festplatte, sodass Sie Ihre Daten nicht verlieren, falls bei der Übertragung etwas schiefgehen sollte.

9. Jetzt müssen Sie nur noch den Einkaufsservicebedingungen zustimmen und auf den Button **Wechsel zu iCloud** tippen, und schon beginnt die Übertragung Ihrer Daten.

10. Die folgende Meldung müssen Sie dann nur noch mit **OK** bestätigen.

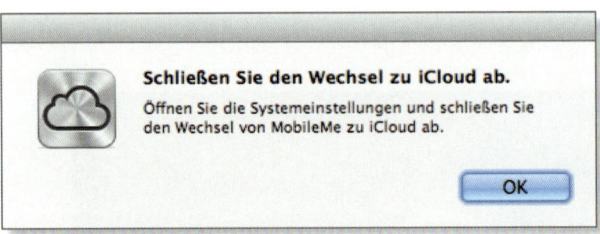

Voilà, es ist geschafft! Sie haben Ihren iCloud-Zugang erfolgreich einge-richtet.

iCloud-Einstellungen vornehmen

Nun sollten Sie einige wichtige Einstellungen vornehmen. Folgen Sie dazu ganz einfach den hier beschriebenen Schritten:

1. Melden Sie sich unter *www.icloud.com* mit Ihren Account-Daten an, und tippen Sie auf den kleinen Pfeil. Sie können vorher noch entscheiden, ob Sie angemeldet bleiben möchten. In diesem Fall setzen Sie das ent-sprechende Häkchen unterhalb des Passwort-Eingabefeldes. Fügen Sie anschließend ein Account-Bild hinzu.

2. Stimmen Größe und Ausrichtung des Bildes, bestätigen Sie mit dem **Fertig**-Button und stellen noch die Zeitzone ein, in der Sie sich befinden.

3. Bestätigen Sie diese letzte Einstellung, und Ihr iCloud-Account ist perfekt eingerichtet.

4. Bestätigen Sie den Abschluss dieser Aktion ebenfalls auf Ihrem iPhone.

Hier reicht es, wenn Sie auf den **OK**-Button tippen.

Die richtigen Einstellungen von iCloud

Unter **Einstellungen** ▸ **iCloud** können Sie festlegen, welche Daten Sie mit der iCloud synchronisieren möchten und welche nicht. In den meisten Fällen können Sie jedoch lediglich die Synchronisationsfunktion ein- oder ausschalten.

1. Legen Sie jeweils fest, ob Sie **Mail**, **Kontakte**, **Kalender**, **Erinnerungen**, **Lesezeichen**, **Notizen** oder die Funktion **iPhone suchen** aktivieren möchten oder nicht.

2. Darüber hinaus können Sie festlegen, ob Sie **Fotostream** einschalten möchten. Um Fotostream zu aktivieren, klicken Sie darauf und ziehen den Schalter nach rechts.

3. Bei **Dokumente & Daten** können Sie ebenfalls entscheiden, ob Sie diese Funktion einschalten möchten oder nicht. Benötigen Sie verschiedene Dokumente auch unterwegs, aktivieren Sie die Funktion.

HINWEIS

Vorsicht bei Aktivierung des Schalters »Mobiles Netz«!

Wenn der Schalter **Mobiles Netz** eingeschaltet ist, werden Ihre Dokumente und Daten auch dann synchronisiert, wenn keine WLAN-Verbindung zur Verfügung steht. Das bedeutet, dass die Daten dann über Ihr Mobilfunknetz übertragen werden. Besonders bei Verträgen mit geringem Datenvolumen können Sie so schnell an Ihre Grenzen gelangen. Überlegen Sie sich also, ob Sie diese Funktion nicht lieber ausschalten.

Die Funktion »iPhone suchen«

Ihr iPhone verfügt bekanntlich über einen integrierten GPS-Chip. Dieser kann in Kombination mit Ihren GSM-Daten dazu genutzt werden, den Standort Ihres iPhones zu lokalisieren. In iCloud können Sie sich dann die Position Ihres iPhones auf einer Karte darstellen lassen. Das kann insbesondere dann, wenn Sie Ihr iPhone verloren haben oder es Ihnen gestohlen wurde, sehr wichtig sein, denn Sie können Ihr iPhone dann über eben diese iCloud-Funktion nutzen, um entweder eine Nachricht an den Dieb/Finder zu senden, das iPhone zu sperren oder gar ganz zu löschen, sodass das Gerät für die Person, die es gefunden/gestohlen hat, keinen Wert darstellt und Ihre Daten sicher sind.

1. Aktivieren Sie diese Funktion. Daraufhin werden Sie gebeten, diese Aktion noch einmal zu bestätigen.

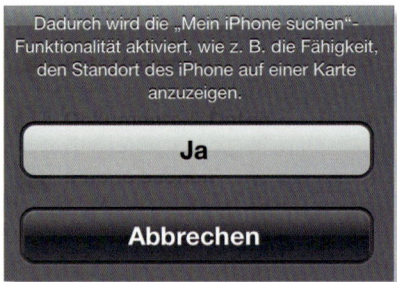

2. Sie haben nun die Funktion **iPhone suchen** aktiviert. Melden Sie sich jetzt mit Ihren Account-Daten unter *www.icloud.com* an, und tippen Sie dann auf die Rubrik **Mein iPhone suchen**.

3. Nach wenigen Augenblicken wird Ihr iPhone auf einer Karte dargestellt. Wie üblich kann die Karte in der Standardansicht, in der Satellitenansicht oder in der Hybridansicht dargestellt werden. Außerdem können Sie den Kartenausschnitt beliebig vergrößern.

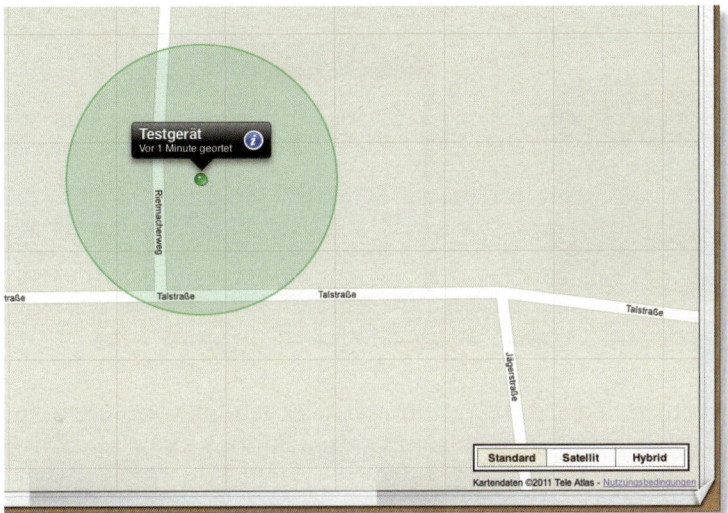

4. Tippen Sie nun in dem Etikett auf das kleine **i**, und Sie können zwischen den Optionen **Ton abspielen oder Nachricht senden**, **Fernsperre** und **Fernlöschen** auswählen. Wählen Sie die erste Option.

5. Geben Sie nun einen entsprechenden Text ein, der dann an Ihr iPhone gesendet wird. Optional können Sie noch bestimmen, ob ein Ton abgespielt werden soll oder nicht.

Der eingegebene Text wird dann automatisch, gefolgt von einem lauten, sich immer wiederholenden Ton, auf dem Sperrbildschirm angezeigt. Wird der Bildschirm entsperrt, befindet sich die gleiche Meldung noch einmal auf dem Home-Bildschirm.

Das iPhone fernsperren

Mit der Funktion **iPhone suchen** können Sie, wie eben bereits erwähnt, Ihr iPhone für den Gebrauch durch andere Nutzer sperren, sodass keiner mehr etwas mit dem Telefon anfangen kann und Ihre Daten geschützt sind.

1. Melden Sie sich jetzt mit Ihren Account-Daten unter *www.icloud.com* an, und tippen Sie wieder auf die Rubrik **Mein iPhone suchen**. Wurde Ihr Gerät gefunden, tippen Sie wieder auf das kleine **i**, und wählen Sie dann den **Fernsperre**-Button aus.

2. Um die Sperrung zu vollziehen, müssen Sie sich nun einen vierstelligen Code ausdenken und ihn zweimal eingeben. Wenn Sie auf den **Sperren**-Button tippen, wird Ihr iPhone gesperrt.

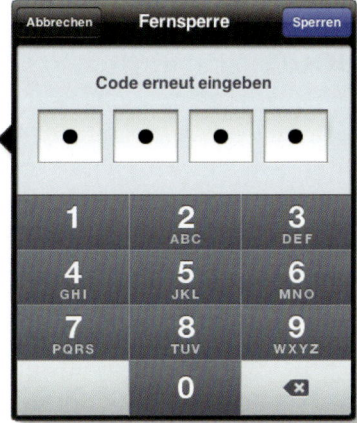

3. Haben Sie Ihr verlorenes/gestohlenes iPhone wiederbekommen, geben Sie genau diesen Code ein, und Ihr iPhone ist wieder funktionsfähig.

4. Darüber hinaus erhalten Sie eine E-Mail, die Ihnen mitteilt, dass Ihr iPhone gesperrt wurde.

Die Code-Sperre bleibt weiterhin aktiv

Die Code-Sperre, die Sie vorfinden, wenn Sie das gesperrte iPhone wieder freischalten möchten, bleibt weiterhin bestehen. Sie müssen sie manuell wieder entfernen, indem Sie in den **Einstellungen** im Bereich **Allgemein ▸ Code-Sperre** die Code-Sperre deaktivieren. Erst dann können Sie Ihr iPhone wieder normal nutzen.

Das iPhone fernlöschen

Die wichtigste Funktion ist eigentlich die Fernlöschen-Funktion. Damit wird das iPhone komplett von allen Ihren persönlichen Daten befreit, sodass niemand mehr auf Ihre Daten zugreifen kann. Das iPhone befindet sich im Auslieferungszustand. Erhalten Sie Ihr iPhone zurück, reicht eine normale Synchronisation mit iTunes aus, und Ihr iPhone wird in den Zustand versetzt, in dem es vor dem Löschvorgang war. So können Sie empfindliche Daten sicher vor dem Zugriff anderer Personen schützen. Wie das genau funktioniert, erfahren Sie hier.

1. Melden Sie sich zuerst mit Ihren Account-Daten unter *www.icloud.com* an, und lassen Sie Ihr iPhone über die Funktion **Mein iPhone suchen** lokalisieren. Tippen Sie dann auf das kleine blaue **i**, und wählen Sie **Fernlöschen** aus. Wählen Sie als Nächstes **iPhone löschen**.

2. Daraufhin werden alle Ihre persönlichen Daten und Einstellungen, Apps, Musik etc. von Ihrem iPhone gelöscht, und das iPhone wird in den Auslieferungszustand versetzt. Gleichzeitig erhalten Sie außerdem eine E-Mail, die Sie darüber informiert, dass Ihr iPhone nun komplett gelöscht ist.

3. Die iCloud gibt ebenfalls eine Meldung an Sie, dass der Löschvorgang eingeleitet wurde.

Das gelöschte iPhone wiederherstellen

Haben Sie Ihr iPhone wiedergefunden, oder ist es Ihnen zugeschickt worden? Wie auch immer – Sie können es nun problemlos wieder auf den letzten Stand bringen, ohne irgendeine Information zu verlieren.

1. Schalten Sie Ihr iPhone ein, und durchlaufen Sie den normalen Startvorgang genauso, als wäre es das erste Mal, dass Sie das iPhone einschalten.

Durchlaufen Sie nun folgende Schritte: Entsperren ❶, Spracheinstellung ❷, Land und Region ❸, Aktivierung der Ortungsdienste ❹, WLAN-Anmeldung ❺, Aktivierungsbildschirm ❻, der nach etwa drei Minuten automatisch umschaltet in die Auswahl, aus welcher Quelle das Backup aufgespielt werden soll ❼. Wählen Sie hier die Quelle, die Ihre letzte Sicherung beinhaltet. In diesem Fall ist das iTunes. Schließen Sie Ihr iPhone dann an iTunes an ❽.

2. Ist Ihr iPhone an iTunes angeschlossen, wird es umgehend erkannt, und Sie können das letzte Backup, das Sie erstellt haben, auf Ihr iPhone zurückspielen.

3. Das Ganze kann je nach Größe des iPhones und dessen Inhalt eine ganze Weile dauern. Ist der Prozess abgeschlossen, ist Ihr iPhone wieder auf dem neuesten Stand.

iCloud-Backup einrichten

Das iCloud-Backup hat die gleiche Funktion wie ein Backup, das Sie kabel-gebunden mit iTunes durchführen. Es hat allerdings den Vorteil, dass Sie für eine Sicherung Ihrer Daten keine Kabel mehr benötigen und das Backup jederzeit und von jedem Ort aus erledigen können. Eines müssen Sie jedoch wissen: Je mehr Daten, Musik, Filme, Apps etc. Sie auf Ihrem iPhone instal-liert haben, desto länger wird es dauern, ein Backup zu erstellen. Deshalb sollten Sie ein Backup nur dann vornehmen, wenn Sie über eine leistungs-starke WLAN-Verbindung verfügen. Sofern Sie die Backup-Funktion in der iCloud noch nicht beim ersten Start des iPhones eingerichtet haben, können Sie dies natürlich auch nachträglich tun. So geht's:

1. Unter **Allgemein ▸ iCloud** finden Sie unten den Button **Speicher & Backup**. Tippen Sie darauf, und Sie erhalten in einen weiteren Bildschirm Infor-mationen über die Größe und die Verfügbarkeit Ihres iCloud-Speichers. Ganz unten können Sie dann den Regler nach rechts schieben, um Ihr iCloud-Backup zu aktivieren.

2. Haben Sie den Backup-Schalter aktiviert, erhalten Sie eine Nachricht, die besagt, dass Ihre Daten ab sofort nicht mehr über iTunes gesichert werden. Bestätigen Sie diese Nachricht, und tippen Sie dann auf den Button **Backup jetzt erstellen**.

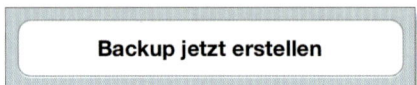

3. Daraufhin wird Ihnen wenig später angezeigt, wie lange es dauern wird, das Backup zu erstellen. Haben Sie gerade wenig Zeit und es dauert zu lange, können Sie das Backup über **Backup abbrechen** sofort beenden.

iCloud-Speicher verwalten

Selbstverständlich haben Sie auch einen genaueren Überblick über alles, was Sie in der iCloud gespeichert haben.

1. Tippen Sie unter **Allgemein ▶ iCloud ▶ Speicher & Backup** auf den Button **Speicher verwalten**. Im Bereich **Dokumente und Daten** sehen Sie, welche Daten jede App gespeichert hat, und wenn Sie darauftippen, erfahren Sie, wie groß die Dokumente sind. Hier erkennen Sie die Apps Pages, Keynote , Numbers und Doodle Jump.

2. Wenn Sie einige Dokumente, die Sie in iCloud gespeichert haben, nicht mehr benötigen, können Sie diese von der iCloud löschen. Hierzu stehen Ihnen zwei Möglichkeiten zur Verfügung: Sie tippen auf den **Bearbeiten**-Button oben rechts ❶ und haben die Möglichkeit, ein Dokument oder alle Dokumente zu löschen, oder Sie wischen mit dem Finger von rechts nach links über das Display und tippen auf den **Löschen**-Button ❷.

iCloud-Backup anpassen

Sie können Ihr iCloud-Backup auch so anpassen, wie Sie es benötigen. Sie können z. B. einzelne Apps aus dem Backup ausschließen, um die Backup-Größe deutlich zu verringern.

1. Tippen Sie hierzu unter **Speicher & Backup** auf den Button unter **Backups**, und Sie können im nächsten Bildschirm einzelne Apps aus der Backup-Erstellung herausnehmen, indem Sie den jeweiligen Schalter deaktivieren.

2. Unter dem Menüpunkt **Alle Apps anzeigen** sehen Sie alle Apps, die ins Backup integriert wurden. Nun können Sie jede einzelne App deaktivieren.

Mehr Speicher für die iCloud kaufen

Es kann vorkommen, dass die 5 GB freier iCloud-Speicher zu knapp bemessen sind. Das kann dann unter Umständen zu einem Problem werden. Um das zu vermeiden, können Sie zusätzlichen Speicher bei Apple hinzukaufen. Folgende Möglichkeiten stehen Ihnen dabei zur Verfügung:

1. Tippen Sie unter **Einstellungen ▸ iCloud ▸ Speicher & Backup** auf den Button **Mehr Speicher kaufen**. Wählen Sie nun das für Sie passende Speicher-Upgrade aus. Sie haben die Wahl zwischen drei Optionen: 10 GB, 20 GB und 50 GB.

2. Nachdem Sie Ihre Auswahl getroffen haben, müssen Sie nur noch das Passwort Ihrer Apple-ID eingeben, und schon verfügen Sie über mehr Speicher.

Dokumente in der iCloud speichern

Eine wichtige Funktion der iCloud ist die Synchronisation von Dokumenten, die dann auf dem eigenen Computer und auf den mobilen iOS-Geräten wie iPhone und iPad bearbeitet werden können. Dabei dient die iCloud dazu, die jeweiligen Dokumente auf allen Geräten auf dem gleichen Stand zu halten. Wie aber kommen die Dokumente erst einmal dorthin, damit sie Ihnen für den mobilen Einsatz zur Verfügung stehen? Das erfahren Sie in diesem Abschnitt.

Dokumente über iTunes auf Ihr iPhone bringen

Zunächst können Sie iTunes nutzen. Hier haben Sie die Möglichkeit, iWork-Dokumente mit Ihrem iPhone zu synchronisieren. Voraussetzung hierfür ist natürlich, dass Sie über die mobilen Versionen von Pages, Keynote und Numbers verfügen, um die Dateien auch verwenden zu können. Sie gehen dabei wie folgt vor:

1. Öffnen Sie iTunes, und schließen Sie Ihr iPhone daran an.

2. Klicken Sie in der Seitenleiste auf das iPhone ❶ und dann in der oberen Leiste auf **Apps** ❷, und scrollen Sie bis ganz nach unten. Klicken Sie auf eine iWork-App, ziehen Sie Ihre Dateien per Drag & Drop in den rechten Bereich, oder wählen Sie sie über den **Hinzufügen**-Button ❸ aus, und synchronisieren Sie Ihr iPhone.

3. Öffnen Sie nun eine iWork-App, z. B. Pages, und tippen Sie in der linken oberen Ecke auf das Plus-Symbol. Es öffnet sich ein Auswahlfeld, in dem Sie unter der Rubrik **Kopieren von:** die Option **iTunes** auswählen. Sie sehen nun nun die Liste der Pages-Dokumente, aus der Sie ein Dokument auswählen können.

4. Das entsprechende Dokument wird umgehend in Pages kopiert. Hin und wieder kann es vorkommen, dass beim Import einige Schriften nicht korrekt angezeigt werden. Bestätigen Sie diese Warnmeldung, und das Dokument ist daraufhin in Pages verfügbar.

5. Natürlich können nicht nur Pages-Dokumente synchronisiert werden, sondern das Ganze funktioniert auch mit Microsoft Word.

Die drahtlose Synchronisation funktioniert auch

In iOS 5 ist die drahtlose Synchronisation hinzugekommen, sodass Sie über ein aktives WLAN-Netz Ihr iPhone auch drahtlos mit iTunes abgleichen können. Hierzu müssen Sie lediglich bei angeschlossenem iPhone in iTunes unter **Übersicht** ein Häkchen bei **Mit diesem iPhone über WLAN synchronisieren** setzen.

Als Nächstes müssen Sie dann nur noch die Funktion **iTunes WLAN Sync** in den **Einstellungen** unter **Allgemein** aktivieren.

Dokumente via iDisk zur Verfügung stellen

Die Möglichkeit der iDisk werde ich hier nur kurz ansprechen, da sie in Kürze nicht mehr existiert. Wie bereits erwähnt, wird MobileMe – und damit auch die iDisk – am 30.06.2012 abgeschaltet. Ob es dazu einen adäquaten Nachfolger geben wird, ist bislang noch nicht bekannt.

1. Um Dokumente von der iDisk in die iWork-Apps – in diesem Fall Pages – zu importieren, tippen Sie in Pages wieder oben links auf das kleine Plus-Symbol und dann auf den **iDisk**-Button. Geben Sie Ihren Mitgliedsnamen und Ihr Kennwort ein, und tippen Sie oben rechts auf den **Anmelden**-Button.

2. Nachdem Sie sich eingeloggt haben, können Sie Ihre Dokumente unter **Documents** einsehen und das Dokument auswählen, das Sie benötigen.

3. Das Dokument wird dann umgehend importiert. Tippen Sie es an, und Sie können es sofort bearbeiten.

Dokumente von einem WebDav-Server importieren

Falls Ihnen ein Webserver zur Verfügung steht, können Sie auch von diesem Dateien importieren. Für die Einstellung wird das sogenannte *WebDAV* verwendet, das sehr einfach zu nutzen ist.

1. Tippen Sie wieder oben links in der Ecke auf das kleine Plus-Symbol und dann auf **WebDAV**.

2. Im nächsten Bildschirm geben Sie einfach die Zugangsdaten ein und tippen dann auf den **Anmelden**-Button.

3. Importieren Sie danach nach Herzenslust Ihre Dateien.

Daten von der Dropbox importieren

Die Dropbox ist eine Möglichkeit, Dokumente im Internet gratis abzulegen, sodass Sie jederzeit und wo immer Sie wollen Zugriff auf Ihre Daten haben. Es gibt die Dropbox für den Mac, für den PC und für iPhone und iPad, natürlich ebenfalls gratis – und das mit einem Datenvolumen von 2 GB.

1. Um die Dropbox verwenden zu können, laden Sie sich unter *www.drop-box.com* die entsprechende Anwendung für den Mac oder den PC herunter und installieren diese den Anweisungen entsprechend.

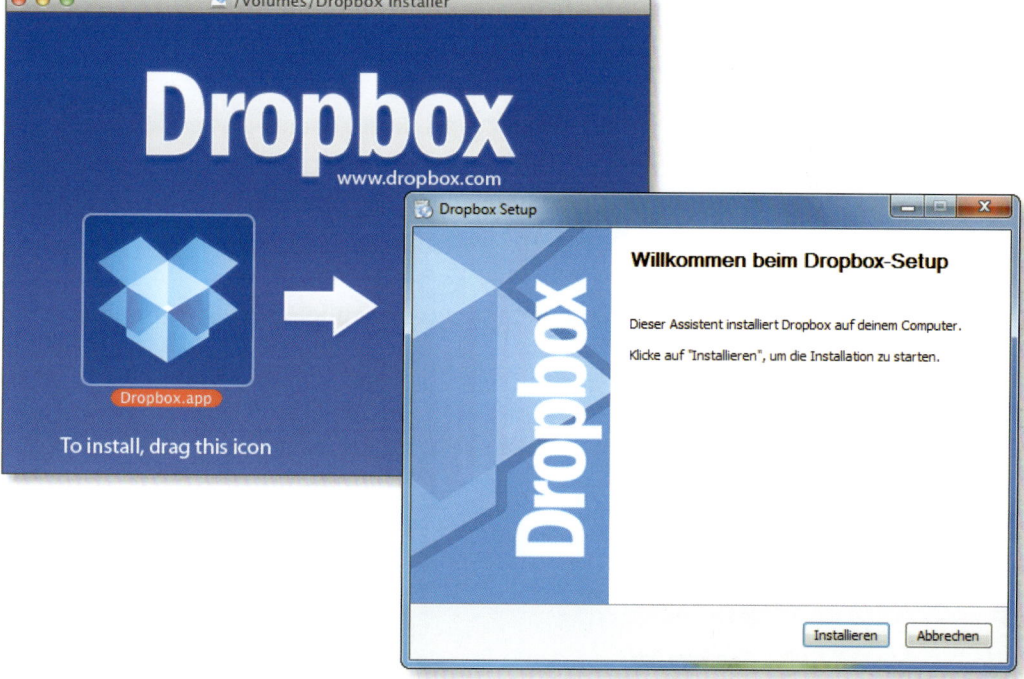

2. Wenn Sie noch kein Dropbox-Konto haben, können Sie sich eines anlegen. Geben Sie hierzu die geforderten Daten ein, und schon können Sie die Dropbox verwenden.

3. Nun geben Sie im App Store den Suchbegriff *Dropbox* ein, und lassen Sie danach suchen. Haben Sie die App gefunden, können Sie sie einfach antippen, um sie zu installieren.

Sie müssen lediglich vorher Ihre Apple-ID eingeben, und schon wird die App aus dem Store heruntergeladen und installiert und ist sofort nutzbar.

Die Dropbox nutzen

1. Tippen Sie auf die Dropbox-App, und geben Sie die gleichen Zugangs-daten ein, die Sie auch schon bei der Installation auf Ihrem Computer verwendet haben. Ist alles in Ordnung, kann die App ebenfalls sofort benutzt werden.

2. Tippen Sie erneut auf die App und anschließend auf ein Dokument Ihrer Wahl.

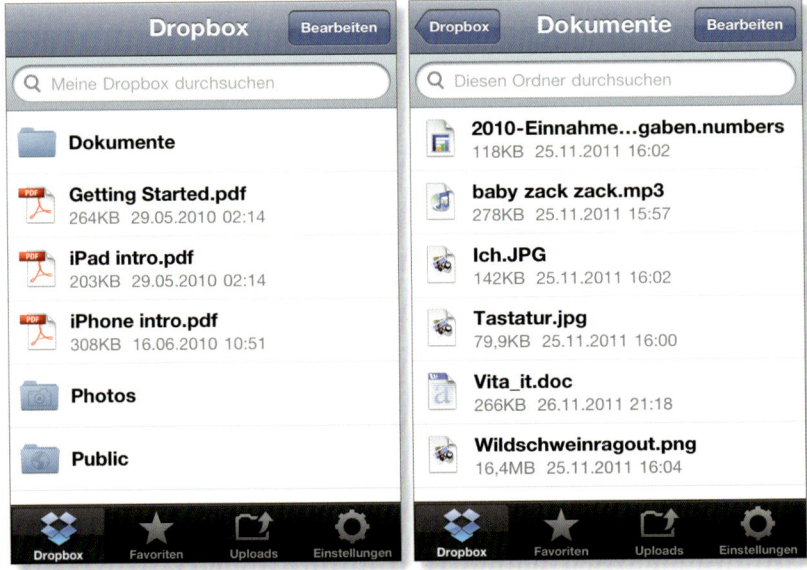

3. Das Dokument wird dann sofort in der Dropbox geöffnet. Tippen Sie nun auf den **Bereitstellen**-Button ❶ rechts unten in der Ecke, und die Dropbox bietet Ihnen sofort eine App an, in der das Dokument bearbeitet und gespeichert werden kann, in unserem Beispiel ist das Pages.

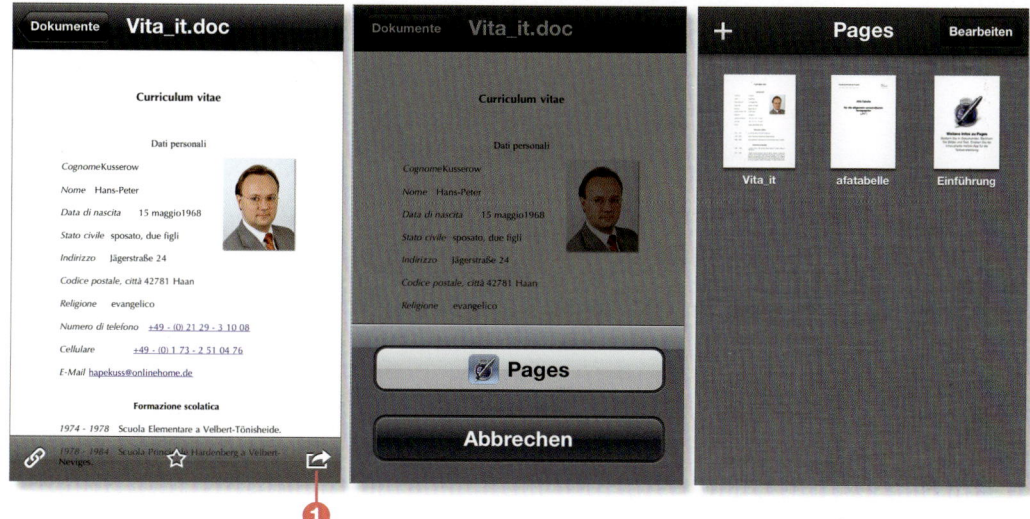

Auf diese Weise haben Sie Ihre Dokumente immer dabei, selbst wenn Sie »nur« mit Ihrem iPhone unterwegs sind.

INFO

Ordner in der Dropbox anlegen

Sie können für sich selbst in der Dropbox eigene Ordner anlegen. Standardmäßig sind lediglich die Ordner *Photos* und *Public* vorinstalliert. Legen Sie z. B. einen Ordner *Dokumente* oder einen Ordner *Wichtiges* oder Ähnliches an. Sie müssen allerdings wissen, dass diese Ordner lediglich von Ihrem Computer aus angelegt werden können. Ein Anlegen derartiger Ordner vom iPhone aus ist bislang leider noch nicht möglich.

Kapitel 10
Kamera und Fotos

Eine Fotoapplikation gehört zu jedem guten Smartphone. Auch in dieser Applikation finden sich wieder einige interessante Neuerungen, die Apple mit dem neuen Betriebssystem eingeführt hat. Es gibt Fotostream und erweiterte Bearbeitungsmöglichkeiten für Ihre aufgenommenen Bilder. Lassen Sie sich überraschen.

Das neue iPhone bringt einige Möglichkeiten der Bildbearbeitung mit ❶, die sich auf dem Gerät selbst realisieren lassen und auch speicherbar sind ❷.

Die beiden Kameras des iPhones

Das neue iPhone 4S verfügt – wie auch schon sein Vorgänger, das iPhone 4 – über zwei integrierte Kameras: eine auf der Rückseite und eine auf der Frontseite.

Die Kamera auf der Rückseite: Die Kamera werden Sie vermutlich am häufigsten benutzen, um Fotos und Videos aufzunehmen. Und genau hier gab es auch die größten Veränderungen. Insgesamt wurde die Auflösung von fünf auf acht Megapixel erhöht, was aber nicht in jedem Fall zu einer Verbesserung der Bildqualität führt. Aus diesem Grund hat sich Apple weitere Gedanken gemacht, um die Qualität der Aufnahmen zu erhöhen.

Eine neue Linsenkonstruktion, bestehend aus fünf Linsenelementen, sorgt in Kombination mit einer größeren Öffnung für eine bessere Lichtausbeute und ermöglicht so bessere Bilder auch in dunkleren Umgebungen. Die Bilder wirken im Ganzen heller, und ein vor dem Sensor angebrachter IR-Filter blockiert einfallende Infrarotstrahlen und sorgt für ein präziseres Bildergebnis. Die Farben wirken entsprechend einheitlicher.

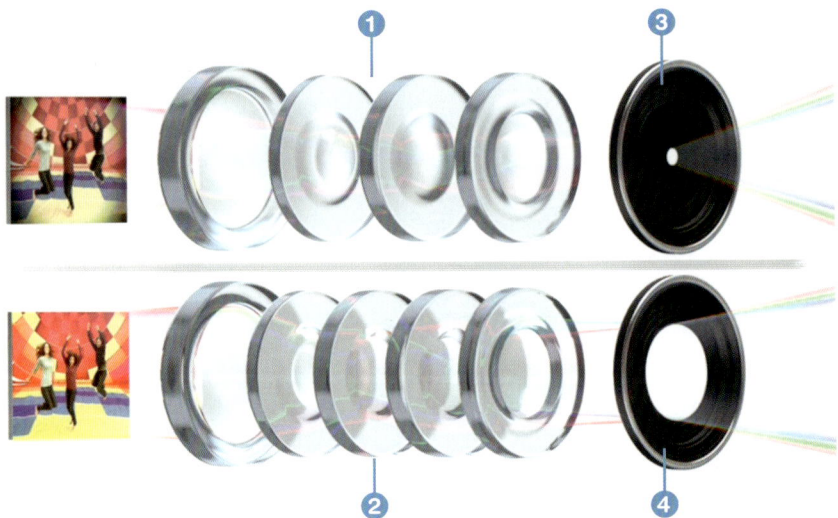

Interner Aufbau der Kamera des iPhones 4 (oben) und des iPhones 4S (unten). Das iPhone 4 besitzt vier Linsenelemente ❶ und eine geringe Blendenöffnung ❸. Hier punktet das iPhone 4S mit fünf Linsenelementen ❷ und einer auf f/2,4 vergrößerten Blende ❹ (Quelle: Apple).

Zusätzlich zu diesen technischen Details nimmt die integrierte Kamera auf der Rückseite Videos in HD-Qualität (1.080p) auf. Beim Vorgänger, dem iPhone 4, waren es noch 720p.

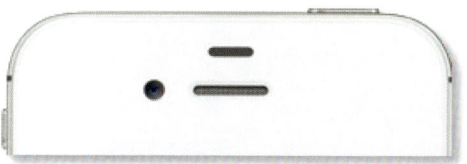

Die Kamera auf der Frontseite: Die Kamera auf der Frontseite wird mit einer VGA-Auflösung ausgeliefert und bietet ansonsten nicht viel Neues. Laut Apple ist die Frontkamera für FaceTime optimiert und hat genau die richtige Brennweite, um bei ausgestrecktem Arm das eigene Gesicht ins richtige Licht zu rücken.

Ein Foto machen

Um mit dem neuen iPhone Fotos aufzunehmen, haben Sie verschiedene Möglichkeiten. Zuerst einmal wurde der Zugang zu den integrierten Kameras deutlich erleichtert, indem bereits auf dem Sperrbildschirm rechts unten ein Button eingeblendet wird, der das iPhone sofort in den Aufnahmezustand versetzt. Um diesen Button zu sehen, müssen Sie vorher zweimal in schneller Folge auf den Home-Button ❺ drücken.

Mit der neuen Software iOS 5 haben Sie zwei Möglichkeiten, Fotos aufzunehmen. Sie können entweder den klassischen Auslöser-Button auf dem

Display ❶ drücken, oder Sie verwenden den obersten Lautstärkeknopf (+) ❷ als Auslöser.

> **TIPP**
>
> **Fotos mit dem Kopfhörer machen**
>
> So skurril es auch klingen mag, aber wenn Sie die mitgelieferten Kopfhörer an Ihr iPhone anschließen, können Sie den +-Knopf der Lautstärkeknöpfe genau wie die Knöpfe am iPhone selbst als Fernauslöser nutzen. Der Vorteil dabei ist, dass Ihre Aufnahmen nicht mehr verwackeln. Gut geeignet ist die Technik z. B., um bessere Selbstporträts zu machen. Probieren Sie es aus!

Gitter für eine bessere Bildausrichtung einblenden

Das iPhone kann Ihnen eine Hilfestellung geben, um die Bildaufteilung besser hinzubekommen. Hierfür bietet die Kamera-App ein Feature, das sich **Raster einblenden** nennt. Sie aktivieren es wie folgt:

1. Öffnen Sie die Kamera-App, und tippen Sie am oberen Rand auf **Optionen**. Aktivieren Sie den Regler des Rasters.

2. Wenn Sie auf **Fertig** getippt haben, können Sie sofort mit dem eingeblendeten Raster arbeiten und z. B. Ihre Bilder horizontal perfekt ausrichten.

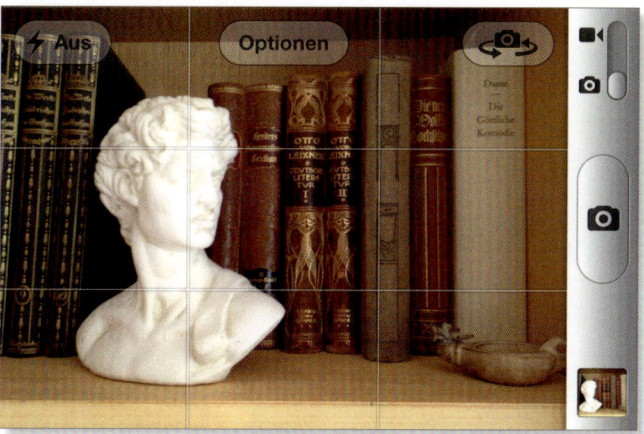

HDR-Aufnahmen realisieren

Mit Ihrem iPhone können Sie auch sogenannte *HDR-Fotos* machen. Der Begriff HDR steht für *High Dynamic Range* und meint ein Foto mit einem erhöhten Dynamikumfang. Um ein derartiges Foto zu erzeugen, müssen in der Regel mehrere Bilder gemacht werden, die dann automatisch überlagert werden. Beim iPhone funktioniert das so ähnlich. Das iPhone überlagert allerdings nur zwei Fotos unterschiedlicher Einstellungen miteinander.

1. Stellen Sie in der Kamera-App in den Optionen die **HDR**-Funktion ein.

2. Machen Sie nun mit ruhiger Hand ein Foto, und warten Sie, bis Ihr iPhone das HDR gespeichert hat. Es befinden sich nun insgesamt zwei Fotos in Ihrem Fotoalbum, von denen das zweite Foto das HDR-Bild ist.

Das obere Bild wirkt eher etwas flau, wenn man sich den Himmel, die Blattstruktur der Bäume oder die Spiegelung des Wassers anschaut. Hier ist das Foto unten deutlich kontrastreicher und farbintensiver. Es wirkt dadurch interessanter.

TIPP

HDR-Fotos von bewegten Objekten

HDR-Fotos können allerdings nur von unbewegten Motiven gemacht werden, da bei dieser Technik ja zwei Bilder miteinander verschmolzen werden. Wenn Sie nun ein sich bewegendes Objekt fotografieren, hat es sich im zweiten Bild bereits etwas wegbewegt, sodass unschöne Doppelbilder entstehen.

Richtig scharf stellen

Die neue Software verfügt ebenfalls über eine verbesserte Funktion, um die Bilder scharf zu stellen. Zunächst einmal besitzt das iPhone einen automatischen Fokus, bei dem ein kleines Quadrat anzeigt, welcher Bildteil scharf dargestellt wird ❶ (siehe Seite 270).

Möchten Sie einen anderen Bildteil als den automatisch vom iPhone ausgewählten fokussieren, tippen Sie mit dem Finger an der Stelle, an der das Bild scharf gestellt werden soll, auf das Display, und das Fokus-Quadrat bewegt sich an diese Stelle ❷ und stellt das Bild automatisch scharf.

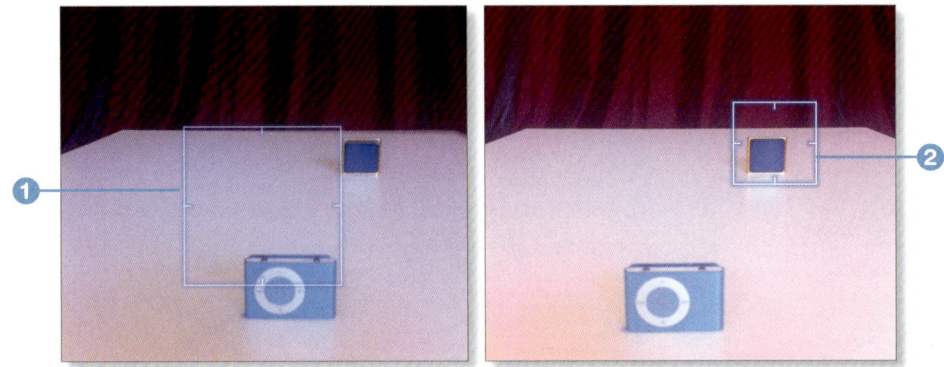

Genauso verhält es sich, wenn Sie Personengruppen mit dem iPhone 4S fotografieren möchten. Hier hat die neue Software allerdings den Vorteil, dass die Personen automatisch durch die Gesichtserkennung wahrgenommen werden. Das iPhone stellt dann entsprechend auf eine Person scharf und optimiert daraufhin die Gruppe mit diesen Werten. Die neue Gesichtserkennung arbeitet zuverlässig bis zu einer Gruppengröße von zehn Personen.

Einen Ausschnitt vergrößern

Das iPhone ist in der Lage, Bildausschnitte noch vor dem eigentlichen Fotografieren zu vergrößern, sodass dann der gewählte Ausschnitt aufgenommen werden kann.

Um einen Ausschnitt zu vergrößern, gehen Sie wie folgt vor:

1. Öffnen Sie die Kamera-App, und fokussieren Sie den entsprechenden Bildteil.

2. Vergrößern Sie den Ausschnitt, indem Sie Daumen und Zeigefinger auf dem Display auseinanderbewegen ❸. Es wird dann am unteren Rand zusätzlich eine Vergrößerungsleiste ❹ eingeblendet, die Sie ebenfalls für die Vergrößerung verwenden können.

3. Warten Sie noch ein wenig, bis das iPhone Ihr Motiv erneut fokussiert hat, und lösen Sie nun die Aufnahme aus.

Ein Selbstporträt machen

Mit dem iPhone ein Selbstporträt zu machen ist denkbar einfach. Hierzu müssen Sie lediglich in der Kamera-App oben rechts auf den Button tippen, der dann die Frontkamera des iPhones aktiviert. Sie können nun Ihr Selbstporträt schießen.

Wenn Sie Brillenträger sind, sollten Sie darauf achten, dass Sie sich so fotografieren, dass Reflexionen auf der Brille minimiert werden, da es ansonsten zu unschönen Reflexionseffekten kommen kann.

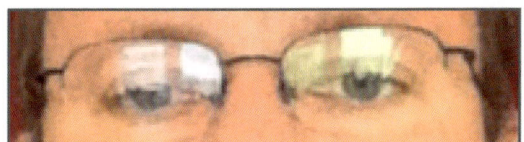

INFO

Vorsicht vor Verzerrungen

Die Frontkamera des iPhones ist so eingestellt, dass Sie die besten Ergebnisse erzielen, wenn Sie sich mit ausgestrecktem Arm fotografieren. Wenn Sie das iPhone zu dicht vor Ihr Gesicht halten, kommt es zu stärkeren Verzerrungen im Nasenbereich, und Ihr Gesicht wirkt unnatürlich.

Die Blitzfunktion nutzen

Das iPhone verfügt, wie auch schon seine Vorgänger, über einen integrierten LED-Blitz. In der linken oberen Ecke befindet sich ein Button, der auf **Automatisch** eingestellt ist. Tippen Sie auf diesen Button, öffnet sich eine Auswahl, die entweder den Blitz ausschaltet oder ihn dauerhaft aktiviert.

Ist die automatische Funktion eingeschaltet, löst der Blitz bei Bedarf selbsttätig aus. Hier ein Beispiel eines Lagerfeuerbildes bei Nacht in einem Abstand von circa zehn Metern, einmal ohne ❶ und einmal mit aktiviertem Blitz ❷.

Aufnahmen direkt anschauen und aussortieren

Sofort, nachdem Sie Ihre Aufnahmen gemacht haben, können Sie überprüfen, ob diese auch etwas geworden sind. Schlechte Aufnahmen können Sie sofort wieder löschen. Erfahren Sie hier, wie das geht:

1. Öffnen Sie die Kamera-App, machen Sie ein Foto, und tippen Sie dann unten links auf das kleine Vorschaubildchen ❶.

2. Es öffnet sich nun das aktuell von Ihnen geschossene Foto, und Sie können sofort beurteilen, ob Sie das Bild behalten möchten oder nicht.

3. Möchten Sie das Bild löschen, klicken Sie einfach auf das Papierkorb-Symbol ❷.

4. Indem Sie wieder auf den blau hervorgehobenen **Kamera**-Button tippen, kehren Sie in Ihre Kamera-App zurück ❸.

Eine Diashow erstellen

Wie nicht anders zu erwarten, können Sie mit dem iPhone 4S auch eine Diashow Ihrer Bilder erstellen. Dabei ist es egal, ob es sich um Bilder des Fotoalbums handelt oder um gerade gemachte Aufnahmen.

1. Um eine Diashow zu erstellen, öffnen Sie die Foto-App und tippen unter **Aufnahmen** in der Übersicht auf ein beliebiges Foto ❹.

2. Das Bild wird daraufhin groß dargestellt, und am unteren Rand wird eine Tableiste eingeblendet. Tippen Sie hier auf das **Play**-Symbol.

3. Im folgenden Bildschirm können Sie die Diashow-Übergänge und eine Hintergrundmusik festlegen. Tippen Sie hierzu auf **Übergänge**, und suchen Sie sich einen passenden Übergang aus.

4. Bei Bedarf können Sie jetzt noch eine Hintergrundmusik für Ihre Diashow auswählen. Aktivieren Sie hierzu die Musikwiedergabe, wählen Sie das Lied Ihrer Wahl aus, und tippen Sie auf **Präsentation starten**.

Starten Sie die Präsentation und genießen Sie die Diashow mit Ihren Bildern!

Diashow via AirPlay auf dem Fernseher abspielen

Sie können eine Diashow aber nicht nur auf Ihrem iPhone genießen, sondern sie auch anderen vorführen. Dafür kommt die AirPlay- Technik zum Einsatz. Folgendes sollte dafür vorhanden sein:

- ein aktives WLAN, in das sich auch Ihr iPhone einwählt

- ein Apple TV, das Sie über die HDMI-Schnittstelle an Ihren Fernseher angeschlossen haben

Hier erfahren Sie, wie das funktioniert:

1. Schalten Sie auf Ihrem iPhone das WLAN ein, starten Sie Ihre Foto-App, und wählen Sie ein Bild Ihrer Wahl aus, mit dem Sie Ihre Diashow starten möchten.

2. Tippen Sie nun auf das **AirPlay**-Symbol in der Tableiste.

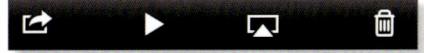

3. Wählen Sie **Apple TV** aus. Das **AirPlay**-Symbol wird nun blau hervorgehoben. Tippen Sie als Nächstes auf das **Play**-Symbol, und wählen Sie einen der folgenden Übergänge für Ihre Diashow aus: **Ken Burns**, **Origami**, **Reflexionen**, **Schnappschüsse**, **Mobile – Urlaub**, **Mobile – Fotos**, **Fotoalbum** und **Klassisch**.

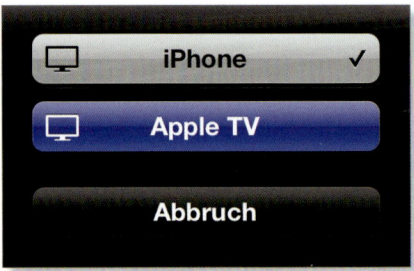

4. Legen Sie nun den entsprechenden Übergang fest, tippen Sie auf **Präsentation starten**, und genießen Sie Ihre Diashow auf dem eigenen Fernseher.

Diashow via HDMI auf den Fernseher übertragen

Apple hat darüber hinaus einen Adapter entwickelt, mit dessen Hilfe Sie den Bildschirminhalt Ihres iPhones/iPads auf dem Fernseher darstellen können.

Auf der linken Seite ❶ können Sie das Dock-Connector-Kabel für eine zusätzliche Stromversorgung anschließen, und auf der rechten Seite ❷ schließen Sie das HDMI-Kabel an.

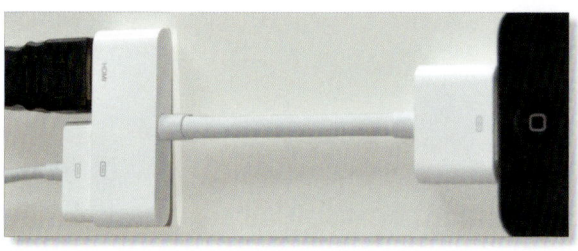

Passt – das Dock-Connector-Kabel und das HDMI-Kabel sind angeschlossen.

Fotos versenden (per E-Mail, SMS oder MobileMe)

Die mit Ihrem iPhone 4S erstellten Fotos können Sie Ihren Freunden zur Verfügung stellen, indem Sie sie versenden. Hierzu haben Sie verschiedene Möglichkeiten. Sie können die Bilder entweder per E-Mail als Nachricht (MMS) oder als Tweet über Twitter versenden.

Fotos als E-Mail versenden

1. Wenn Sie ein Foto per E-Mail versenden möchten, wählen Sie das entsprechende Foto aus, und tippen Sie in der Tableiste auf den **Versenden**-Button ❶.

2. Wählen Sie im nächsten Bildschirm den entsprechenden Button für die Versandart **Per E-Mail senden** aus.

3. Das E-Mail-Fenster öffnet sich, und Sie können den Absender, die Betreffzeile und weiteren Text eingeben.

4. Versenden Sie nun die E-Mail. Beim Adressaten wird sie wie folgt angezeigt:

Foto in einer Nachricht (MMS) versenden

Selbstverständlich können Sie Fotos auch über die Nachrichten-App als MMS versenden. Hierfür gibt es zwei Varianten, die ich Ihnen im Folgenden vorstellen möchte:

Die erste Variante:

1. Starten Sie Ihre Nachrichten-App, und tippen Sie auf das Foto-Symbol ❶. Sie werden daraufhin aufgefordert zu entscheiden, ob Sie ein **Foto od. Video aufnehmen** oder ob Sie lieber ein Foto aus Ihrem Album auswählen möchten.

2. Wenn Sie **Aus Album auswählen** ❷ angetippt haben, öffnet sich die Foto-App, und Sie können dort ein entsprechendes Bild auswählen, das anschließend in Ihre Nachricht eingefügt wird. Geben Sie den entsprechenden Adressaten ein, und versenden Sie Ihre Nachricht, die dann wie folgt aussieht:

Die zweite Variante:

1. Öffnen Sie Ihre Foto-App, und wählen Sie ein Foto aus, das Sie versenden möchten. Tippen Sie dann auf den **Bereitstellen**-Button in der Tableiste, und wählen Sie anschließend eine entsprechende Versandart, hier **Nachricht**, aus.

2. Es öffnet sich nun die Nachrichten-App, und Sie können manuell oder aus Ihren Kontakten einen Adressaten und Text eingeben und die Nachricht versenden.

Foto als Tweet versenden

Neu zum Umfang hinzugekommen ist die systemweite Twitter-Integration. Sie können also nun auch Bilder direkt aus der Foto-App heraus als Tweet versenden.

1. Geben Sie zunächst in den **Einstellungen** Ihre Twitter-Daten wie Name und Passwort ein. Sie müssen dies nur einmal tun, und Ihr iPhone wird den Account dann in Zukunft verwenden. Bei Bedarf können Sie auch noch den Tweet-Standort aktivieren.

2. Wählen Sie nun wieder ein Bild aus, tippen Sie erneut auf den **Bereitstellen**-Button, und wählen Sie **Tweet** aus.

3. Daraufhin wird ein Tweet erstellt, und Sie können noch einen zusätzlichen Text eingeben.

4. Tippen Sie zu guter Letzt auf den **Senden**-Button.

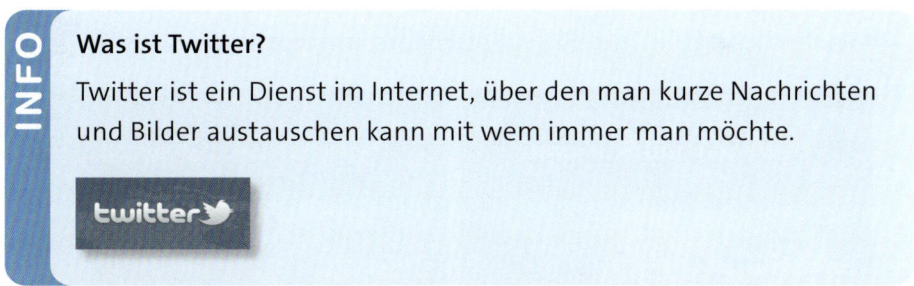

INFO

Was ist Twitter?

Twitter ist ein Dienst im Internet, über den man kurze Nachrichten und Bilder austauschen kann mit wem immer man möchte.

Aus einem Foto ein Hintergrundbild erstellen

Grundsätzlich können Sie aus jedem Ihrer Fotos ein Hintergrundbild erstellen, wenn Sie meinen, dass es sich lohnt ;-). Im Folgenden erfahren Sie, wie das geht:

1. Wählen Sie ein Bild aus Ihrer Foto-App aus, tippen Sie auf den **Bereitstellen**-Button, und wählen Sie **Hintergrundbild** aus.

2. Bewegen und skalieren Sie Ihr Foto, tippen Sie auf **Festlegen**, und weisen Sie Ihr Foto einem der beiden Bildschirme zu oder aber gleich beiden. In diesem Fall wurde der **Sperrbildschirm** ausgewählt.

Kontaktbilder machen

Die Kontakte können Sie ebenfalls mit entsprechenden Bildern versehen, um sie visuell ansprechender zu gestalten.

1. Öffnen Sie hierzu Ihre Foto-App, wählen Sie ein Bild aus, das einer Person zugeordnet werden kann, tippen Sie nun auf den **Bereitstellen**-Button, und wählen Sie **Zu Kontakt zuweisen** aus.

2. Es öffnet sich die Kontaktliste, aus der Sie den Kontakt auswählen können, dem das Bild zugeordnet werden soll. Tippen Sie ihn an, bewegen und skalieren Sie nun Ihr Bild, und beenden Sie diese Aktion mit dem Button **Foto sichern**.

3. So sieht dann das fertige Kontaktbild aus.

Nützliche Apps für die Kamera

Es gibt mittlerweile eine schier unendliche Anzahl von Apps für die Kamera. Ich möchte Ihnen daher hier lediglich einige wenige empfehlen, die zum Teil sogar gratis zu haben sind, einen guten Job machen und Ihre Fotos in einem ganz neuen Licht erstrahlen lassen. Danach erfahren Sie noch einiges zu weiterverarbeitenden Apps.

Hipstamatic

Bei Hipstamatic handelt es sich um eine App, die eine altertümliche Kamera mit Filmrolle nachahmt. Hiermit können Sie die Effekte nachbilden, die alte Filme und Optiken erzeugt haben. Ein Fotospaß für Freunde der analogen Fotografie. Mit In-App-Käufen können Sie weitere Filme, Optiken und Kameradesigns hinzukaufen.

Pixlromatic

Die Pixlromatic-App ist ebenfalls eine App, mit der Sie entweder bereits auf-genommene Fotos oder solche, die Sie mit der App schießen, mit einer ganzen Reihe von wirkungsvollen Effekten versehen können, um Ihren Fotos ein bestimmtes Aussehen zu geben. Verändern Sie alles nach Lust und Laune, und machen Sie aus eher langweiligen Bildern stimmungsvolle Fotos.

ProCamera

Die App ProCamera macht ihrem Namen alle Ehre. Sie verbessert die Eigenschaften der eingebauten Kamera deutlich und erweitert sie um nützliche Funktionen wie einen künstlichen Horizont, einstellbaren Selbstauslöser und vieles, vieles mehr.

Darüber hinaus funktioniert die Applikation sowohl im Foto- als auch im Videomodus. Eine hochinteressante App, die mehr aus Ihrer Kamera herausholt.

ColorSplash

 Diese App macht mehr aus Ihren Bildern. Aufgenommene Fotos werden in Schwarzweiß-Bilder konvertiert, und im Nachhinein können Sie selektiv die Farbe eines Objekts wieder hervorheben. Das lässt Ihre Bilder in einem ganz anderen Licht erscheinen. Eine sehr kreative App.

Photoshop Express

 Als Nächstes möchte ich Ihnen Photoshop Express vorstellen. Dabei handelt es sich um eine an einen Touchscreen angepasste Version der Bildbearbeitungssoftware Photoshop für den iPhone-Fotografen. Sie können Ihre Fotos schnell und ohne viel Aufwand bearbeiten und verbessern. Beschneiden Sie Ihre Fotos, schärfen Sie sie, erhöhen oder verringern Sie den Kontrast, fügen Sie Effekte hinzu und vieles mehr. Eine Bildbearbeitung, die wirklich effizient ist und den Touchscreen hervorragend nutzt. Als In-App-Kauf gibt es das Kamera-Pack, das die interne Kamera auch noch um einige Funktionen erweitert.

Adobe Ideas

 Zum Schluss noch etwas ganz Kreatives. Adobe hat Ideas, eine Bildbearbeitungssoftware für iPhone und iPad, herausgegeben. Hiermit können Sie allen Ihren kreativen Ideen freien Lauf lassen und Fotos ganz nach Belieben verfremden oder verändern. Empfehlenswert ist auf jeden Fall der In-App-Kauf von Ebenen, sodass man hier fast genauso gut arbeiten kann wie mit Photoshop. Die Oberfläche ist gut gegliedert und intuitiv erfassbar. Diese App macht nicht nur auf dem iPhone, sondern auch auf dem iPad Spaß.

Kapitel 11
Video

Mist! – Schon wieder keine Videokamera mitgenommen. Geht es Ihnen auch oft so, immer wenn Sie eine Kamera gebrauchen könnten, haben Sie keine dabei? Das hat nun ein Ende, da im iPhone eine mittlerweile wirklich gute Kamera eingebaut ist. Sie können damit sich selbst oder andere problemlos filmen. Auch Filme in der Dämmerung sind kein Problem, genauso wenig wie die Nachbearbeitung auf dem iPhone selbst.

*Videoschnitt ist auf dem iPhone ganz problemlos zu realisieren ❶. Video-
aufnahmen sowohl im Querformat ❷ als auch im Hochformat gehören
zum Standard des iPhones.*

Ein Video aufnehmen

Es ist genauso einfach, ein Video mit dem iPhone aufzunehmen, wie damit zu fotografieren.

1. Starten Sie die Kamera-App, und schieben Sie den unteren rechten Regler von **Fotografie** ❶ auf **Videoaufnahme** ❷.

2. Der Auslöser verändert sich und wird zu einem Aufnahme-Button ❸, den Sie vielleicht von Videokameras kennen.

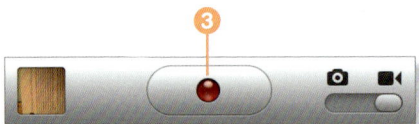

3. Tippen Sie darauf, wird die Videoaufnahme sofort gestartet. Sie können das zum einen daran erkennen, dass in der oberen rechten Bildecke eine Uhr mitläuft, und zum anderen daran, dass der rote Punkt zu blinken beginnt.

4. Sobald Sie den Film beenden möchten, tippen Sie wieder auf den blinkenden Videoauslöse-Button, und Ihre Aufnahme wird automatisch der Foto-App hinzugefügt. Sie finden sie dort neben Ihren Fotos, und erkennen sie daran, dass das Vorschaubild mit einer kleinen Videokamera ❹ versehen wurde.

Videos im Hoch- oder Querformat?

Selbstverständlich können Sie mit dem iPhone Ihre Videos sowohl im Hochformat als auch im Querformat drehen. Das Hochformat kann hier auch ganz nett sein. Allerdings sollten Sie beachten, dass die meisten Videoausgabegeräte Filme im Querformat besser darstellen, sodass es sich anbietet, Ihre Filme im Querformat aufzunehmen.

Vergleichen Sie einmal diese beiden Aufnahmen, die ich im Hochformat und im Querformat erzeugt habe. So wirkt ein im Hochformat aufgenommenes Video, wenn es im Querformat abgespielt wird. Will man das ganze Videobild sehen, entstehen breite schwarze Streifen.

Wollen Sie mit einem Doppelklick auf den Bildschirm die Darstellung so vergrößern, dass der komplette Bildschirm ausgefüllt ist, verlieren Sie sehr viel an Darstellungsfläche, wie Sie in der nächsten Abbildung erkennen können. Ein Film, der hingegen im Querformat aufgenommen wurde, lässt sich viel besser und mit deutlich weniger Verlusten im Vollbildmodus darstellen.

Im Querformat sieht der Hahn weit weniger interessant aus.

INFO

Videos starten im Querformat

Seit der neuen Softwareversion iOS 5 gibt es die Möglichkeit, die Lautstärkeknöpfe an der linken Seite als Auslöser zu verwenden. Das funktioniert auch im Videomodus. Besonders gut ist das, wenn Sie im Querformat filmen möchten.

Sich selbst geschickt filmen

Da das iPhone über zwei eingebaute Kameras verfügt, ist es sehr leicht, sich selbst zu filmen.

Öffnen Sie die Kamera-App, schalten Sie oben links die Kamera um, halten Sie Ihr iPhone mit ausgestrecktem Arm so, dass Sie sich im Bildschirm optimal sehen können, und starten Sie die Aufnahme.

Halten Sie dabei das iPhone am besten so, dass die Kamera des iPhones leicht von oben auf Sie herabzeigt.

TIPP

Vorsicht vor Verzerrungen im Videobild

Bei Videoaufnahmen gilt das Gleiche wie bei Fotos, wenn Sie sich selbst fotografieren bzw. filmen. Um Bildverzerrungen zu vermeiden, müssen Sie mit ausgestrecktem Arm filmen, da die eingebaute Kamera dann die besten Ergebnisse liefert.

Filmen mit dem LED-Hilfslicht

Sie können beim Filmen in dunklen Umgebungen genau wie beim Fotografieren auch das eingebaute LED-Hilfslicht nutzen, um Ihre Aufnahme etwas aufzuhellen. So gelingen Ihnen schöne Filme, auch wenn nur wenig Licht vorhanden ist.

Hier sehen Sie die identische Szene einmal ohne LED-Hilfslicht und einmal mit eingeschaltetem LED-Hilfslicht. Der Abstand zum gefilmten Objekt lag bei ungefähr einem Meter. Sie sehen, dass sich in manchen Fällen der Einsatz des Hilfslichtes durchaus lohnen kann. Probieren Sie es selbst aus.

HINWEIS

Stromfresser LED-Hilfslicht

Einen Nachteil hat das LED-Hilfslicht allerdings: Es benötigt viel Strom. Sie werden merken, dass schon nach kurzer Zeit die Batterieleistung rapide abnehmen wird. Nutzen Sie das Hilfslicht also vorsichtig.

Um das LED-Hilfslicht einzuschalten, gehen Sie so vor wie beim Fotografieren. Tippen Sie auf das Blitz-Symbol und anschließend auf **Ein** ❶, und Ihre Szenerie wird gut ausgeleuchtet.

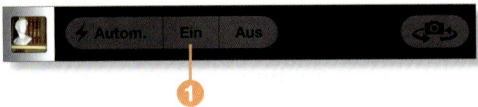

Filme direkt nach der Aufnahme anschauen und aussortieren

Genau wie auch beim Fotografieren können Sie sich Ihre Aufnahme, direkt nachdem Sie sie gemacht haben, noch einmal anschauen und entscheiden, ob Sie sie eventuell löschen möchten.

1. Wenn Sie etwas gefilmt haben, tippen Sie auf die kleine Bildvorschau ❶, um das zuletzt gefilmte Video anschauen und es beurteilen zu können.

2. Spielen Sie das Video mit Antippen des Play-Symbols ab. Wollen Sie das Video löschen, tippen Sie einfach auf das Papierkorb-Symbol ❷.

3. Kehren Sie anschließend durch Tippen auf das blaue Kamera-Symbol in der linken unteren Ecke in die Videoansicht zurück.

Filme auf dem iPhone bearbeiten

Sicherlich ist das iPhone kein ausgewiesenes Videoschnittgerät. Allerdings können Sie Ihren Videoclip recht genau am Anfang und am Ende in der Länge kürzen. Man nennt das *trimmen*.

Hochformat oder Querformat?

Sicherlich können Sie Ihre Filme sowohl im Hochformat als auch im Querformat bearbeiten. Ich möchte Ihnen aber das Querformat ans Herz legen, da die Trimmspur entsprechend länger wird, wenn Sie das Querformat benutzen. Auch Filme, die Sie im Hochformat gedreht haben, können Sie im Querformat bearbeiten.

1. Öffnen Sie die Foto-App, und wählen Sie aus Ihren Aufnahmen den Film-Clip aus, den Sie bearbeiten möchten ❶.

2. Tippen Sie auf das Video, nicht jedoch auf den **Play**-Button. Daraufhin erscheint eine Bearbeitungsleiste mit kleinen Vorschaubildern. Um die Funktion **Trimmen** zu aktivieren, tippen Sie links oder rechts auf den Rand der Bearbeitungsleiste ❶.

3. Diese Leiste wird nun gelb hervorgehoben und kann an beiden Enden bewegt werden ❷. Hier wurde der Anfang mit dem goldenen Hahn weggeschnitten.

4. Tippen Sie nun auf den **Trimmen**-Button, und Sie können entscheiden, ob Sie den Film im Original trimmen oder als neuen Clip sichern möchten.

TIPP

Umgang mit Originalen

Wenn Sie einen Videoclip drehen und dies z. B. im Urlaub machen, können Sie einmal gemachte Aufnahmen später nicht mehr wiederholen. Wenn Sie also einen Filmclip bearbeiten, sollten Sie ihn immer als neuen Clip sichern, um das Originalvideo nicht unwiederbringlich zu zerstören. Arbeiten Sie also immer mit einer Kopie, bzw. erzeugen Sie eine Kopie des Originalclips.

Wenn Sie Ihre Videoclips bearbeitet haben, können Sie diese Filme anschließend an Ihre Bekannten und Freunde versenden. Hierzu bietet Ihnen das iPhone verschiedene Möglichkeiten – z. B. per Mail oder MMS.

Filme versenden per E-Mail

Um Ihren Film per E-Mail zu versenden, sind nur wenige Handgriffe nötig:

1. Tippen Sie links unten auf den **Versenden**-Button und wählen im dann erscheinenden Overlay den Button **Per E-Mail senden** aus.

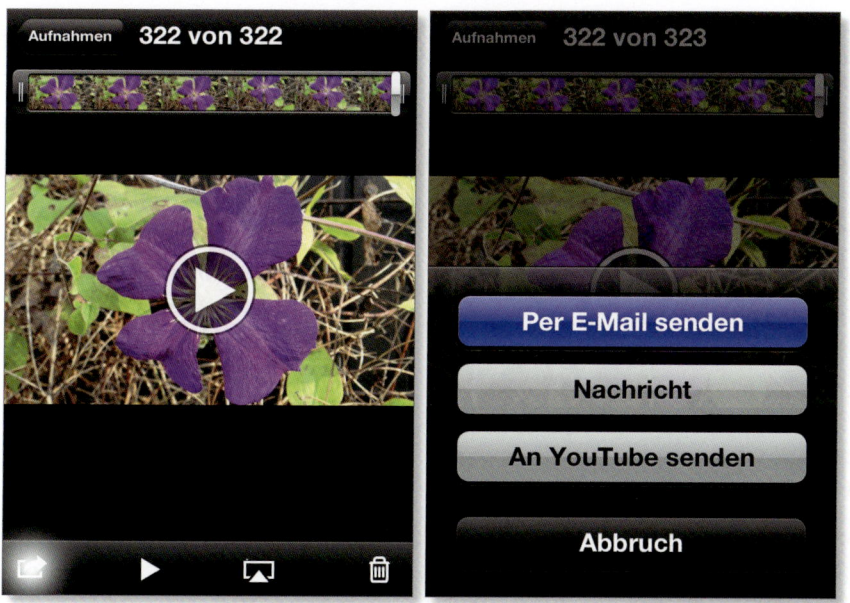

2. Daraufhin öffnet sich ein neues E-Mail-Fenster, in das Sie den Adressaten und die Betreffzeile eingeben können und, wenn Sie mögen, noch weiteren Text. Ist Ihre E-Mail fertig, tippen Sie auf den **Senden**-Button.

3. Der Empfänger erhält eine Mail, die ungefähr so aussieht:

Filme versenden via MMS

Das Versenden eines Clips als Nachricht (MMS) funktioniert analog zum Versenden per E-Mail.

1. Tippen Sie hier lediglich auf den Button **Nachricht**, um eine Nachricht zu erstellen.

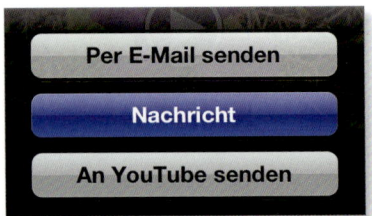

2. Daraufhin öffnet sich ein Nachrichtenfenster. Geben Sie hier den Adressaten ein, und schreiben Sie bei Bedarf noch einen Text dazu, diesen können Sie natürlich auch mit Siri diktieren.

3. Wenn Sie fertig sind, tippen Sie auf den **Senden**-Button und versenden Ihre MMS.

Filme auf YouTube laden

Besonders beliebt sind ja immer lustige Filme, die man bei YouTube findet. Diese Filme können Sie mit Ihrem iPhone selbst erstellen.

1. Haben Sie den Videoclip gedreht und fertig bearbeitet, tippen Sie unten links auf den **Senden**-Button und wählen im erscheinenden Overlay den Button **An YouTube senden** aus.

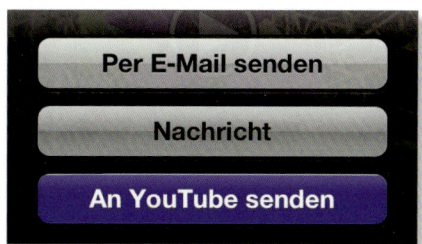

2. Daraufhin öffnet sich ein Anmeldefenster, mit dessen Hilfe Sie sich bei YouTube anmelden können. Voraussetzung ist natürlich, dass Sie sich

bereits bei YouTube registriert haben. Geben Sie hier nun Ihre Zugangs-
daten ein, tippen Sie auf **Anmelden**, und geben Sie im Folgenden eine
Überschrift und einen kurzen Erläuterungstext für Ihr Video ein. Tippen
Sie dann auf **Veröffentlichen**.

3. Um Ihren Videoclip später auch gut finden zu können, ordnen Sie ihn einer Kategorie zu und entscheiden, ob der Videoclip öffentlich bei YouTube
stehen soll, ob er nur mit einem Link sichtbar gemacht werden soll oder
ob er nur für Sie zugänglich im privaten Bereich gespeichert werden soll.
Haben Sie diese Entscheidung getroffen, tippen Sie auf **Veröffentlichen**.

4. Nach einem kurzen Augenblick, der benötigt wird, um Ihr Video hochzuladen, erhalten Sie eine Meldung von YouTube, die Sie auffordert, das Video auf YouTube anzuzeigen, es anzukündigen oder YouTube zu schließen. Tippen Sie auf **Anzeigen auf YouTube**. Sie sehen nun eine Übersicht Ihrer bereits hochgeladenen Videos. Tippen Sie auf den kleinen Pfeil oder direkt auf das Video, um es zu starten.

Voilà, es ist geschafft! Sie können sich Ihr Video nun auf YouTube anschauen.

Videobearbeitung mit iMovie auf dem iPhone

Noch ein kleiner Ausblick am Schluss dieses Kapitels. Mittlerweile ist auch eine iMovie-Version für das iPhone zum Preis von 3,99 EUR erhältlich.

1. Tippen Sie auf die iMovie-App, und es öffnet sich der Startbildschirm. Tippen Sie anschließend auf das Plus-Symbol ❶, um ein neues Projekt zu starten.

2. Im nächsten Schritt können Sie auswählen, ob Sie direkt mit der Kamera einen Film aufnehmen oder einen bereits aufgenommenen Videoclip in iMovie importieren möchten. Tippen Sie an die entsprechende Stelle.

3. Wählen Sie nun den Videoclip aus, den Sie für das Projekt benötigen.

4. Wurde der Clip eingefügt, können Sie weitere Bearbeitungsschritte vornehmen. Sprechen Sie einen Kommentar ❷, fügen Sie weitere Videoclips oder Bilder hinzu ❸, wählen Sie aus den vorgegebenen Themen ein Thema Ihrer Wahl aus, und versehen Sie es mit entsprechenden Einstellungen ❹, spielen Sie Ihren bearbeiteten Videoclip in der Voransicht ab ❺, filmen Sie weitere Sequenzen ❻, oder gehen Sie nach dem Beenden Ihrer Bearbeitung zurück in den Startbildschirm ❼.

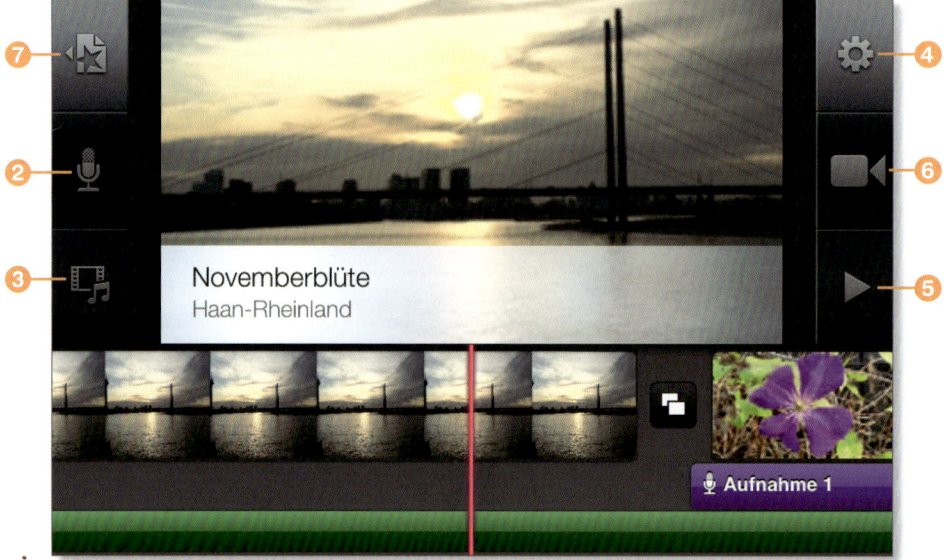

5. Haben Sie alle Bearbeitungsschritte ausgeführt, können Sie Ihr Video exportieren. Klicken Sie dazu im Startbildschirm unten auf den **Versenden**-Button, und entscheiden Sie im nächsten Bildschirm, wohin Sie Ihr Video senden möchten.

Kapitel 12
Karten und Navigation

Apple vertraut auch im neuen iPhone 4S wieder auf das Kartenmaterial von Google. Insgesamt gibt es allerdings einige interessante Neuerungen, etwa die Anzeige der momentanen Verkehrssituation und zweier Alternativrouten bei der Routenplanung. Sehen Sie hier, was alles hinzugekommen ist.

Sie sehen die Kartenansicht mit eingestelltem Blickwinkel-Indikator ❶, eine geplante Route ❷, die Darstellung der Verkehrssituation im Großraum Köln einmal in der Kartenansicht ❸ und einmal in der Satellitendarstellung ❹.

Die App »Karten«

Die Karten-App ist eine der von Apple vorinstallierten Applikationen und weitgehend identisch mit der Funktionalität von Google Maps, die Sie wahrscheinlich von Ihrem Computer kennen.

Die Karten-App verfügt über einige Ansichtsmodi, die ich Ihnen hier vorstellen möchte. Sie können zwischen den einzelnen Ansichten wechseln, indem Sie unten rechts auf das entsprechende Symbol tippen. Folgende Ansichten stehen Ihnen dann zur Verfügung:

Die Darstellung sieht auf dem iPhone wie folgt aus:

Sie erkennen hier die normale Kartenansicht ❶, die Satellitenansicht ❷, die Bildansicht entspricht der Satellitenansicht mit den Oberflächen der Straßen und Orte ❸ und schließlich die Listendarstellung der jeweils geplanten Route ❹.

In diesem Anschluss-Bildschirm können Sie sich ebenfalls noch die aktuelle Verkehrssituation einblenden lassen. Klicken Sie dazu auf den Button **Verkehr**.

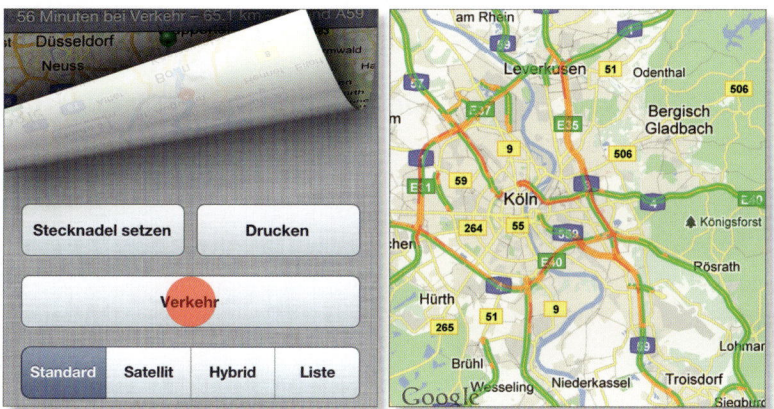

Bei grün umrandeten Straßen fließt der Verkehr frei, rote Abschnitte bedeuten Beeinträchtigungen im Verkehrsfluss bis hin zum Stau.

GPS-Empfang einstellen

Um überhaupt eine vernünftige Navigation mit dieser Karten-App durchführen zu können, müssen Sie den GPS-Empfang erst einmal einstellen.

1. Um den GPS-Empfang bzw. die Ortungsdienste einzustellen öffnen Sie zunächst die **Einstellungen** und tippen auf **Ortungsdienste** **5**.

2. Aktivieren Sie die Ortungsdienste, indem Sie den Regler nach rechts schieben.

3. Nun werden alle Apps eingeblendet, die Ortungsdienste verwenden. Bei Karten sollte der Regler aktiviert sein.

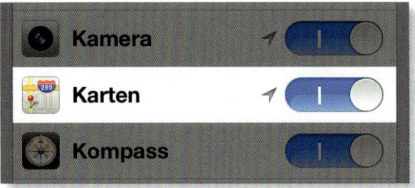

Die eigene Position finden

Egal, wo Sie sich gerade aufhalten, die Karten-App ist in der Lage, Ihre exakte Position ohne Probleme zu bestimmen, wenn Sie sich z. B. mal verlaufen haben.

1. Öffnen Sie die Karten-App, tippen Sie in die Suchansicht, und Sie sehen nach wenigen Sekunden bereits einen blauen Punkt, der Ihre ungefähre Position anzeigt.

2. Tippen Sie nun auf das kleine Pfeil-Symbol in der linken unteren Ecke ❶, und Ihre Position wird exakt bestimmt.

3. Wenn der Suchvorgang des GPS-Systems im Gange ist, erkennen Sie das anhand der pulsierenden Kreise um den Punkt herum.

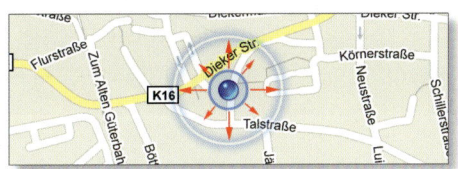

So erkennen Sie ein eingeschaltetes GPS-Signal

Sie können sofort erkennen, ob Sie die Ortungsdienste für die Karten-App eingeschaltet haben. Oben rechts in der Menüleiste befindet sich dann nämlich ein kleiner violetter Pfeil, der das eingeschaltete GPS-Signal symbolisiert. Ist dieser Pfeil grau, ist das GPS-Signal nicht verfügbar bzw. ausgeschaltet.

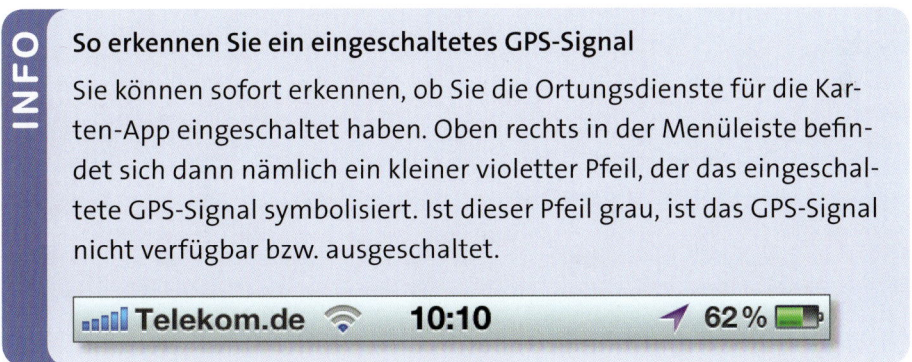

Sollten Sie sich einmal in einer fremden Stadt nicht so gut auskennen und nicht genau wissen, in welche Richtung Sie gerade blicken, hilft Ihnen Ihr iPhone auch hier weiter.

Tippen Sie in der Karten-App einmal unten links auf den Button ❶ (siehe Seite 309), und die GPS-Erkennung wird aktiviert. Tippen Sie ein zweites Mal auf diesen Button, ändert er sich, und die Ansicht wird dank des eingebauten Kompasses so geändert, dass Sie genau sehen können, in welche Richtung Ihr iPhone jetzt zeigt.

Der Routenplaner

Mit der Karten-App können Sie auch eigene Routen planen. Sie können dabei die Adressen entweder manuell eingeben oder Adressen aus Ihren Kontakten verwenden. Erfahren Sie hier, wie das genau geht.

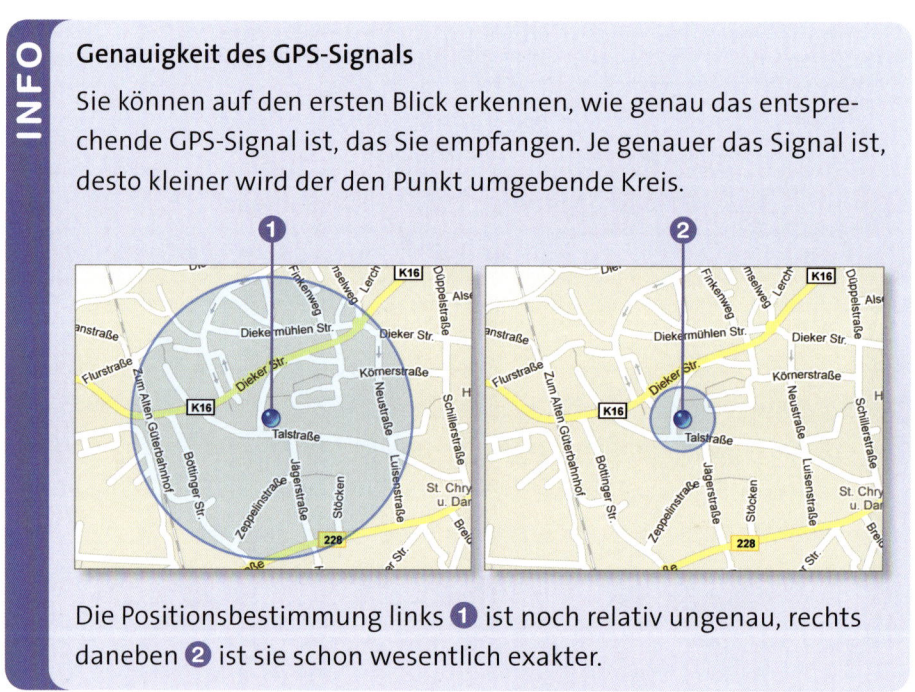

INFO

Genauigkeit des GPS-Signals

Sie können auf den ersten Blick erkennen, wie genau das entsprechende GPS-Signal ist, das Sie empfangen. Je genauer das Signal ist, desto kleiner wird der den Punkt umgebende Kreis.

Die Positionsbestimmung links ❶ ist noch relativ ungenau, rechts daneben ❷ ist sie schon wesentlich exakter.

Stellen Sie sich vor, Sie möchten einen Freund besuchen, dessen Adresse Sie bereits in Ihren Kontakten gespeichert haben. Dann gehen Sie wie folgt vor:

1. Öffnen Sie die Karten-App, und tippen Sie auf **Route**. Auf dem folgenden Bildschirm tippen Sie dann auf das **Telefonbuch-Symbol** ❸, um in Ihre Kontakte zu gelangen, und wählen den entsprechenden Kontakt aus.

2. Ihnen werden daraufhin eine entsprechende Route und zwei Alternativrouten eingeblendet. Die Unterschiede in der Länge der jeweiligen Route erkennen Sie anhand der Streckenindikation oberhalb der Kartenansicht ❹.

3. Um die Navigation zu starten, tippen Sie auf **Start**.

4. Sie werden dann Stück für Stück durch die Strecke geführt. Der Übersicht halber habe ich Ihnen das einmal anhand von drei Wegpunkten (1, 4 und 14) dargestellt.

5. Sie können sich die Route natürlich auch als Liste anzeigen lassen. Möchten Sie sich eine andere Route anschauen, tippen Sie oben links auf den blauen Button ❶ und wählen z. B. Alternativroute 2 aus. Um wieder in den Listenmodus zu gelangen, müssen Sie die Listenansicht erneut auswählen.

Unterschiede für Fußgänger, Autos und öffentliche Verkehrsmittel

Es gibt tatsächlich Unterschiede in der Navigation – abhängig davon, ob Sie mit dem Auto, mit öffentlichen Verkehrsmitteln oder zu Fuß eine bestimmte Route zurücklegen. Ich werde Ihnen das anhand eines Beispiels verdeutlichen.

Ich habe eine kurze Route zwischen Haan und der Nachbarstadt Gruiten gewählt. Die Distanz zwischen beiden Städten liegt ungefähr bei 3–4 km.

Der Unterschied ist hier ganz deutlich zu erkennen. Das Auto ❷ benötigt für 3,9 km acht Minuten bei Verkehr. Die öffentlichen Verkehrsmittel ❸ werden nicht angezeigt. Der Fußgänger ❹ benötigt für einen 3,5 km langen Weg 44 Minuten, und es ist zu erkennen, dass er einen komplett anderen Weg wählt.

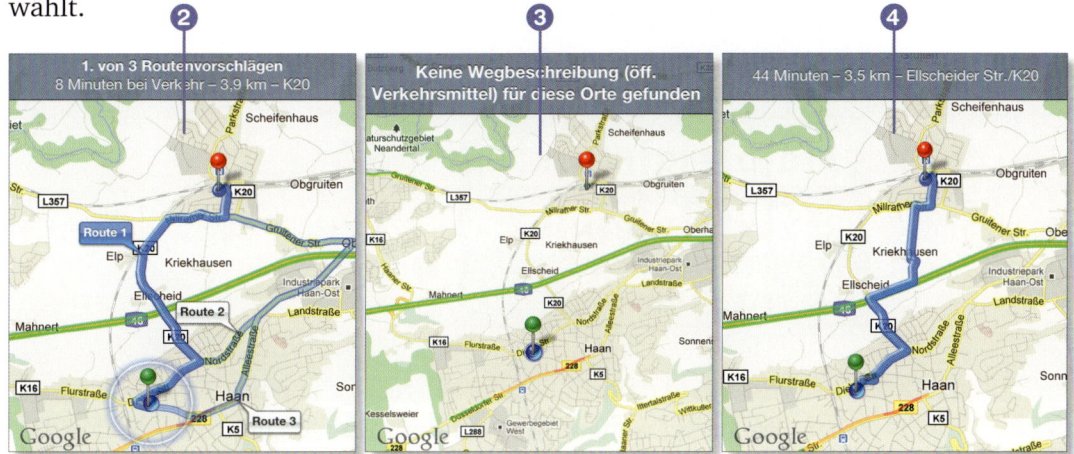

Adressen suchen

Ein ganz großer Vorteil der Karten-App ist die Möglichkeit, gezielt nach bestimmten Adressen suchen zu können. Die entsprechende Adresse muss dabei nicht in Ihrem Adressbuch vorhanden sein. Gehen Sie wie folgt vor, um eine Adresse zu finden:

1. Öffnen Sie die Karten-App, und tippen Sie auf **Suchen**. Tippen Sie nun die gewünschte Adresse in das Suchfeld ein, oder diktieren Sie sie, indem Sie auf den **Mikrofon**-Button ❶ (siehe Seite 310) tippen.

2. Die Adresse wird daraufhin sofort angezeigt und mit einem Etikett versehen. Wenn Sie weitere Infos zu der Adresse benötigen, weil es sich z. B. um ein Restaurant oder Museum handelt, tippen Sie auf den blauen Pfeil in dem Etikett ❷, und Sie gelangen in die Infoansicht.

3. Aus dieser Ansicht heraus können Sie ebenfalls die Route berechnen, die dorthin- oder von dort wegführt. Tippen Sie auf **Route hierhin**, und die Route wird Ihnen auf der Karte dargestellt.

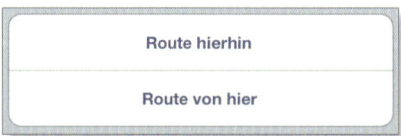

4. Zusätzlich können Sie die Adresse Ihren Kontakten hinzufügen ❸, die Geodaten des Ortes als E-Mail, als Nachricht oder als Tweet versenden ❹ oder die Adresse zu Ihren Lesezeichen hinzufügen ❺.

Eigene Kontakte in der Karten-App darstellen lassen

Wenn Sie Ihre eigenen Kontakte in der Karten-App darstellen lassen möchten, ist das mit Ihrem iPhone 4S auch kein Problem. Gehen Sie dabei wie folgt vor:

1. Öffnen Sie Ihre Kontakte, und suchen Sie sich einen entsprechenden Kontakt aus, indem Sie darauftippen.

2. Der Kontakt öffnet sich, und alle entsprechenden Kontaktdaten werden Ihnen angezeigt. Tippen Sie nun auf die Adresse, um sie sich in der Kartendarstellung anzeigen zu lassen.

Google Street View

Wie Sie sicherlich schon vermutet haben, erlaubt die Karten-App auch die Darstellung von Googles Street-View-Ansicht. Im Folgenden werde ich Ihnen zeigen, wie Sie die Street-View-Ansicht von Google auf Ihrem iPhone nutzen können.

Sie haben sicherlich bei in der Karten-App bereits ein kleines Symbol bemerkt, das eine Person in einem orangefarbenen Kreis darstellt. Taucht dieses Symbol auf, ist das ein Zeichen dafür, dass hier eine Street-View-Ansicht vorhanden ist.

1. Geben Sie ein beliebiges Ziel in Ihrer Karten-App ein, tippen Sie auf **Suchen**, und das Ziel erscheint umgehend. Tippen Sie nun auf das eben beschriebene Symbol des Männchens in einem orangefarbenen Kreis, und die Street-View-Ansicht öffnet sich.

2. Um sich nun besser orientieren zu können, wischen Sie mit dem Finger in horizontaler Richtung über den Bildschirm. Wischen Sie nach rechts, dreht sich die Ansicht so, als würden Sie den Kopf nach links drehen und umgekehrt. Zur besseren Orientierung befindet sich rechts unten eine kleine Kartenansicht, die den Blickwinkel anzeigt, den Sie gerade haben.

3. Egal, in welche Richtung Sie wischen, Sie erhalten eine 360°-Ansicht des jeweiligen Ortes. Wenn Sie mehrfach auf den transparenten Pfeil ❶ tippen, der, mit einem Straßennamen versehen, halb transparent über der Straße liegt, haben Sie den Eindruck, als führen Sie die Straße entlang. Mit einem Finger-Tipp zoomen Sie in der Ansicht Richtung Horizont.

4. Möchten Sie diese Ansicht wieder verlassen, tippen Sie einmal auf den Bildschirm, auf dem dann ein Overlay erscheint, das den Straßennamen anzeigt. Tippen Sie auf den Button **Fertig**, um wieder in die Kartenansicht zu gelangen.

Kapitel 13
Das iPhone als iPod

Es gibt Menschen, die es lieben, viele verschiedene Geräte wie ein Handy, ein Navigationsgerät oder einen iPod mit sich herumzutragen. Diese Menschen muss ich enttäuschen, denn das iPhone vereinigt alle diese Funktionen in einem Gerät. Besonders die iPod-Funktionalität hat es mir angetan.

Egal, ob Hörbuch ❶*, Musiktexte* ❷*, Cover Flow* ❸ *oder Musikvideos* ❹*, der iPod im iPhone bietet eine ganze Menge.*

Der iPod auf dem iPhone

Seit es das iPhone gibt, gibt es auch den iPod auf dem iPhone. Keiner möchte diese Funktion seither missen. Der iPod verfügt zwar nicht mehr über ein sogenanntes *Scrollrad*, aber die Bedienung über die Multitouch-Oberfläche ist ebenfalls sehr praktisch.

Das Icon ist zwar mit dem Begriff *Musik* betitelt, allerdings verbirgt sich dahinter noch viel mehr, nämlich Hörbücher Podcasts, Musikvideos etc. In diesem Kapitel lernen Sie alle diese Möglichkeiten kennen.

Musik automatisch auf den iPod übertragen

Es gibt verschiedene Alternativen, Musiktitel auf den in Ihrem iPhone integrierten iPod zu übertragen. Sie können Ihre Musik entweder manuell verwalten, oder Sie wählen aus verschiedenen Wiedergabelisten und Sortierungen die Musik aus, die Sie hören möchten. Es besteht aber auch die Möglichkeit einer automatischen Übertragung Ihrer Musik. Wie das geht, erfahren Sie in diesem Abschnitt.

1. Öffnen Sie iTunes, und schließen Sie Ihr iPhone an Ihren Computer an. Gehen Sie auf die Registerkarte **Musik** ❶, und setzen Sie vor **Freien Speicherplatz automatisch mit Titeln füllen** ❷ ein Häkchen. Zurzeit ist noch 6,6 Gigabyte Platz auf dem iPhone. Tippen Sie auf **Anwenden** ❸, um Ihre Änderungen bei der nächsten Synchronisation zu realisieren.

2. Nach der Synchronisation wurde der iPad des iPhones nahezu komplett mit Audiotiteln gefüllt. Da hierfür die Einstellung **Ausgewählte Wieder-gabelisten, Interpreten, Alben und Genres** gewählt werden muss, konn-te das iPhone nicht komplett mit Wiedergabelisten gefüllt werden, da diese immer nur komplett überspielt werden können und somit ein klei-ner Rest an Speicherplatz überbleibt.

Diese Einstellung ist allerdings schon deshalb unpraktisch, weil das iPhone ohnehin ständig mit Informationen bestückt wird – seien es neue Kalender-einträge, neue Kontakte, neue Einkäufe etc. Es sollte also immer noch ein gehöriger Rest freier Speicherplatz übrig bleiben, sodass diese Daten auf jeden Fall noch Platz finden.

Inhalte manuell verwalten

Aus den oben genannten Gründen bietet es sich an, die Inhalte für den iPod auf dem iPhone manuell zu verwalten. Hierzu müssen Sie im Vorfeld ledig-lich eine Einstellung vornehmen.

1. Um die Inhalte manuell verwalten zu können, müssen Sie in iTunes in den iPhone-Einstellungen auf der ersten Registerkarte **Übersicht** unter **Optionen** ein Häkchen vor **Musik und Videos manuell verwalten** ❹ setzen.

2. Das bedeutet, dass alle Inhalte, bei denen es sich um Audio- und Videodateien handelt, in der iTunes-Ansicht grau dargestellt sind und nicht mehr automatisch synchronisiert werden.

3. Möchten Sie nun Audio- oder Videoinhalte manuell auf Ihren iPod bekommen, müssen Sie diese Inhalte mit gedrückter linker Maustaste per Drag & Drop auf Ihr iPhone ziehen. Das können Sie z. B. tun, indem Sie in der Cover-Flow-Ansicht das Album-Cover auf Ihr iPhone ziehen.

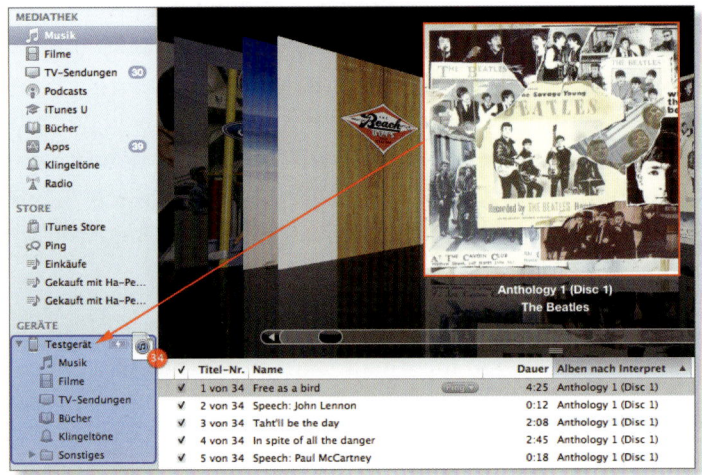

Auf diese Weise können Sie auch einzelne Titel, Wiedergabelisten, Podcasts, Filme und andere Inhalte auf Ihr iPhone befördern.

Bei dieser Methode haben Sie die volle Kontrolle über die Inhalte Ihres iPods.

Musikwiedergabe mit dem iPod

Wenn Sie nun Ihren iPod entsprechend mit Musik bestückt haben, können Sie die Titel nach Belieben unterwegs abhören.

1. Um Musik auf Ihrem iPod wiedergeben zu können, tippen Sie auf die Musik-App und in der Tableiste z. B. auf **Alben**. Tippen Sie nun auf ein Album Ihrer Wahl, und es öffnet sich eine Ansicht, die Ihnen die Lieder zeigt, die

Sie aus dem Album auf den iPod kopiert haben. Tippen Sie nun auf das Lied, das Sie sich anhören möchten, und es wird direkt abgespielt.

2. Der Bildschirm zeigt nun die Oberfläche des iPods im Abspielmodus. Der Bildschirm ist in drei Bereiche unterteilt, die ich hier Ihnen hier kurz vorstellen möchte: Die obere Leiste zeigt den Interpreten, den aktuell abgespielten Titel und dem Albumnamen ❶. Der Pfeil links daneben ❷ führt Sie zurück in die Musikauswahl. Der Button auf der rechten Seite ❸ schaltet um auf die Listenansicht, sodass Sie erkennen können, welche Lieder zum Album gehören. Sind Sie in der Listenansicht, ändert sich der Button ❸ und springt zurück zur Cover-Ansicht. Der untere Bereich ❹ enthält die Bedienelemente Play, Pause, Vor- und Zurückspulen, Lautstärke und AirPlay. Der mittlere Bereich ❺ zeigt standardmäßig das aktuelle Album-Cover an. Schalten Sie mit dem Button ❸ auf die Listenansicht um, ändert sich der zentrale Bereich und zeigt die Liste ❻ der dem Album zugehörigen Titel. Die Listenansicht verzeichnet ebenfalls die Reihenfolge der Lieder im Album und die Länge jedes einzelnen Liedes. Oberhalb dieser Liste können Sie jedes einzelne Lied mit einem bis fünf Sternen bewerten ❼.

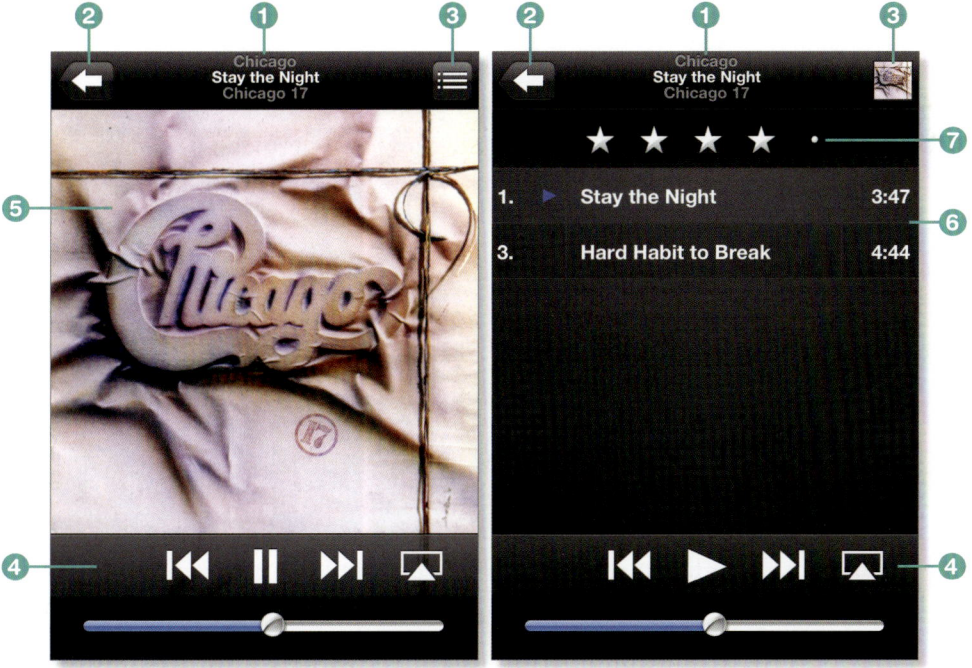

Musikwiedergabe bei gesperrtem iPhone

Sie können auch bei einem iPhone im Bereitschaftsmodus mit ausgeschaltetem Display den iPod aktivieren und das zuletzt gespielte Lied wiedergeben.

Tippen Sie hierzu zweimal auf die Home-Taste, und im Sperrbildschirm erscheinen die iPod-Bedienung ❶ und Informationen zum aktuellen Titel ❷.

Sie können auch aus dieser Ansicht Ihre Songs abspielen, vor- und zurückspulen oder Titel via AirPlay senden.

Die einzelnen Ansichten des iPods

Bevor ich Ihnen die weiteren Bedingungsmöglichkeiten des iPods erläutere, möchte ich Ihnen zuerst die verschiedenen Ansichten des iPods vorstellen, sodass Sie selbst entscheiden können, wie Sie Ihre Musik erleben möchten.

Die Listenansicht

Die Listenansicht enthält alle von Ihnen auf den iPod kopierten Wiedergabelisten.

Die von Ihnen erstellten Wiedergabelisten werden in alphabetischer Reihenfolge angezeigt. Das einfache Antippen einer Wiedergabeliste öffnet diese und zeigt Ihnen alle Titel an, die zu dieser Liste gehören.

In der Titelzeile befindet sich der Name der aktuell ausgewählten Wiedergabeliste, darunter noch einige Einstellungsmöglichkeiten, die zufällige Wiedergabe und die Liste der dieser Wiedergabeliste zugehörigen Titel inklusive des Albums, aus dem sie entnommen worden sind.

Um die Wiedergabeliste zu bearbeiten, tippen Sie auf den Button **Bearbeiten** ❶.

Sie können, indem Sie den Finger auf den Querstrichen hinter dem jeweiligen Lied gedrückt halten, die Titel in der Reihenfolge verändern. Sie können aber auch jedes einzelne Lied aus der Wiedergabeliste löschen, wenn Sie auf das kleine rote Minus-Symbol und anschließend auf **Löschen** tippen ❷.

Haben Sie die Modifikationen an Ihrer Wiedergabeliste abgeschlossen, tippen Sie auf den **Fertig**-Button.

Sie haben aber noch eine weitere Möglichkeit, mit Listen zu arbeiten. Angenommen, Sie haben eine Wiedergabeliste erstellt, die bereits mit Songs gefüllt ist. Wenn Ihnen diese Zusammenstellung nicht mehr gefällt, können Sie sie ändern.

Tippen Sie auf **Leeren**, um die aktuelle Wiedergabeliste von allen Titeln zu befreien. Die Wiedergabeliste als solche bleibt jedoch unter dem alten Namen bestehen, nur dass sich nun keine Lieder mehr darin befinden.

Gefällt Ihnen eine Wiedergabeliste überhaupt nicht mehr, können Sie diese antippen auf demselben Wege und ganz einfach löschen.

Die Ansicht »Interpreten«

Eine weitere interessante Ansicht in Ihrem iPod ist die Ansicht **Interpreten**. Hier haben Sie einen sehr guten Überblick über alle Songs und Alben, die sich von einem bestimmten Interpreten auf Ihrem iPod befinden.

Die Ansicht **Interpreten** ist ähnlich aufgebaut wie die Listenansicht zuvor. Die Namen der Interpreten sind alphabetisch angeordnet, und oberhalb dieser Anordnung befindet sich der Menüpunkt **Alle Alben** ❶.

Tippen Sie darauf, und Sie gelangen in eine Listenansicht mit dem jeweiligen Album-Cover, und **Alle Alben** wird zu **Alle Titel**. Nach einem weiteren Tipp werden alle Titel in alphabetischer Reihenfolge angezeigt, und **Alle Titel** wird zu **Zufällig**.

Wenn Sie nun in der Ansicht **Interpreten** auf einen Namen tippen, werden Ihnen alle Alben dieses Interpreten angezeigt.

Tippen Sie auf **Alle Titel** ❷, und Sie gelangen in eine Listenansicht, die nunmehr alle Titel dieses Interpreten in alphabetischer Reihenfolge auflistet.

Die Ansicht »Titel«

Die Ansicht **Titel** ist eigentlich die simpelste Ansicht. Sie zeigt alle Musiktitel, die sich auf Ihrem iPod befinden, in alphabetischer Reihenfolge (siehe Abbildung auf Seite 324).

Die Ansicht »Compilations«

Wenn Sie häufig Musikzusammenstellungen – z. B. Best-of-CDs einzelner Künstler, Genrezusammenstellungen wie Jazz-Sampler oder Weihnachtsklassiker – hören, dann ist die Ansicht **Compilations** genau die richtige für Sie. Nur in dieser Ansicht können Sie derartige Zusammenstellungen genießen.

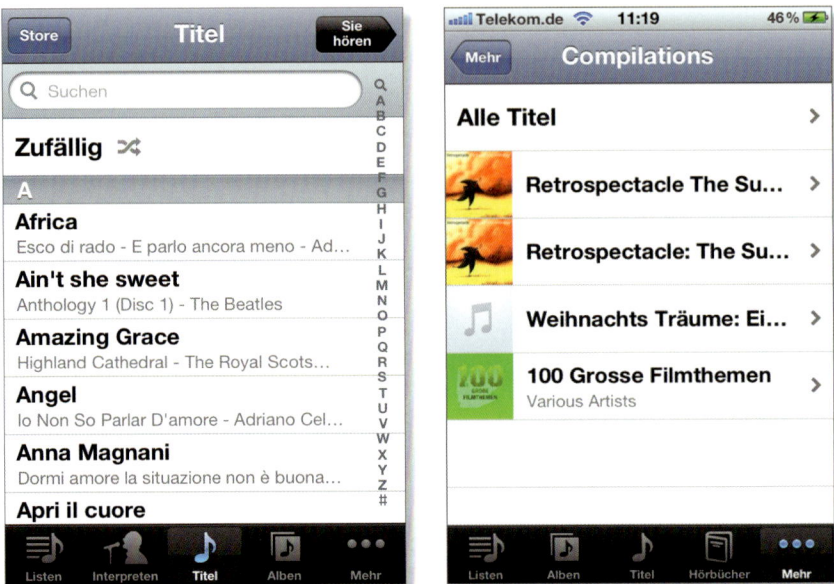

Links die Ansicht »Titel«, rechts die Ansicht »Compilations«

Die Ansicht »Genres«

Oder sind Sie ein Genre-Fan? Dann ist diese Ansicht natürlich das Nonplusultra für Sie. Lassen Sie sich Ihre Titel nach Genres wie Rock, Pop, Blues oder Jazz anzeigen. Erfahren Sie auf dieser Weise mehr über Ihre eigene Mediathek.

Sie sehen auf den ersten Blick, welche Genres sich zurzeit auf Ihrem iPhone befinden. Tippen Sie in diesem Beispiel auf **Jazz**, bekommen Sie im nächsten Bildschirm alle Jazz-Künstler angezeigt. Klicken Sie nun auf **Alle Alben**, erhalten Sie eine Übersicht aller Jazz-Alben auf Ihrem iPod.

Sie können sich auch hier wieder alle Titel in alphabetischer Reihenfolge anzeigen lassen. Selbstverständlich können Sie sich diese Titel aber auch in einer zufälligen Reihenfolge anhören.

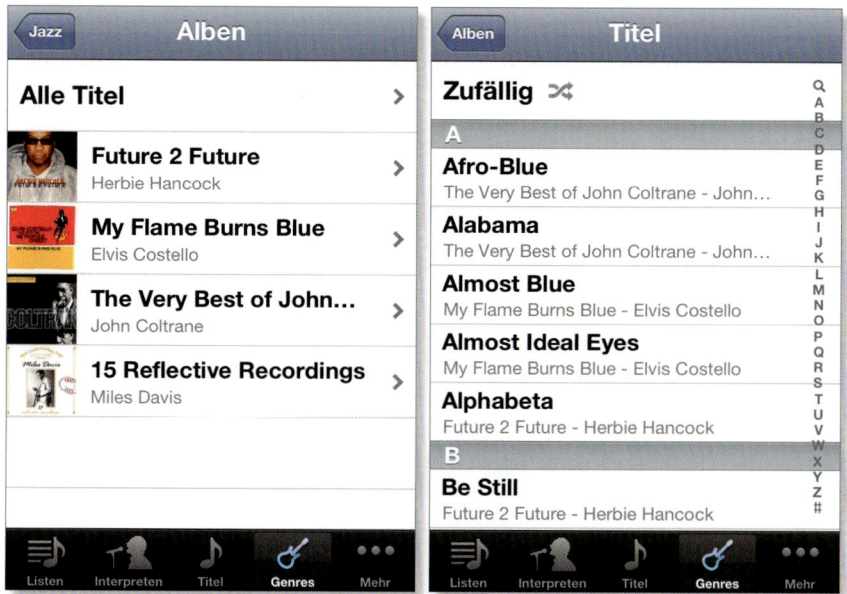

Links die Übersicht der Alben, rechts die einzelnen Titel in alphabetischer Reihenfolge

Wählen Sie eines der Alben aus, bekommen Sie dessen Inhalt, das Album-Cover, den Namen des Albums, die Länge, die Anzahl der Musiktitel und das Veröffentlichungsdatum angezeigt. Selbstverständlich können Sie sich die einzelnen Titel auch in einer zufälligen Reihenfolge anhören.

Die Ansicht »Komponisten«

Bei dieser Ansicht kommen Klassikfans voll auf ihre Kosten, denn solche suchen häufiger nach Komponisten als nach Interpreten gesucht.

Tippen Sie einfach auf den Namen eines Komponisten, dann auf das entsprechende Album, und im nächsten Bildschirm können Sie die Musikstücke entweder der Reihe nach oder zufällig abspielen.

Die Cover-Flow-Ansicht

Die Cover-Flow-Ansicht ist meiner Ansicht nach die schönste, wenn Sie Ihre Mediathek visuell erfahren möchten. Um in die Cover-Flow-Ansicht zu gelangen, müssen Sie lediglich Ihr iPhone von der Hochkant-Position in die waagerechte Position bringen. Sie können nun mit dem Finger über das Display wischen und auf diese Weise Ihre Mediathek visuell erfahren.

Wenn Ihr iPhone nicht auf Cover Flow umschaltet

Sollte Ihr iPhone einmal nicht in die Cover-Flow-Ansicht umschalten, dann kann es daran liegen, dass Sie die Ausrichtungssperre noch aktiviert haben. Um die Ausrichtungssperre zu deaktivieren, drücken Sie zweimal in schneller Folge auf den Home-Button und streichen so lange nach rechts, bis Sie die folgende Darstellung sehen:

Tippen Sie nun auf das kleine Schloss, und die Ausrichtungssperre ist aufgehoben.

Wiedergabelisten

Die Wiedergabelisten auf Ihrem iPod sind eine gute Möglichkeit, um Ihre Musik immer wieder anders kennenzulernen. Seit einiger Zeit ist es möglich, auch auf dem iPod Wiedergabelisten zu erstellen. Hier erfahren Sie, wie das geht.

Angenommen, Sie haben bereits eine ganze Reihe verschiedener Wiedergabelisten aus iTunes auf Ihren iPod kopiert, finden Sie diese in der Ansicht **Listen**.

1. Um eine neue Wiedergabeliste zu erstellen, tippen Sie auf **Liste hinzufügen**. Geben Sie im nächsten Bildschirm den Titel Ihrer neuen Wiedergabeliste ein, oder diktieren Sie ihn. Bestätigen Sie den neuen Namen, indem Sie auf **Sichern** tippen.

2. Im nun folgenden Bildschirm können Sie durch Tippen auf die kleinen blauen Plus-Symbole Titel zu Ihrer Wiedergabeliste hinzufügen. Hinzugefügte Titel werden dann hellgrau dargestellt. Haben Sie Ihre Auswahl getroffen, bestätigen Sie dies mit dem **Fertig**-Button, und Sie sehen den Inhalt der von Ihnen erstellten Wiedergabeliste, die Sie natürlich jederzeit noch bearbeiten können.

3. Die neue Liste reiht sich nahtlos in Ihre Wiedergabelisten ein.

Musik suchen

Geht es Ihnen auch so – Sie haben inzwischen so viele Musiktitel auf Ihrem iPod, dass Sie den Überblick verloren haben? Sie wissen nicht mehr, wo ein bestimmter Titel abgespeichert ist? Suchen Sie doch einfach danach.

1. In jeder der in diesem Kapitel beschriebenen Ansichten können Sie auch nach Liedern suchen. Schieben Sie hierzu die Ansicht nach unten.

2. Tippen Sie nun in das Suchfeld, und geben Sie den entsprechenden Songtitel ein, oder diktieren Sie ihn. Ist der Titel auf Ihrem iPod vorhanden, wird er sofort angezeigt.

Sie müssen dabei noch nicht einmal unbedingt auf den **Suchen**-Button tippen, da die Suche sofort beginnt, sobald Sie den ersten Buchstaben eintippen.

In der übergreifenden Suche nach Liedern suchen

Sie müssen sich aber nicht unbedingt in einer iPod-Ansicht befinden, um nach Liedern zu suchen. Dies können Sie auch in der übergreifenden Suche auf Ihrem iPhone erledigen. Sie müssen allerdings vorher in den **Einstellungen** den iPod in die durchsuchbaren Apps mit aufnehmen.

1. Tippen Sie in den **Einstellungen** des iPhones auf **Allgemein**, dann auf **Spotlight-Suche**, und aktivieren Sie **Musik**. Um die Bedeutung in Ihren Suchergebnissen zu erhöhen, können Sie die Rubrik **Musik** auch weiter nach oben ziehen.

2. Jetzt können Sie in der iPhone-übergreifenden Spotlight-Suche nach Ihren Musiktiteln suchen. Haben Sie das gewünschte Ergebnis gefunden, müssen Sie den Titel nur einmal antippen, und schon wird er abgespielt.

Musikwiedergabe mit dem Headset steuern

Selbstverständlich können Sie die Musik, die Sie in Ihrem iPhone-iPod ge-speichert haben, auch mit dem mitgelieferten Headset steuern. Sie können die Lautstärke über die Tasten + und – regeln und über den Knopf in der Mitte Songs abspielen oder pausieren (einmal drücken) oder ein Lied vor-springen (zweimal drücken).

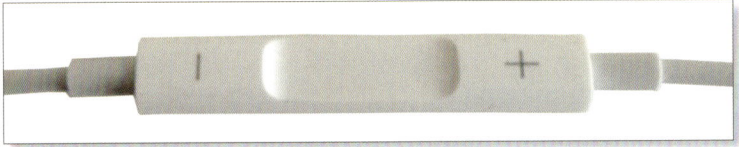

Sie können die Musikwiedergabe auch dann starten, wenn die Musik-App nicht geöffnet ist und Ihr iPhone sich im Stand-by-Betrieb befindet. Die Mu-sikwiedergabe beginnt dann dort, wo sie das letzte Mal beendet wurde.

Ihre Lieder auf dem iPod bewerten

Sie können auf dem iPod Ihre Titel auch ganz problemlos bewerten. In der Listenansicht eines jeden Titels befindet sich eine Reihe von fünf Punkten oberhalb der Liste. Tippen Sie jeweils auf den Punkt, der in Ihren Augen die richtige Bewertung für diesen Titel ist, oder wischen Sie über die Punkte. Eine Fünf-Sterne-Bewertung stellt, wie bei Hotels auch, die beste Bewertung dar.

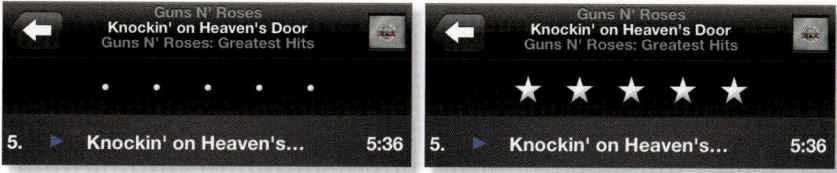

Die Schüttelfunktion nutzen

Die Schüttelfunktion erlaubt es Ihnen, ohne weitere Tastenbefehle von einem Lied zum anderen zu gelangen. Die Reihenfolge ist jedoch zufällig. Es ist also eine andere Art, Ihre Musik im Zufallsmodus zu betreiben. Die Schüttelfunktion muss allerdings zuerst einmal eingeschaltet werden, bevor Sie sie benutzen können.

1. Zum Einschalten der Schüttelfunktion tippen Sie in den **Einstellungen** auf **Musik** und schieben dann die entsprechenden Schalter nach rechts.

2. Sobald Sie nun mit dem iPod Ihre Musik genießen, können Sie von einem zum zufällig ausgewählten nächsten Titel springen, indem Sie Ihr iPhone einfach schütteln.

Endlosschleife einstellen

Wenn Sie einmal gar keine Lust mehr darauf haben, irgendwelche Einstellungen an Ihrem iPod vorzunehmen, sondern einfach nur eine Wiedergabeliste endlos durchspielen lassen möchten, dann bietet es sich an, die Wiederholungsfunktion einzustellen. Hierbei haben Sie zwei Möglichkeiten – die Endloswiederholung eines einzelnen Titels und die Wiederholung eines Albums bzw. einer Wiedergabeliste.

Eine Wiedergabeliste oder ein Album wiederholen

Um eine Wiedergabeliste oder ein Album wiederholen zu lassen, müssen Sie in der Cover-Ansicht einmal auf das Cover tippen, dann erscheint im oberen Drittel eine Laufleiste, die zeigt, wie lange der Titel noch läuft. Darunter sehen Sie ein Symbol sich verfolgender Pfeile ❶. Hierauf müssen Sie einmal tippen, sodass sie blau dargestellt werden.

Einen einzelnen Titel wiederholen

Um nur ein einziges Lied zu wiederholen, gehen Sie genauso vor. Sie müssen allerdings ein weiteres Mal auf diese beiden Pfeile tippen. Es erscheint dann eine kleine Eins in einem Kreis über den Pfeilen.

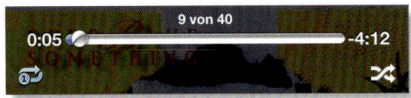

INFO

Liedtexte mitlesen

Das Display des iPhones ist groß genug, um auch die Liedtexte anzeigen zu lassen. Zuerst müssen die Textzeilen jedoch dem Titel zugeordnet werden. Das können Sie nur in iTunes erledigen.

Einzelne Titel mit Liedtexten versehen

Um Ihre Titel mit Texten zu versehen, müssen Sie das jeweilige Lied in iTunes anklicken, sodass es farbig hinterlegt ist.

Tippen Sie nun auf Ihrer Tastatur `cmd` + `I` oder `Strg` + `I`, wenn Sie einen PC nutzen. Daraufhin gelangen Sie in das Einstellungsdialogfeld, das sieben Registerkarten zeigt. Klicken Sie auf die Registerkarte **Liedtext**, kopieren Sie hier den entsprechenden Liedtext hinein, und bestätigen Sie mit dem **OK**-Button.

Bei der nächsten Synchronisation des Liedes wird der Liedtext mit auf Ihren iPod kopiert. Um die Texte mitlesen zu können, tippen Sie in der Cover-Ansicht einmal auf das Cover, und schon wird der Liedtext angezeigt. Zum Mitlesen müssen Sie dann den Text nach oben aus dem Bild herauswischen.

Podcasts abonnieren und abspielen

In den letzten Jahren haben sich Podcasts zu einem wahren Renner entwickelt. Das Radio zum Mitnehmen ist komplett kostenlos, und es gibt eine schier unüberschaubare Anzahl verschiedene Podcasts zu allen möglichen Themen.

1. Tippen Sie auf das **Podcast**-Symbol, das Sie sich entweder schon in die untere Tableiste hineingezogen haben oder das Sie hinter dem Button **Mehr** antippen können, um Ihre Podcasts einzusehen. Sind noch keine Podcasts vorhanden, können Sie diese problemlos selbst laden.

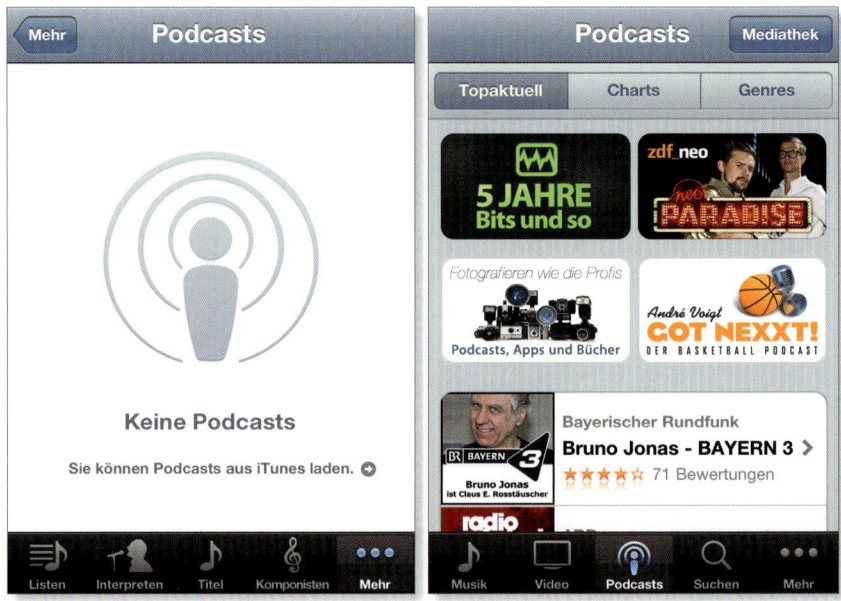

2. Suchen Sie sich den für Sie interessantesten Podcast aus, und laden Sie ihn herunter. Tippen Sie hierzu auf den **Gratis**-Button, der sich neben jeder Folge befindet und der daraufhin zu einem **Laden**-Button wird.

3. Die ausgewählte Podcast-Folge wird sofort geladen, und Sie können sich diese Folge in Ruhe anhören.

HINWEIS

Ladezeit beachten

Auch Podcasts, insbesondere Video-Podcasts, können länger dauern und somit auch lange Ladezeiten benötigen. Sie sollten darauf achten, dass Sie sich in einem WLAN aufhalten, denn ansonsten dauert der Download recht lange. Wenn Sie über das UMTS-Netzwerk (3G) den jeweiligen Podcast laden, verringert sich natürlich auch Ihr Datenguthaben entsprechend Ihrem Vertrag.

Hörbücher auf dem iPhone anhören

Mit Hörbüchern verhält es sich genauso wie mit Podcasts. Sie können Hörbücher entweder über iTunes mit Ihrem iPhone synchronisieren, oder Sie kaufen sie im iTunes-Store direkt auf Ihrem iPhone.

1. Tippen Sie auf das entsprechende Hörbuch, und Sie gelangen zum nächsten Bildschirm, der die einzeln Teile des Hörbuchs verzeichnet. Tippen Sie auf einen entsprechenden Buchteil, und Ihre Lesung kann beginnen.

2. In der oberen rechten Ecke befindet sich wieder der Button für die Listenansicht ❶. Tippen Sie darauf, um sich die einzelnen Kapitel anzeigen zu lassen. Sie können diese Kapitel hier auch entsprechend ansteuern.

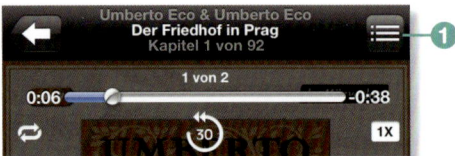

Mit einem weiteren Tipp auf diesen Button, der nun das Cover des Hörbuchs zeigt, gelangen Sie wieder an Ihre ursprüngliche Abspielposition.

HINWEIS

Wichtig bei Hörbüchern – Wiederholfunktion ausschalten!

Wenn Sie Ihre Wiedergabelisten häufig im Wiederholen-Modus laufen lassen, kann es Ihnen auch passieren, dass dieser Modus bei Hörbüchern eingeschaltet ist. Das ist ärgerlich, da Sie sich das entsprechende Kapitel noch einmal anhören müssen. Schalten Sie diese Funktion also am besten aus.

Lesegeschwindigkeit anpassen

Manchmal kann es vorkommen, dass die Lesegeschwindigkeit eines Hörbuchs nicht so ist, wie Sie es sich vorstellen. Manchmal etwas zu schnell, manchmal aber auch zu langsam. Das können Sie ändern, passen Sie einfach die Lesegeschwindigkeit Ihren eigenen Hörgewohnheiten an. Dazu

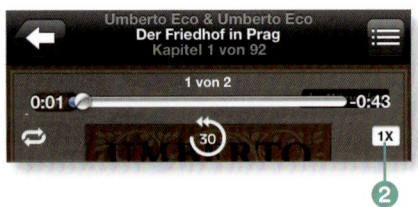

müssen Sie lediglich in der Abspiel-Ansicht auf den rechten Button **1X** ❷ tippen, der dann die doppelte Geschwindigkeit **2X** anzeigt. Ein erneutes Tippen ändert den Button in **1/2X** und halbiert somit die Lesegeschwindigkeit.

Videos abspielen

Der iPod kann natürlich auch Musikvideos abspielen. Dazu müssen Sie lediglich auf das Video-Symbol neben dem Musiktitel achten ❸.

1. Haben Sie ein Musikvideo gefunden, tippen Sie einfach darauf, und es wird sofort abgespielt. In der oberen rechten Ecke befindet sich noch ein Button, mit dessen Hilfe Sie das Video in den Vollbildmodus schalten können ❹. Tippen Sie erneut darauf, und das Video wird wieder kleiner dargestellt.

2. Drehen Sie Ihr iPhone während der Videowiedergabe, wird das Video im Querformat abgespielt.

3. Ein erneutes Antippen des Bildschirms macht die Steuerelemente wieder sichtbar, und Sie können vor- und zurückspulen, das Video vergrößern, die Lautstärke erhöhen oder absenken, das Video via AirPlay auf Ihrem Fernseher wiedergeben oder die Wiedergabe mit dem **Fertig**-Button beenden.

Die Lautstärke anpassen

Sind die einzelnen Lieder Ihrer Wiedergabeliste oft von unterschiedlicher Lautstärke? Sie können das ändern. Passen Sie den Lautstärkepegel so an, dass er über Ihre Wiedergabeliste hinweg die einzelnen Lieder so in der Lautstärke angleicht, dass Sie ein harmonisches Klangerlebnis haben.

Gehen Sie hierzu in die **Einstellungen**, tippen Sie auf **Musik**, und aktivieren Sie den Regler **Lautstärke anpassen**.

Von nun an regelt Ihr iPod die Lautstärke der wiederzugebenden Titel eines Albums oder einer Wiedergabeliste selbstständig. Übermäßige Lautstärkeausschläge sind nun nicht mehr zu befürchten, sondern Ihre Musik wird zu einem gleichmäßigen Soundteppich.

Die maximale Lautstärke eingeben

Wenn Sie Ihre Musik immer mit dem Kopfhörer hören, kann zu laute Musik dabei nachweislich Ihr Gehör schädigen. Damit das nicht passiert, können Sie in Ihrem iPhone entsprechende Voreinstellungen treffen, um die Lautstärke auf ein erträgliches Maß anzupassen.

1. Gehen Sie hierzu erneut in die **Einstellungen**, wählen Sie **Musik** und dann **Maximale Lautstärke** aus.

2. Regeln Sie nun die Lautstärke etwas herunter, und tippen Sie dann auf den Button **Maximale Lautstärke sperren**.

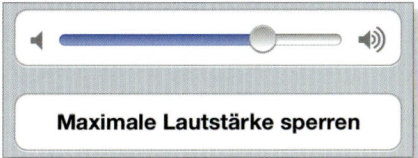

3. Geben Sie danach einen vierstelligen Code ein, den Sie noch einmal bestätigen müssen, um die Lautstärkeeinstellungen zu sperren.

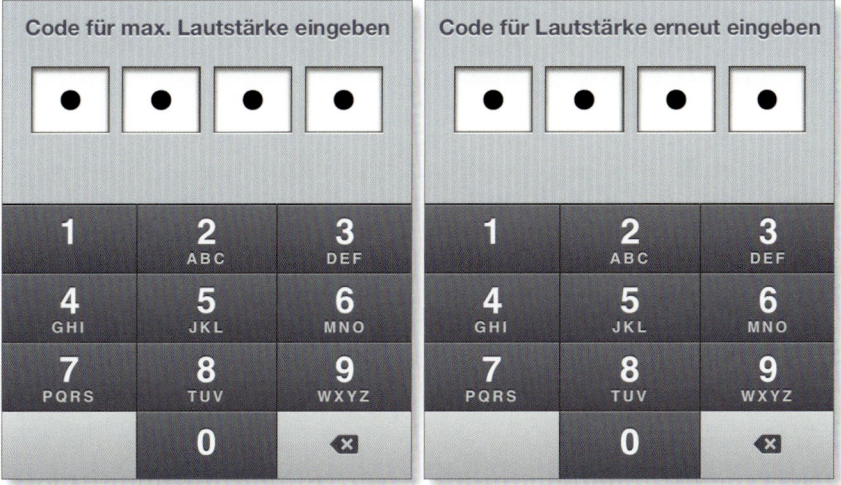

4. Und schon ist die maximale Lautstärke herabgesetzt, und Sie schonen in Zukunft Ihre Ohren. Wollen Sie das wieder rückgängig machen, tippen Sie auf den Button **Maximale Lautstärke entsperren**, geben den Code ein, und die Lautstärkebegrenzung ist wieder aufgehoben.

Kapitel 14
Der iTunes-Store

Der iTunes Store ist Apples Musikladen auf dem iPhone. Er kann aber natürlich noch viel mehr. Laden Sie hier die neuesten Podcasts oder neue Vorlesungen aus iTunes U. Auch eine Anbindung an Ping ist vorgesehen – über
den Gefällt-mir-Button.

*Der App Store auf dem iPhone ❶, soziale Netzwerke ❷ und Rezensionen ❸.
Alles das und noch viel mehr ist möglich.*

Musik Probe hören

Bevor Sie im iTunes Store Musik kaufen, können Sie sich diese vorher erst einmal anhören. Apple bietet Ihnen die Möglichkeit, jeden Song Probe zu hören – und so geht's:

1. Öffnen Sie den iTunes Store, indem Sie auf **iTunes** tippen. Wählen Sie nun das Album Ihrer Wahl, und tippen Sie darauf. Es öffnet sich ein Bildschirm, der alle Titel eines Albums zeigt.

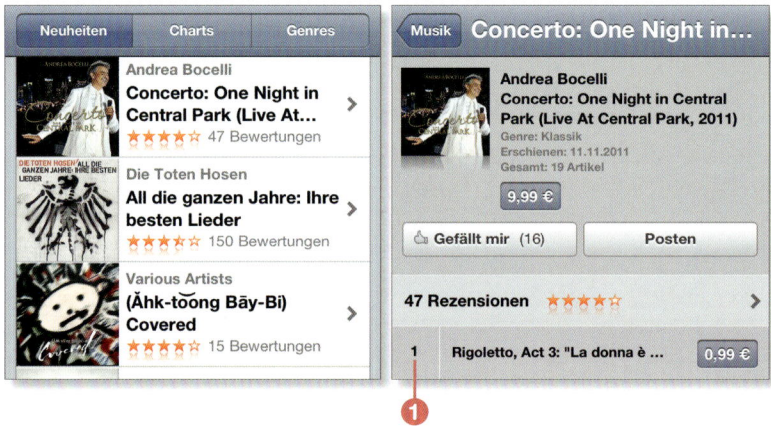

2. Tippen Sie auf die Nummer vor dem Titel ❶, und Sie können sich den Titel eine kurze Zeit lang anhören. Wenn Sie das Probehören beenden möchten, tippen Sie einfach auf das weiße Quadrat in der Mitte des Kreises.

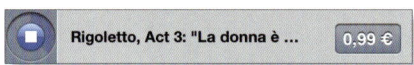

3. Das Ganze können Sie natürlich auch mehrfach hintereinander machen.

Musik und Videos kaufen

Wenn Sie sich die einzelnen Musikstücke angehört haben, können Sie sie natürlich auch kaufen. Dabei haben Sie zwei Möglichkeiten.

Einen einzelnen Musiktitel kaufen

1. Um einen einzelnen Musiktitel aus einem Album zu kaufen, müssen Sie lediglich auf den Button tippen, der den Preis für diesen Titel angezeigt. Dieser Preis kann durchaus variieren. Normalerweise liegt er bei 0,99 EUR, er kann aber auch 1,29 EUR betragen.

2. Der jeweilige Song wird daraufhin umgehend auf Ihr iPhone geladen.

Ein ganzes Album kaufen

Sie können natürlich auch das komplette Musikalbum kaufen. Hierbei haben Sie oft die Gelegenheit, Songs zu erhalten, die nur mit dem Album selbst verkauft werden. Darüber hinaus bekommen Sie digitale Booklets, die nur zusammen mit dem Album erhältlich sind.

1. Sollten Sie ein Album erwischt haben, auf dem es Titel gibt, die Sie nur mit dem Album kaufen können ❷, bzw. eines mit einem Booklet ❸, sehen Sie dies direkt in der Listenvorschau des Albums.

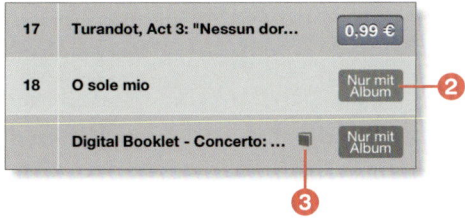

2. Das digitale Booklet können Sie sich dann hinterher in iTunes ansehen, da es sich auf dem iPhone nicht darstellen lässt.

Filme kaufen

Im iTunes Store können Sie natürlich auch Filme, TV-Serien und Musikvideos käuflich erwerben oder – im Falle von Filmen – auch ausleihen.

1. Tippen Sie einfach auf **Film kaufen** ❶, **Folge kaufen** ❷ oder auf **Video kaufen** ❸.

2. Filme können Sie auch leihen, dann wird Ihnen der Film für eine begrenzte Zeit auf Ihr iPhone gespielt. Schauen Sie sich die Vorschau eines Films an, indem Sie auf den entsprechenden **Vorschau**-Button tippen. Die Vorschau wird etwa zwei Minuten lang abgespielt.

INFO

Filme leihen

Wenn Sie sich einen Film ausleihen möchten, erhalten Sie diesen für eine begrenzte Zeit, bevor er wieder von Ihrem iPhone gelöscht wird. Sie haben insgesamt 30 Tage Zeit, sich den Film anzuschauen. Haben Sie einmal mit dem Abspielen des Films begonnen, bleiben Ihnen 48 Stunden, um den Film zu Ende zu schauen.

Gekaufte Lieder und Videos sichern

Wenn Sie mit dem iPhone Filme oder Musikvideos oder einfach nur Musiktitel kaufen, müssen Sie für die Sicherung der Filme, Videos und Musik selbst sorgen. Synchronisieren Sie daher Ihr iPhone mit iTunes, und spielen Sie die gekauften Dateien auf Ihren Rechner.

1. Verbinden Sie zuerst Ihr iPhone mit iTunes, und wählen Sie, falls es nicht automatisch passiert, unter **Ablage** den Menüpunkt **Einkäufe von „[Name des Gerätes]" übertragen** (unter Windows: **Datei ▶ Einkäufe vom „[...]" übertragen**) aus.

2. Auf diese Weise haben Sie schon einmal Ihre mit dem iPhone gekauften Lieder bzw. Videos und Filme in iTunes gesichert.

INFO

Gekaufte Daten auch außerhalb von iTunes sichern

Wenn Sie Ihre digitalen Medien in iTunes sichern, ist das in der Regel nicht ausreichend, da auch hier immer mal etwas passieren kann. Das führt dann dazu, dass Ihre Songs, Filme etc. dann unwiederbringlich verloren sind. Sie sollten also dafür sorgen, Ihre gekauften Daten zusätzlich anderweitig zu sichern, da Apple das für Sie nicht erledigt, sondern Sie beim Einkauf darauf hinweist, dass Sie das selbst tun müssen. Mein Rat: Tun Sie es!

Podcasts, iTunes U und Hörbücher

Etwas früher in diesem Buch war bereits schon einmal die Rede von Podcasts & Co. Hier erfahren Sie, wo Sie sie herbekommen, nämlich auch aus dem iTunes Store.

Podcasts laden

Der iTunes Store unterteilt sich im Bereich **Podcasts** in die Rubriken **Top-aktuell** ❶, **Charts** ❷ und **Genres** ❸.

Der einzige Unterschied zwischen Charts und Genres besteht darin, dass bei den Charts in der jeweiligen Rubrik die Top 10 der beliebtesten Podcasts angezeigt werden. In der Rubrik **Genres** stehen zuerst die neuesten Podcasts, gefolgt von den topaktuellen und weiteren Unterkategorien.

Haben Sie sich nun für einen Podcast oder Video-Podcast entschieden, tippen Sie ihn an und laden ihn auf Ihren iPod. Bei der nächsten Synchronisation mit Ihrem Computer wird er dann kopiert.

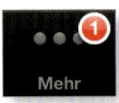

Dass eine Folge auf Ihren iPod heruntergeladen wird, erkennen Sie daran, dass unten in der rechten Ecke der Tableiste eine weiße Zahl in einem roten Kreis dargestellt wird.

iTunes U – die Uni zum Mitnehmen

Mit iTunes U hat Apple die Möglichkeit eröffnet, dass Universitäten ihre Vorlesungen gratis als Podcast im iTunes Store zur Verfügung stellen und Studenten und Interessierte sich die Vorlesungen und Seminare auf ihre iPods laden können.

iTunes U ist wie auch schon die Podcasts in drei Rubriken eingeteilt: **Top-aktuell**, **Charts** und **Kategorien**.

Der überwiegende Teil der hier vorgestellten Vorlesungen ist in englischer Sprache, allerdings gibt es auch bereits einige Angebote deutscher Universitäten wie z. B. der Abteilung für Wirtschaftswissenschaften der Universität Köln.

Hörbücher im iTunes Store

Im iTunes Store finden Sie auch eine große Auswahl an Hörbüchern. Auch hier finden Sie wieder Unterteilungen, diesmal in die Kategorien **Im Spotlight** ❹, **Charts** ❺ und **Kategorien** ❻.

1. Die einzelnen Bücher können Sie sich hier ebenfalls in einer Audiovorschau für 1½ Minuten anhören.

2. Im Gegensatz zu Musiktiteln sind die Hörbücher aber recht kostspielig. Allerdings handelt es sich auch um eine recht gute Qualität.

Eine Rezension verfassen

Wenn Sie sich ein Musikstück, ein Video oder ein Hörbuch gekauft haben und es Ihnen gefällt – oder auch nicht –, können Sie hierzu im iTunes Store eine entsprechende Rezension hinterlassen, die dann für andere einsehbar und eventuell für deren Kaufentscheidung hilfreich sein kann. All Ihre Rezensionen werden unter Ihrem Account-Namen veröffentlicht und sind so personalisiert.

1. Um zu einem Album eine Rezension zu schreiben, tippen Sie auf das Album, und Sie gelangen in die Detailansicht. Tippen Sie dort einfach auf den Begriff **Rezensionen** und auf den Button **Rezension schreiben**.

2. Geben Sie nun Ihr Passwort für den iTunes Store ein (Apple-ID), bestätigen Sie die Eingabe mit **OK**, und schon können Sie Ihre Rezension verfassen. Vergeben Sie einen bis fünf Sterne, schreiben Sie einen Betreff und die eigentliche Rezension. Ist Ihre Rezension fertig, können Sie sie versenden.

Der »Gefällt-mir«-Button

Der **Gefällt-mir**-Button ist Teil von Apples Social-Network-Strategie *Ping*. Er soll zwischen iTunes-Anwendern ein musikalisches Mediennetzwerk aufbauen und so eine musikalische Alternative zu Facebook & Co. bieten. Wenn Sie also den **Gefällt-mir**-Button drücken, können alle Ihre über Ping mit Ihnen vernetzten Kontakte sehen, was Ihnen gefällt.

Tippen Sie einfach auf den **Gefällt-mir**-Button, und schon werden Sie als Sympathisant geführt.

Falls Sie nun Ping in iTunes aktiviert haben, können Sie Ihren **Gefällt-mir**-Eintrag sofort sehen. Selbstverständlich können Sie diese Einträge auch in iTunes einsehen.

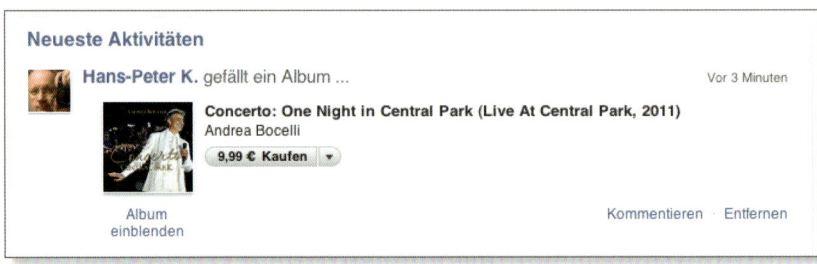

Wie in sozialen Netzwerken üblich, können nun Ihre Kontakte hier ihre Kommentare hinterlassen.

Der »Posten«-Button

Der **Posten**-Button ist ebenfalls eine Ping-Funktion. Hier können Sie zusätzlich noch einen Kommentar hinzufügen, der für andere hilfreich sein könnte.

Tippen Sie auf den **Posten**-Button, und Sie können im nächsten Bildschirm Ihren Kommentar schreiben. Um den Kommentar abzuschließen, müssen Sie in der rechten oberen Ecke wieder auf **Posten** tippen. Daran, dass der Button mit einem Häkchen versehen wurde, können Sie erkennen, dass der Kommentar gepostet wurde. Den Kommentar können Sie dann auch in Ihrem Ping-Profil einsehen.

iTunes Match verwenden

Eine brandneue Funktion in iTunes in Verbindung mit dem Music Store ist *iTunes Match*. Diese Funktion stellt einen riesigen Schritt nach vorn dar, denn iTunes Match speichert nicht nur Ihre komplette Musik-Mediathek in Apples iCloud, sondern Sie können ab sofort mit jedem iOS-Gerät, also iPhone und iPad, auf diese Mediathek zugreifen, wo immer Sie sich auch befinden.

Das Beste kommt aber noch: Sie haben von nun an Zugriff auf eine hochwertige Variante Ihrer Musik, auch wenn Sie diese früher in einer schlechteren Variante heruntergeladen oder importiert haben. Ab sofort liegt die Qualität Ihrer Musik bei 256 KBit/s statt bei 128 KBit/s. Das Ganze ist darüber hinaus auch noch DRM-frei, d. h., dass z. B. Kopierbeschränkungen wegfallen. Für den ganzen Spaß verlangt Apple lediglich 24,99 EUR pro Jahr. Das sind nur etwas mehr als 2 EUR im Monat – ein recht günstiges Angebot, wie ich finde. Und so richten Sie iTunes Match ein:

1. Öffnen Sie iTunes, klicken Sie in der Seitenleiste auf **iTunes Match** und anschließend auf den **Abonnieren**-Button.

2. Bestätigen Sie Ihre Anfrage mit der Eingabe Ihrer Apple-ID.

3. Daraufhin beginnt sofort der Abgleich der Musikdaten Ihrer Mediathek, was eine ganze Weile dauern kann, wenn Sie über eine große Mediathek verfügen.

4. Ist diese Synchronisation abgeschlossen, können Sie auf Ihrem iPhone unter **Einstellungen ▸ Musik** iTunes Match aktivieren.

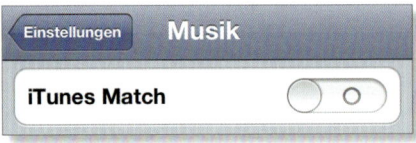

Wenn alle Titel mit dem iTunes Store abgeglichen und die restlichen Titel in die Cloud geladen wurden, können Sie vom iPhone aus auf Ihre komplette Musik-Mediathek zugreifen.

Ihre Mediathek wird dann mit einem Wolken-Symbol **❶** versehen, und diese Songs bzw. auch Musikvideos können dann kostenlos auf Ihr iPhone heruntergeladen werden. Der Ladevorgang wird Ihnen entsprechend angezeigt **❷**. Bei Alben können Sie darüber hinaus noch entscheiden, ob Sie einzelne oder alle Titel laden möchten **❸**.

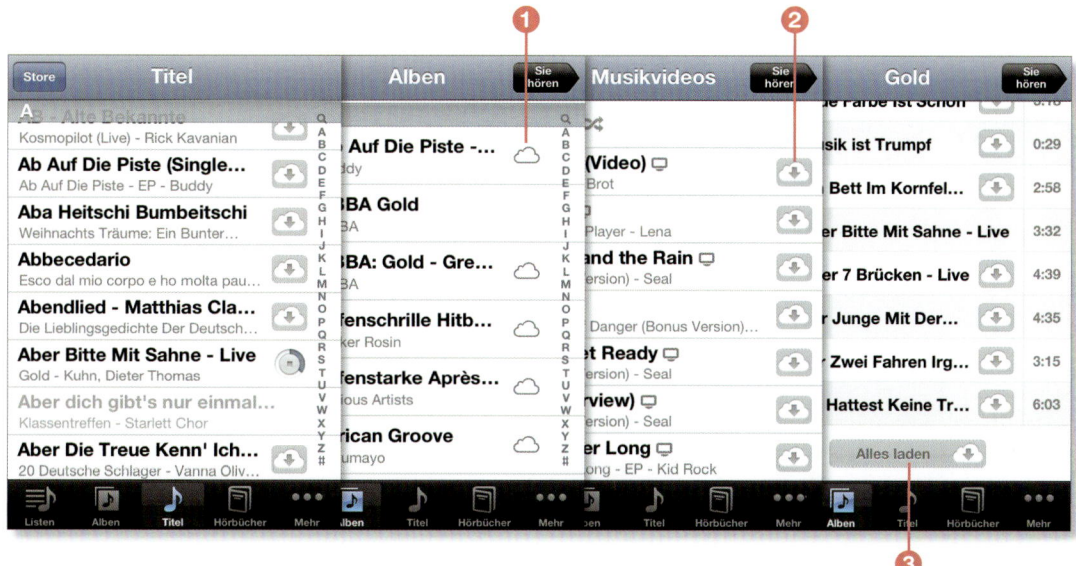

HINWEIS

iTunes-Match-Download »frisst« Datenguthaben

Wenn Sie allerdings über einen begrenzten Datentarif für Ihr iPhone verfügen, sollten Sie mit dem Download der Songs via iTunes Match etwas vorsichtig sein, denn das Guthaben ist schnell aufgebraucht, und danach wird es bekanntlich sehr langsam. Ein Tipp hierzu wäre, nur dann Musik via iTunes Match auf Ihr iPhone zu laden, wenn Sie sich in einem WLAN aufhalten, das belastet dann Ihren Datentarif nicht und geht auch noch schneller.

Kapitel 15
Der App Store

Der App Store ist Apples zweiter Online-Laden, den man vom iPhone aus er-
reichen kann. Hiermit können Sie die Funktionalität Ihres iPhones mithilfe
interessanter Apps deutlich erweitern.

*Im App Store findet man so einiges: Neben dem Spiel der Woche, der App der
Woche und anderen Neuigkeiten ❶ gibt es die Möglichkeit, sich die Apps über
bestimmte Kategorien ❷ anzeigen zu lassen. Die Besonderheit des Zeitungs-
kiosks ❸ soll in diesem Kapitel natürlich nicht unerwähnt bleiben.*

Apps suchen

Das Angebot der im App Store zu findenden Apps beläuft sich mittlerweile auf über 350.000. Und es werden jeden Tag mehr. Da verliert man schon mal den Überblick. Deshalb ist es wichtig, dass man nach Apps suchen kann und diese dann entsprechend auch schnell findet. Wie das geht, zeige ich Ihnen hier.

Angenommen, Sie suchen eine App, die sich mit dem Thema Kochen beschäftigt.

1. Tippen Sie in der Tableiste auf **Suchen** ❶, und geben Sie dann in der Suchleiste am oberen Rand das Wort *Kochen* ein. Schon während der Eingabe bekommen Sie erste Vorschläge zu Ihrem Stichwort. Wenn Sie schon das passende Stichwort gefunden haben, tippen Sie einfach darauf. Wenn nicht, tippen Sie auf den **Suchen**-Button ❷, um die entsprechenden Apps angezeigt zu bekommen.

2. Es öffnet sich nun eine Liste der Apps, die mit dem Thema Kochen zu tun haben. Neben dem App-Logo ❸ befinden sich dann der Name des Programmierers bzw. der Firma, der App-Name ❹ und darunter die Bewertungen ❺. Rechts daneben sehen Sie schließlich den Preis der App ❻.

Bevor Sie kaufen – schauen Sie sich die App erst an

Insbesondere wenn es sich um eine App handelt, für die Sie Geld bezahlen müssen, ist es ganz nützlich, sich erst einmal anzuschauen, was genau die App einem bietet.

1. Tippen Sie auf die App, für die Sie sich interessieren, und es öffnet sich eine Infoseite, die weitere Informationen über diese App liefert.

2. Wenn Sie diese Seite weiter herunterscrollen, erhalten Sie neben der allgemeinen Beschreibung ❶ noch einige Screenshots ❷ und weitere

Informationen wie Empfehlungen, Erscheinungsdatum, Größe ❸ etc. zu dieser App.

3. Wenn Sie nun nach Ansicht aller Screenshots und weiterer Informationen mit der App zufrieden sind, tippen Sie in der oberen rechten Ecke auf den Preis, und kaufen Sie die App und **Jetzt kaufen**.

4. Geben Sie nun noch Ihre Apple-ID ein, und die App wird sofort auf Ihr iPhone heruntergeladen.

Kostenlose Apps finden

Wie Sie sich sicherlich denken können, gibt es im App Store aber nicht nur kostenpflichtige Apps, sondern auch eine ganze Reihe Gratis-Apps. Um an all diese Gratis-Apps zu gelangen, gehen Sie wie folgt vor:

1. Tippen Sie in der Tableiste auf **Kategorien**, und wählen Sie eine Kategorie aus.

2. Klicken Sie nun auf den Bereich **Meistgeladen**. Hier finden Sie die Gratis-Apps, da diese in der Rubrik **Meistgeladen** natürlich oben stehen.

Selbstverständlich können Sie auch einfach einen Begriff eingeben, um nach Apps zu einem Thema zu suchen. In den Suchergebnissen werden sich dann auch Gratis-Apps befinden.

Die Highlights-Funktion

Die Highlights-Funktion ist ein Marketinginstrument des App Stores. In dieser Rubrik werden Ihnen neue Apps, topaktuelle Apps und Apps, die mithilfe der Genius-Funktion ermittelt wurden, vorgestellt.

Highlights-Funktion »Neu«

Hier finden Sie wieder jeweils vier Kategorien, die neue Apps vorstellen: die App der Woche ❶, das Spiel der Woche ❷, Spiele-Apps ❸ und aktualisierte Apps ❹.

Darunter befinden sich weitere neue Apps, die diesen Kategorien nicht zugeordnet werden können.

Highlights-Funktion »Topaktuell«

Im Bereich **Topaktuell** befinden sich, wie auch schon in **Neu**, vier verschiedene Kategorien: die Tipps der Redaktion ❺, die App Store Essentials ❻, der Zeitungskiosk ❼ und **In der Schule** ❽.

Die App Store Essentials sind Einstiegs-Apps in die verschiedenen Kategorien wie **Starterkit für Apps** etc.

Der Zeitungskiosk bietet, wie der Name bereits andeutet, aktuelle digitale Zeitschriftenausgaben (siehe hierzu auch den Abschnitt »Die Besonderheit – der Zeitungskiosk«, ab Seite 364).

Die Rubrik **In der Schule** enthält Apps zu den Fächern Deutsch als Fremdsprache, Mathematik, Geschichte, Naturwissenschaften und Musik.

Weiter unten sind dann wieder die Apps aufgelistet, die nicht in diese Kategorien passen.

Highlights-Funktion »Genius«

Die Funktion **Genius** ist eine »intelligente« Funktion, da sie erkennt, welche Apps sich auf Ihrem iPhone befinden. Dazu passend schlägt diese Funktion Ihnen weitere Apps vor, die inhaltlich denen ähneln, die sich bereits auf Ihrem iPhone befinden.

Auf diese Weise ist ein interessanter Zugang zu weiteren Apps möglich. Probieren Sie es einfach mal aus, vielleicht finden Sie auf diese Weise ja die eine oder interessante neue App!

Die Kategorien

Der App Store ist in folgende Kategorien unterteilt: **Bildung**, **Bücher**, **Dienstprogramme**, **Finanzen**, **Foto und Video**, **Gesundheit & Fitness**, **Lifestyle**, **Medizin**, **Musik**, **Nachrichten**, **Navigation**, **Produktivität**, **Referenz**, **Reisen**, **Soziale Netze**, **Spiele**, **Sport**, **Unterhaltung**, **Wirtschaft** und **Zeitungskiosk**.

Jede dieser Kategorien ist jeweils in drei Rubriken unterteilt: **Meistgekauft**, **Meistgeladen** und **Datum**.

Die Rubrik **Meistgekauft** enthält zumeist relativ günstige Apps, weswegen diese natürlich auch häufig gekauft werden.

Bei der Rubrik **Meistgeladen** verhält es sich ähnlich; die am häufigsten geladenen Apps sind natürlich gratis.

Die Rubrik **Datum** zeigt die Apps nach Veröffentlichungsdatum im App Store, wobei die aktuellste App immer oben steht.

Die Kategorien bilden also eine gute Vorsortierung, um gezielt und schnell an die App zu gelangen, die man sucht.

Ihre Apps aktualisieren

Da die einzelnen Programmierer immer wieder einmal neue Versionen ihrer Apps herausbringen, ist es natürlich sinnvoll, hin und wieder diese Updates, die häufig auch Programmverbesserungen und zusätzliche Programm-Features mitbringen, herunterzuladen. Hierzu findet sich in der Tableiste ein Button **Updates**.

1. Ist eine neue Version einer der Apps, die auf Ihrem iPhone installiert sind, verfügbar, wird das anhand von kleinen Zahlen am App-Store-Logo und dem **Updates**-Button verdeutlicht.

2. Um Ihre Updates zu installieren, tippen Sie auf den **Updates**-Button, und es erscheint ein Bildschirm, der alle Apps auflistet, für die ein Update verfügbar ist.

3. Um die Apps zu aktualisieren, tippen Sie auf den Button **Alle aktualisieren**. Geben Sie danach Ihre Apple-ID ein, und bestätigen Sie Ihre Eingaben mit dem **OK**-Button.

Danach werden alle Ihre zu aktualisierende Apps auf Ihr iPhone heruntergeladen.

Die Besonderheit – der Zeitungskiosk

Wie etwas früher in diesem Kapitel bereits erwähnt, befindet sich in den Kategorien als letzte Kategorie der Zeitungskiosk. Die Apps, die sich in diesem Bereich befinden, sind allesamt gratis. Das bedeutet jedoch nicht, dass sie nichts kosten. Lediglich die Zeitungs-App selbst ist gratis. Möchten Sie eine Zeitungsausgabe laden, ist dies ein sogenannter *In-App-Kauf* und muss entsprechend bezahlt werden. Die Preise für derartige In-App-Käufe erfahren Sie in den Informationen zu der jeweiligen App.

1. Um sich eine digitale Zeitung herunterzuladen, tippen Sie auf **Zeitungskiosk** und wählen dann eine Zeitung aus, die Sie anschließend auf Ihr iPhone herunterladen können.

2. Versichern Sie sich vorher, dass Sie mit den Kosten einverstanden sind, indem Sie sich die Preise in den **Informationen** genau anschauen.

3. Sind Sie mit den Bedingungen einverstanden und haben den Kauf getätigt, wird die entsprechende App direkt in den neu hinzugekommenen Zeitungskiosk kopiert.

4. Tippen Sie auf die jeweilige Zeitschrift oder Zeitung, und Sie können alle Ausgaben einsehen bzw. ein Abo Ihrer Wahl abschließen.

5. Wie Sie hier sehen, gelangen Sie ebenfalls über die Zeitungskiosk-App in den App Store, um sich neue Zeitschriften und Zeitungen besorgen zu können.

> **HINWEIS**
>
> **Die Tableiste im Zeitungskiosk**
>
> Vorsicht bei der Verwendung der Tableiste im Zeitungskiosk. Sie hat nämlich dieselbe Funktion wie im App Store. Der Button **Highlights** führt Sie nicht zu den Highlights des Zeitungskiosks, sondern zu den Highlights des App Stores. Alle anderen Buttons der Tableiste verhalten sich entsprechend identisch.

Kapitel 16
Datensicherheit

Datensicherheit wird heutzutage großgeschrieben. Man hört allerorten von Hackerangriffen und gestohlenen Passwörtern. Aus diesem Grund bietet das iPhone verschiedene Sicherheitseinstellungen, die Sie an Ihre Bedürfnisse anpassen können.

Eingabe des Codes bei einem durch einen einfachen Code gesicherten iPhone.

Der PIN-Code der SIM-Karte

Jede handelsübliche SIM-Karte verfügt über einen vierstelligen PIN-Code, der standardmäßig auf derselben Karte gespeichert ist. Das iPhone ist werksseitig so eingestellt, dass der PIN-Code der SIM-Karte, wenn Sie das iPhone komplett neu starten oder die SIM-Karte entfernen und wieder einsetzen, erneut eingegeben werden muss.

Wenn Sie das iPhone ohne SIM-Karte oder nachdem Sie es ausgeschaltet haben starten, bekommen Sie als Erstes die Nachricht Gesperrte **SIM-Karte**. Entsperren Sie Ihr iPhone, tippen Sie auf den **Entsperren**-Button, und geben Sie Ihren vierstelligen PIN-Code ein.

Darüber hinaus erkennen Sie den jeweiligen Zustand Ihres iPhones auch an der oberen Menüleiste. Eine gesperrte SIM-Karte wird als SIM-gesperrt und mit einem Schloss-Symbol in der Mitte ausgewiesen. Wird die PIN eingegeben, sucht das iPhone nach einem Provider. Ist er gefunden, wird er zusammen mit seiner Signalstärke angezeigt. Das Schloss-Symbol verschwindet und wird durch die aktuelle Uhrzeit ersetzt.

SIM-PIN ausschalten und ändern

Die SIM-Karten-PIN kann auch ausgeschaltet bzw. von Ihnen selbst geändert werden.

1. Um die SIM-Karten-PIN auszuschalten, wählen Sie in den **Einstellungen** Ihres iPhones den Menüpunkt **Telefon** und scrollen etwas herunter, bis Sie zum Menüpunkt **SIM-PIN** gelangen. Tippen Sie ihn an, und schieben Sie im nächsten Bildschirm den Regler nach rechts, um die SIM-PIN auszuschalten.

2. Um eine ausgeschaltete PIN wieder zu aktivieren, schieben Sie den Regler wieder nach rechts und geben dann die SIM-PIN erneut ein. Bestätigen Sie die Aktion mit dem **Fertig**-Button.

SIM-PIN ändern

Gehen Sie ebenfalls in das gleiche Menü, und tippen Sie auf **PIN ändern**. Geben Sie nun Ihre aktuelle vierstellige PIN ein. Anschließend müssen Sie die neue PIN zweimal hintereinander eingeben. Tippen Sie dann auf den **Sichern**-Button, um die Aktion abzuschließen.

Wenn Sie die PIN korrekt eingegeben haben, tippen Sie auf den Sichern-Button

Die Code-Sperre

Die Code-Sperre ist eine zweite Sicherheitsstufe Ihres iPhones. Diese können Sie aktivieren, um Fremden den Zugriff auf Ihr iPhone zu verwehren,
die versuchen, es aus dem Stand-by-Modus »aufzuwecken«. Sobald bei Ihrem iPhone eine Taste gedrückt wird, verlangt es die Eingabe des vierstelligen Codes. Und so wird die Code-Sperre eingerichtet:

1. Tippen Sie in den **Einstellungen** auf den Menüpunkt **Code-Sperre** ❶, und
geben Sie einen vierstelligen Code ein. Den identischen Code müssen
Sie noch ein zweites Mal angeben, dann ist er automatisch gespeichert.

2. Um die Code-Sperre wieder zu entfernen, tippen Sie erneut auf den
Menüpunkt **Code-Sperre** und geben den vierstelligen Code erneut ein, um
in das Einstellungsmenü für die Codes zu gelangen. Das bedeutet, dass
Sie ohne die Code-Eingabe auch nicht in das Einstellungsmenü gelangen.

3. Sind Sie nun im Einstellungsmenü für die Code-Sperre angelangt, tippen Sie auf den Menüpunkt **Code deaktivieren** und geben den Code erneut ein. Der Code ist nun wieder deaktiviert.

Wie Sie sehen, handelt es sich hierbei um einen einfachen vierstelligen Code. Es geht aber auch noch eine Nummer sicherer.

Ihr iPhone mit einem komplexeren Code schützen

Möchten Sie einen komplexeren Schutz, schalten Sie den Regler **Einfacher Code** ❷ aus.

Ist der einfache Code ausgeschaltet, können Sie nunmehr einen komplexeren Code, bestehend aus Zahlen, Buchstaben und Sonderzeichen in beliebiger Länge, eingeben. Tippen Sie hierzu auf **Code aktivieren**, und geben Sie einen Code Ihrer Wahl ein. Wiederholen Sie diesen Code noch einmal, und tippen Sie auf den **Fertig**-Button, um ihn zu aktivieren.

Wenn Sie nun Ihr iPhone entsperren, wird dieser neue, komplexe Code für die Eingabe verlangt.

Möchten Sie den Code später wieder ändern, müssen Sie auch hierbei wieder den Code eingeben, um ihn hinterher deaktivieren zu können.

> **HINWEIS**
>
> **Bedienbarkeit versus Sicherheit**
>
> Sicherlich ist es so, dass ein sicherer Code immer besser ist als eine Kombination aus vier Buchstaben, allerdings geht ein zu langer und zu komplexer Code zu Lasten der Bedienbarkeit. Sie müssen daher selbst entscheiden, was Ihnen wichtiger ist.

Code-Sperre konfigurieren

Darüber hinaus können Sie noch definieren, ab wann die Sperre gelten soll. Standardmäßig ist hier **Sofort** eingestellt.

Um zu bestimmen, wann der Sicherheitscode abgefragt werden soll, tippen Sie auf den Menüpunkt **Code anfordern** und wählen im darauffolgenden Bildschirm aus, wann Sie die Codeeingabe wünschen.

Sicherheitslücke Siri ausschalten

Siri, der immer willige Sprachassistent, der im iPhone 4S neu hinzuge-kommen ist, funktioniert in der Standardeinstellung immer. Das bedeutet, dass Ihr iPhone auch dann über Siri bedienbar ist, wenn eine Code-Sperre eingerichtet wurde. Um dies komplett zu verhindern, müssen Sie Siri aus-schalten.

Ich empfehle Ihnen dringend, das zu tun, denn auch wenn Siri in seinen Möglichkeiten begrenzt ist, lässt sich Schaden über diese Sicherheitslücke anrichten.

Gehen Sie hierzu in die **Einstellungen**, wählen Sie den Menüpunkt **Allgemein** und anschließend **Code-Sperre** aus. Deaktivieren Sie Siri.

Ab jetzt ist Ihr iPhone auch nicht mehr mit Siri zu steuern, wenn die Code-Sperre aktiviert ist.

Die automatische Sperre einstellen

Sie können einstellen, ab wann Ihr iPhone in den Stand-by-Betrieb geschaltet wird.

1. Zum Einstellen der automatischen Sperre gehen Sie in die **Einstellungen** und hier in den Menüpunkt **Allgemein**. Tippen Sie anschließend auf den Menüpunkt **Automatische Sperre**.

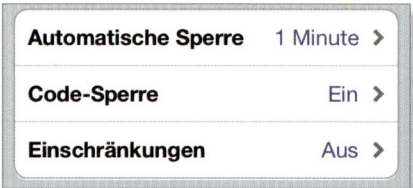

2. Stellen Sie nun ein, nach welcher Zeit die automatische Sperre aktiviert werden soll.

Zugriff auf Programme und Inhalte beschränken

Um den Umgang mit dem iPhone noch sicherer zu machen, können Sie bestimmen, welche Programme nutzbar sind und welche nicht. Sie können den Zugang zu einzelnen Programmen und Diensten sukzessive sperren, sodass nur noch Sie selbst die Möglichkeit haben, darauf zuzugreifen, indem Sie den Code eingeben und die jeweilige Funktion wieder freischalten.

Öffnen Sie in den **Einstellungen** den Menüpunkt **Einschränkungen**, und geben Sie einen vierstelligen Code ein, den Sie noch einmal bestätigen müssen. Nun können Sie die folgenden Einstellungen einschränken:

❶ Geben Sie im ersten Bereich die Apps frei, deren Nutzung Sie erlauben möchten. Interessant ist hierbei, dass Sie sowohl Siri hier deaktivieren können als auch einige Funktionen, die in Apps integriert sind – z. B. Ping. Auch das Installieren und Löschen von Apps können Sie hier unterdrücken.

❷ Bestimmen Sie, welche Änderungen Sie erlauben möchten.

❸ Für welches Land möchten Sie die Altersfreigaben einstellen? In der Regel ist hier **Deutschland** bereits vorausgewählt.

❹ Bestimmen Sie, ob Sie die Wiedergabe von anstößiger Musik und Podcasts zulassen möchten oder nicht.

❺, ❻ Legen Sie die Altersfreigabe für Filme und Sendungen fest. Soll z. B. ein Kind Zugang zu Ihrem iPhone haben, können Sie die Altersfreigabe entsprechend beschränken.

❼ Auch für Apps gibt es Altersbeschränkungen, die Sie hier festlegen können.

❽ Häufig verfügen Apps wie Spiele-, Zeitschriften- oder Navigations-Apps über die Möglichkeit, Inhalte via In-App-Kauf nachzuladen. Diese Möglichkeit können Sie eliminieren. So entstehen Ihnen keine zusätzlichen Kosten.

❾ Darüber hinaus können Sie festlegen, ab wann ein Kennwort erforderlich ist, sollten Sie einmal im iTunes Store oder im App Store einkaufen wollen. Standardmäßig ist es so eingestellt, dass Sie beim ersten Mal das Kennwort eingeben müssen, und wenn dann innerhalb der nächsten 15 Minuten weitere Einkäufe getätigt werden, muss keine neue Kennworteingabe erfolgen. Das können Sie ändern, indem Sie hier **Sofort** wählen.

❿ Zu guter Letzt können Sie noch Einstellungen für das Game Center vornehmen. Sie können die Mehrspielerfähigkeit beschränken und auch die Möglichkeit, Freunde hinzuzufügen.

Alles in allem haben Sie schon eine ganze Reihe von Möglichkeiten, Ihr iPhone sicher zu machen und vor fremdem Zugriff zu schützen. Sollte Ihr iPhone aber doch einmal in fremde Hände geraten, dann sperren Sie es via Fernsperre oder löschen es gar via Fernlöschen. Beide Themen werden in Kapitel 9, »Synchronisieren mit iCloud«, ab Seite 233 behandelt.

Backups verschlüsseln

Wenn Sie Ihr Backup mit iTunes erstellen, egal, ob über ein WLAN oder kabelgebunden, können Sie es in jedem Fall verschlüsseln.

1. Hierzu öffnen Sie iTunes und klicken Ihr iPhone in der Seitenleiste an, um in die Synchronisationseinstellungen zu gelangen.

2. Scrollen Sie im Bereich **Übersicht** bis zum Menüpunkt **Backup** nach unten, und setzen Sie ein Häkchen bei **iPhone-Backup verschlüsseln**.

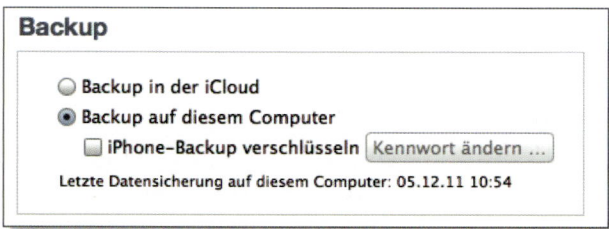

3. Daraufhin öffnet sich ein weiteres Dialogfeld, in dem Sie ein Kennwort für Ihr Backup eingeben und zur Bestätigung noch einmal wiederholen müssen. Darüber hinaus können Sie noch entscheiden, ob Sie das Kennwort in Ihrem Schlüsselbund speichern möchten. Klicken Sie dann zur Bestätigung auf **Kennwort festlegen**.

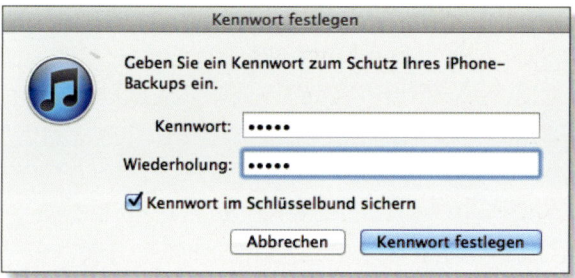

Fortan wird jedes Backup, das von Ihrem iPhone erstellt wird, verschlüsselt. Selbstverständlich können Sie bei Bedarf den Kennwortschutz auch wieder aufheben.

Index

**eine Angst.
Wir sprechen deutsch,
kein Fachchinesisch.**

GRAVIS